普通高等教育精品规划教材

现代社交礼仪

（第三版）

刘克芹　白东蕊　主编

中国财经出版传媒集团
经济科学出版社
Economic Science Press

图书在版编目(CIP)数据

现代社交礼仪/刘克芹,白东蕊主编.—3版.—北京:经济科学出版社,2020.1(2021.12重印)
普通高等教育精品规划教材
ISBN 978-7-5218-1285-5

Ⅰ.①现… Ⅱ.①刘…②白… Ⅲ.①社交礼仪-高等学校-教材 Ⅳ.①C912

中国版本图书馆CIP数据核字(2020)第012365号

责任编辑:张　蕾
责任校对:齐　杰
责任印制:李　鹏

现代社交礼仪
(第三版)
刘克芹　白东蕊　主编
经济科学出版社出版、发行　新华书店经销
社址:北京市海淀区阜成路甲28号　邮编:100142
编辑工作室电话:010-88191375　发行部电话:010-88191522
网址:www.esp.com.cn
电子邮箱:esp@esp.com.cn
天猫网店:经济科学出版社旗舰店
网址:http://jjkxcbs.tmall.com
北京密兴印刷有限公司印装
787×1092　16开　15.5印张　400000字
2020年1月第3版　2021年12月第2次印刷
ISBN 978-7-5218-1285-5　定价:48.00元

修订版前言

为了适应全国高等教育教学改革的发展趋势，以及素质教育和创新精神的培养要求，我们吸取师生在教材使用过程中提出的宝贵意见和建议，对教材进行了修订。

《现代社交礼仪》（第三版）在第二版的基础上进行了修订，主要体现在以下几个方面。

（一）内容新颖。在内容上吸取新的知识、新的成果，摒弃过时不用的知识，使教材更具时代性。

（二）深浅度适宜。在修订过程中，以“够用为度、注重实践”的原则，分散难点，加强重点，力争做到深入浅出。

（三）注重实践性和可操作性。教材中添加大量案例，在讲解案例的基础上讲解知识点。

（四）将第二版中不完善之处给予补充和改正。

前言

社交在当今社会人际交往中发挥的作用越来越重要。通过社交,人们可以沟通心灵,建立深厚友谊,取得支持与帮助;通过社交,人们可以互通信息,共享资源,对取得事业成功大有裨益。随着人们相互合作、相互交往的机会日趋增多,如何学会尊重自己、尊重他人,应对自如,凸显个人魅力显得尤为重要,因此必须进行系统的社交礼仪学习。学习社交礼仪,不仅有益于培养高尚的情操和卓越的交际能力,而且有利于继承和发扬优秀的礼仪文化。

本书共分为八个学习项目,二十五个学习任务,具体编写体例如下:绪论主要包括社交礼仪概述、社交礼仪的有关理论以及如何学好社交礼仪。项目一是个人礼仪,主要由仪容礼仪、服饰礼仪、仪态礼仪三个学习任务组成,旨在培养学生在个人仪容仪表、言谈举止、待人接物等方面的礼仪习惯。项目二为交往礼仪,主要由称呼礼仪、介绍礼仪、握手礼仪、名片礼仪以及日常交谈礼仪五个学习任务组成,旨在培养学生在人际交往中与他人交往的技巧和交往中应该遵循的基本礼仪规范。项目三是通联礼仪,主要由书信礼仪、电话礼仪、馈赠礼仪和网络社交礼仪四个学习任务组成,希望可以通过这些礼仪的介绍,让学生熟练掌握各类通联过程中的礼仪规范。项目四是拜访接待礼仪,主要由拜访礼仪和接待礼仪两个学习任务组成,旨在培养学生学会得体地进行拜访和接待。项目五是饮食礼仪,主要由中餐礼仪、西餐礼仪、自助餐礼仪、酒水礼仪和饮茶礼仪五个学习任务组成,旨在培养学生在不同的社交场合得体地进行用餐以及饮酒饮茶等。项目六是公共礼仪,主要由出行礼仪和公共场所礼仪两个学习任务组成,旨在培养学生遵守出行及公共场所的礼仪规范。项目七是民俗礼仪,主要由中国民俗礼仪和国外民俗礼仪两个学习任务组成,旨在让学生大体了解不同国家之间的民俗礼仪差异。项目八是求职礼仪,主要由求职准备和面试礼仪两个学习任务组成,旨在让学生遵循规范的求职礼仪,给求职者一个全方位的建议和指导。

本书在编写过程中,严格按照本科学生礼仪学习要求,每个项目都设有"学习目标""任务情境""礼仪知识""礼仪点滴""礼仪模拟""拓展阅读""思考练习"等几个板块。另外,根据现阶段素质教育的学习特点,以案例为基础,将诸多案例以及贴近学生生活的社交情景融入知识学习中,在礼仪知识不缩减的情况下,增加了学习的实用性。为了配合教学,本书配备了丰富的教学资源,可从经济科学出版社网站(www. esp. com. cn)下载。

本书内容全面翔实,实用性较强,可作为本科院校经济类以及社会科学类专业的礼仪学习教材,也可作为在职服务人员及管理人员的培训及自学使用。本书项目一至项目六由刘克芹编写,项目七和项目八由白东蕊编写。热切期望社交礼仪相关的专家同仁和学习该书的读者能够喜欢这本礼仪教材,并且殷切希望各位同仁和读者们在使用该教材的过程中提出宝贵意见。

编 者

目　录

绪　论

中国素以“礼仪之邦”著称于世，讲“礼”重“仪”是我们中华民族世代沿袭的优良传统。在对待礼仪问题上，中国自古以来就非常看重。

礼仪之于人乃“不学礼，无以立”，之于家乃“家尚礼则家大”，之于国乃“国无礼则不宁”，由此可见礼仪之重要。

一、社交礼仪概述

礼仪是现代社会文明进步的标志。随着我国经济文化的发展，注重礼仪越来越成为人们的一种共识。为了正确理解和把握一系列礼仪规范，有必要先阐明礼仪的含义以及特点。

（一）礼仪的含义

在欧洲，“礼仪”一词最早见于法语的“etiquette”，原意是“法庭上的通行证”。古代的法国法庭有这样的规定，它将法庭的纪律要求（如不准大声喧哗等）写在或印在一张长方形的“etiquette”（通行证）上，发给进入法庭的每一个人，作为其进入法庭后必须遵守的规矩或行为准则。由于在社会交往中，人们也必须遵守一定的规矩和准则，才能体现人之所以为人的特有风范，才能保证文明社会得以正常维系和发展，所以，当“etiquette”一词进入英文后，便有了“礼仪”的含义，意即“人际交往的通行证”。后来，经过不断的演变和发展，“礼仪”一词的含义逐渐变得明确起来，并独立出来形成一个专用的词汇。

中国自古以来注重礼仪，素有“礼仪之邦”的美称。《礼记·曲礼》中记载了大量古代礼仪，以饮食的礼仪为例，食礼告诫人们吃饭时不要把饭压成一团搁在碗里，喝汤的时候不要让汤倾流不止，咀嚼的时候不要发出声音，不要把咬过的鱼肉放回食盘，不要当众剔牙等。毫无疑问，在古代社会中，中国是最讲究礼仪的国家，东亚诸国也深受中国传统礼仪的熏染，如朱熹的《朱子家礼》催生了保留至今的韩国礼仪；在现代，日本也在很大程度上保留着中国古代礼仪的痕迹，“礼仪”一词很早就被作为典章制度和道德教化使用。

我们现在所说的礼仪，在我国古代叫做礼。《康熙字典》里把礼解释为：“履也，所以事神致福也。”说明古代的礼是人们祭祀天地、神鬼、祖先以求造福人间的仪式。《周礼》中说：“礼也者，理之不可易者也。”孔夫子也曾经说过，“礼者，理也。”由此可见，古代人把礼仪就理解为道理，讲礼就是讲理，讲礼仪就是讲道理，就是谦让、礼让之举。而这个道理是专指正确地处理人与人之间各种关系的道理。因此，礼仪就是人们在长期社会实践过程中不断总结提炼，而成为固定的人与人之间关系中应该遵守的规矩。这就是我们现在所说的礼仪的真谛。

在古汉语中，“礼”主要包含以下三层意思：

第一，我国奴隶社会和封建社会的等级制度，以及与之相适应的一整套礼节仪式。如《论语·为政》：“殷因于夏礼，其损益，可知也。”《礼记·曲礼上》：“礼不下庶人，刑不上大夫。”

第二，表示尊敬和礼貌。《左传·襄公二十二年》：“执事不礼于寡君”（执事：指晋国国君；

寡君:指郑国国君)。

第三,礼物,即赠送的物品。《晋书·陆纳传》:“及受礼,唯酒斗,鹿肉一。”

“仪”既指容貌和外表,又指礼节和仪式。

现代文豪梁实秋先生在其《秋室杂文·谈礼》中说:“礼是一套法则,可能有官方制定的成分在内,亦可能有世代沿袭的成分在内,在基本精神上还是约定俗成的性质,行之既久,便成为大家公认的一套规则。”

从古今中外对于礼仪的描述中我们可以发现,所谓礼仪,从广义上讲,礼仪泛指人们在社会交往中的行为规范和程序,是礼貌、礼节、仪表、仪式等的总称;从狭义上讲,指的是人们在社会交往中由于受历史传统、风俗习惯、宗教信仰、时代潮流等因素的影响而形成,既为人们所认同,又为人们所遵守,以建立和谐关系为目的的各种符合礼的精神、要求的行为准则或规范的总和。

(二)礼仪的特点

礼仪是随着社会发展逐渐形成的一种行为方式的规则,虽然各个国家和地方的礼仪不尽相同,然而作为礼仪却有一些共同的特点。

1. 共同性

古今中外,从个人到国家,礼仪无处不在。凡是有人类生活的地方,就存在着各种各样的礼仪规范。现代社会中的礼仪内容已渗透到社会的方方面面,从政治、经济、文化领域,到人们的日常生活中简单的问候语,如你好、再见等,都具有鲜明的共同性。

2. 继承性

礼仪规范将人们交往中的习惯以准则的形式固定下来,这种固定下来的准则沿袭下来就有了继承性的特点。它是人类长期共同生活中逐渐积累起来的,是维护正常生活秩序的经验结晶,是社会进步、人类精神文明的标志之一。例如,中国的“尊老爱幼”“礼之用,和为贵”等。

3. 差异性

礼仪规范往往因时间、空间或对象的不同而有所不同。例如,蒙古族同胞在祝福时让你一定要把献上的酒喝干,否则他们会认为你不尊重他们;西方某些国家见面的亲吻拥抱在中国就不适合。

4. 发展性

礼仪文化是随着社会的进步而不断发展的。礼仪规范也逐渐趋于国际化。

5. 多样性

礼仪涉及社会生活的方方面面,而社会生活的内容是纷繁复杂的,社会生活的多样性决定了礼仪的多样性;再者,不同的个人在其学习、生活、工作等的特定领域,由于其社会角色的不同又有不同的礼仪要求。比如,一个成年男子在家庭中他可能是父亲、丈夫、儿子,在单位里他可能是职员、领导,来到商场他又成为顾客——每一种角色,每一个场合有相应的礼仪。

6. 社会性

礼仪贯穿于人类社会的始终,遍及社会的各个领域,渗透到各种社会关系之中,只要有人和人的关系存在,就会有作为人的行为准则和规范的礼仪存在。礼仪也会随着社会的发展、历史的进步而与时俱进。

二、社交礼仪的有关理论

(一)3A 原则

3A 原则是美国学者布吉尼教授提出来的。3A 原则实际上是强调在交往中处理人际关系最重要的需要注意的问题。所谓的 3A 原则就是三个以 A 开头的英语单词,其中文意思就是“接受别人(accept)”“重视别人(attention)”“赞美别人(admire)”。

3A 原则告诉我们在社会交往中不能只见到物而忘掉人,强调人的重要性,要注意人际关系的处理,不然就会影响社会交往的效果。3A 原则主要讲了尊重交往对象的三大途径。

首先,要接受对方。要宽以待人,不要难为对方,让对方难堪。例如,在交谈时有“三不要”:第一不要打断别人;第二不要轻易地补充对方;第三不要随意更正对方,因为事物的答案有时不止一个。

其次,要重视对方,欣赏对方。要看到对方的优点,不要专找对方的缺点,更不能当众指正。重视对方的技巧:一是在人际交往中要善于使用尊称,尽量称行政职务或者是技术职称;二是记住对方,如接过名片要看,记不住时切记不要张冠李戴。

最后,要赞美对方。对交往对象应该给予一定赞美和肯定,懂得欣赏别人的人实际上也是在欣赏自己,赞美对方也有技巧:一要实事求是,不能太夸张;二要适应对方,要夸到点子上。

(二)TPO 原则

TPO 原则是有关服饰礼仪的基本原则之一。T、P、O 是三个英语单词的缩写,它们分别代表时间(time)、地点(place)和场合(occasion),即着装应该与当时的时间、地点以及场合相协调。

1. 时间(time)

从时间上讲,一年有春、夏、秋、冬四季的交替,一天有 24 小时变化,显而易见,在不同的时间里,着装的类别、式样、造型应因此而有所变化。例如,冬天要穿保暖、御寒的冬装,夏天要穿通气、吸汗、凉爽的夏装。白天穿的衣服需要面对他人,应当合身、严谨;晚上穿的衣服不为外人所见,应当宽大、随意,等等。

2. 地点(place)

从地点上讲,置身在室内或室外,驻足于闹市或乡村,停留在国内或国外,身处于单位或家中,在这些变化不同的地点,着装的款式理当有所不同,切不可以不变而应万变。例如,穿泳装出现在海滨、浴场,是人们司空见惯的,但若是穿着它去上班、逛街,则非令人哗然不可。在国内,一位少女只要愿意,随时可以穿小背心、超短裙,但她若是以这身行头出现在着装保守的阿拉伯国家,就显得有些不尊重当地人了。

3. 场合(occasion)

从场合上来讲,衣着要与场合协调。与顾客会谈、参加正式会议等,衣着应庄重考究;听音乐会或看芭蕾舞,则应按惯例着正装;出席正式宴会时,则应穿中国的传统旗袍或西方的长裙晚礼服;而在朋友聚会、郊游等场合,着装应轻便舒适。试想一下,如果大家都穿便装,你却穿礼服就有欠轻松；同样的，如果以便装出席正式宴会，不但是对宴会主人的不尊重，也会令自己颇觉尴尬。

三、如何学好社交礼仪

社交礼仪的学习并不是可以靠死记硬背来完成的，而是通过将社交礼仪知识的内化，形成自身的气质及散发出的涵养表现出来的。要想学好社交礼仪，需要培养自身一定的素质。

（一）培养良好的个人气质

没有良好的气质，礼仪也就无从谈起。培养良好的气质绝非一朝一夕之事，必须经过长期的磨炼和多方面的积累。

1. 丰富的内心世界

理想是内心丰富的一个重要方面，因为理想是人生的动力和目标，没有理想的追求，内心便空虚贫乏，是谈不上气质美的。品德是气质美的另一重要方面。为人诚恳，心地善良是不可缺少的。文化水平低下也在一定的程度上影响着人的气质，此外，还要胸襟开阔，内心安然。

2. 平和开朗的性格

这就涉及平素的修养。要忌怒忌狂，能忍辱谦让，关怀体贴别人。忍让并非沉默，更不是逆来顺受，毫无主见。相反，开朗的性格往往能显出自己的宽容、大度，更易表现出内心的情感。而富有感情的人，在气质上当然更添风采。

3. 高雅的兴趣

例如，爱好文学并有一定的表达能力，欣赏音乐且有较好的乐感，喜欢美术而有基本的色调感，等等。

（二）塑造健康性格

性格对人礼仪习惯的影响是复杂的。性格影响人的礼仪和做事习惯，进而影响人一生的事业和生活。在社会交往中，人们势必会遇到各种各样的人和事。若想取得事业的成功，必须努力做到和任何类型的人都能够友好相处。在待人接物的时候做到大方得体，必须要有健康的性格。

1. 外向、耐心和宽容

讲礼仪要表现在对别人的尊重上，如耐心倾听，可以形成平等融洽的气氛，无论对方的态度如何，都能够容忍。要尽可能宽宏大量、善解人意，不能得理不饶人、图自己一时之快而让对方感到尴尬。在社交活动中，需要同各种各样的人交往，外向的人往往表现得热情大方，使对方容易接受；而性格木讷、孤僻多虑的人则很难与人相处，也就谈不上彬彬有礼。

2. 沉稳、自信和坚持原则

遇事沉着、勇于承担责任、处事有韧性并坚持原则是成熟性格的表现。性格上的完善，就是要使性格向成熟的方向优化，尽可能地减少外界因素对性格带来的影响，沉着冷静地处理各种事情。看准了的事就要大胆地去做，不要优柔寡断，遇到困难要勇于克服，处变不惊，有条不紊，在任何情况下都不失礼。

3. 富有幽默感

人都喜欢与幽默的人相处。在西方，没有幽默感的先生就意味着没有魅力。幽默的作用是使人快活、欣慰，幽默能迅速拉近双方的距离，产生亲近感；能使激烈的矛盾变得缓和，避免出现尴尬；另外，幽默还能够化解对方的对立情绪，较好地表达真诚与友谊。

（三）打造社交能力

成功社交还要求人们具备各种能力。能力是顺利地完成某种活动，并直接影响活动效果的心理特征。能力是与效果相互联系的，与人交往的效果如何，关键在于人的能力。能力是知识与经验的结晶。成功的社交者应具备以下能力。

1. 表达能力

表达能力是指用语言、文字和动作等方式，将自己的知识、观点、意见明确地传递给他人的能力。与人交往的效果如何，在很大程度上取决于人的表达能力。注重礼仪，应注意多用敬语，委婉地去表达。这样既是对他人的尊敬与礼貌，也能够为自己创造一个和谐的人际关系，这正是礼仪的目的所在。

2. 自控能力

自控能力是指控制自己情绪的能力。注重礼仪，必须能够有效地调整和控制自己的情绪。在社交场合，若是意想不到地遭受冷遇，无缘无故地被指责，必须控制自己的情绪，不失态，不失礼，豁达大度，文明礼让。

3. 应变能力

应变能力是指应付突发情况的能力。在与人交往时常常会发生意想不到的事情，出现令人尴尬的场面。在这种情况下要做到不失礼，就需要有较强的应变能力，做到沉着冷静、应付自如、果断巧妙地处理问题。

（四）掌握社交技巧

掌握社交技巧的人，常常都拥有非常好的人际关系，在与人交往时也很容易取得成功，获得别人的友谊。在进行社交礼仪的学习中，首先应该做到的就是“知其然”，即了解各种场合礼仪的具体规范，熟练掌握社交技巧；其次应该做到“知其所以然”，即对这些具体规范背后的原因能够真正地理解，而且还能够将礼仪知识融入行动中，使自己具备一定的礼仪实践能力。

思考练习

（1）礼仪的特点是什么？

（2）应该如何学好社交礼仪？

项目一　个人礼仪

随着现代社会人际交往的日渐频繁,人们对个人礼仪倍加关注。个人礼仪是社会个体的生活行为规范与待人处世的准则,是个人仪容仪表、言谈举止、待人接物等方面的个体规定,是个人道德品质、文化素养、教养良知等精神内涵的外在表现。其核心是尊重他人,与人友善,表里如一,内外一致。

本项目主要阐释在社交礼仪的学习中,如何遵守仪容礼仪、服饰礼仪和仪态礼仪等方面的礼仪规范。个人礼仪是社交礼仪的基础,直接决定着社交礼仪的成败。

任务一　仪容礼仪

学习目标

(1)掌握各种仪容修饰的方法以及不同社交场合中的仪容礼仪要求。

(2)能够根据不同的场合恰当地塑造自己的个人形象。

任务情境

日本的著名企业家松下幸之助之前不修边幅,也不注重企业形象,因此企业发展缓慢。一天理发时,理发师不客气地批评他不注重仪表,说:"你是公司的代表,却这样不注重衣冠,别人会怎么想? 连人都这样邋遢,他的公司会好吗?"从此松下幸之助一改过去的习惯,开始注意自己在公众面前的仪表仪态,生意也随之兴旺起来。

学习要求:在这个案例中,松下幸之助的改变为什么会促进他事业的发展?

礼仪知识

在人际交往中,对交往对象发自内心的好恶亲疏,往往都是根据其在见面之初对他们的基本印象"有感而发"的,这种对他人仪容的观感除了先入为主之外,在一般情况下还往往很难改变。我们在进行仪容修饰学习的过程中应该着重掌握仪容修饰的原则和要求。

仪容指人的外观和外貌,其中外貌是构成仪容美的核心要素。在人际交往中,每个人的仪容都会引起交往对象第一时间的关注,并影响到对方对自己的第一评价。

仪容美的基本要素是貌美、发美、肌肤美,主要要求整洁、干净。美好的仪容能给人以健康自然、充满活力、富有个性的深刻印象。

一、仪容修饰的原则

生活中,人们的仪容非常重要,它反映出一个人的精神状态和礼仪素养,是人际交往中的"第一形象"。天生丽质、风仪秀整的人毕竟是少数,然而我们却可以靠化妆修饰、发型造型、着装配饰等手段，弥补和掩盖在容貌、形体等方面的不足，并在视觉上把自身较美的方面展露和强调出来，使形象得以美化。成功的仪容修饰一般应遵循以下原则：

(一)适体性原则

要求仪容修饰要与个体自身的性别、年龄、容貌、肤色、身材、体型、个性、气质及职业身份等相适宜和相协调。

(二)TPO原则

T、P、O分别是时间(time)、地点(place)、场合(occasion)三个英文单词的缩写。TPO原则要求仪容修饰因时间、地点、场合的变化而相应变化，使仪容与时间、环境氛围、特定场合相协调。

(三)整体性原则

要求仪容修饰先着眼于人的整体，再考虑各个局部的修饰，使修饰与人自身的诸多因素之间协调一致，浑然一体，营造出整体风采。

(四)适度性原则

要求仪容修饰无论是修饰程度，还是在饰品数量和修饰技巧上，都应把握分寸，自然适度，从而达到追求刻意雕琢而又不露痕迹的效果。

二、仪容修饰的要求

人的仪容主要由本人的先天条件和后天修饰两方面决定。个人的先天条件固然非常重要，然而这并不就意味着一个在仪容方面先天条件优越的人，便可以过分地自恃其长，而不去进行任何后天的修饰。事实上，修饰与维护，对于仪容的优劣而言往往起着一定的作用。在任何情况下，一个正常人倘若不注意对本人的仪容进行合乎常规的修饰与维护，往往在他人的心目中也难有良好的个人形象可言。所以我们在平时一定要时刻记着对自己的仪容进行必要的修饰和整理，做到“内正其心，外正其容”。

为了维护自我形象，在仪容的修饰方面要注意以下五个事项：

(1)仪容应当干净。要勤洗澡、勤洗脸，脖颈、手都应干干净净，并经常注意去除眼角、口角及鼻孔的分泌物，要勤换衣服，消除身体异味。

(2)仪容应当整洁。整洁，即整齐洁净、清爽。要使仪容整洁，贵在持之以恒，这一点是影响自我形象的关键点。

(3)仪容应当卫生。讲究卫生，是公民的美德，注意口腔卫生，早晚刷牙，饭后漱口等，另外，指甲要常剪，头发按时理，不得蓬头垢面，体味熏人。

(4)仪容应当简约。仪容既要修饰，又忌讳标新立异，简练、朴素最好。

(5)仪容应当端庄。仪容庄重大方，斯文雅致，不仅会给人以美感，而且易于使自己赢得他人的信任。相比之下，将仪容修饰得花里胡哨、轻浮怪诞，是极不得体的。

三、仪容修饰的方法

（一）干净整洁

要做到仪容干净整洁，最重要的是需要长年累月坚持不懈，不厌其烦地进行以下仪容细节的修饰。

1. 坚持洗澡、洗头、洗脸

洗澡可以除去身上的尘土、油垢和汗味，并且使人精神焕发。如果条件允许，要常洗澡，至少也要坚持每星期洗一次，尤其是参加重大礼仪活动之前，一定要洗一次。头发是人体的制高点，因为人们的发型各有不同，因此头发比较受人关注，只有经常坚持洗头，方可确保头发不粘连、不板结、无发屑、无油腻气味。如果脸上常常有灰尘、污垢、泪痕或汤渍，难免会让人觉得此人又懒又脏。所以除了早上起床后、晚上睡觉前洗脸之外，只要有必要、有可能，随时随地都要抽出一点时间洗脸净面。

2. 去除分泌物

首先要清除眼角分泌物——“眼屎”，它给人的印象很不雅，所以应经常及时地将其清除；戴眼镜者还应注意，眼镜片上的污渍或者多余物也要及时揩除。其次要注意去除鼻孔分泌物，在外出上班或出席正式活动之前，要检查一下鼻孔内有无鼻涕，如果有，则要及早清除。再次要去除耳朵的分泌物，虽然它不易看到，但却不要忘记对其打扫。最后还要注意去除口部的多余物，这是指口角周围沉积的唾液、飞沫、食物残渣和牙缝间的牙垢，它们看起来让人作呕，必须及时发现，及时清除。

3. 定时剃须

除了具有宗教信仰与风俗习惯者之外，男性礼仪人员不宜蓄留胡须，因为在交际场合“美髯公”并不美，它显得非常的不清洁，是对交往对象的不尊重，因此男性最好每天坚持剃一次胡须，绝对不可以胡子拉碴地去上班或会面。此外还要注意经常检查和修剪“鼻毛”。

4. 保持手部卫生

在每个人的身上，手是与外界直接接触最多的一个部位，它最容易沾染脏东西，所以必须要勤洗手，除饭前、便后外，还要在一切有必要的时候洗手。另外，还要常剪手指甲，绝不要留长指甲，因为这样不符合礼仪人员的身份，长指甲会藏污纳垢，给人留下不讲卫生的印象。一般情况来说，手指甲的长度以不长过手指指尖为宜。

5. 注意口腔卫生

坚持每天刷牙，消除口腔异味，维护口腔卫生，是非常必要的。如果条件允许，最好能在吃完每顿饭以后都要刷一次牙，切勿用以水漱口和咀嚼口香糖一类无效的方法来替代刷牙。另外，在日常生活中还要养成上班期间不吃生蒜、生葱和韭菜一类带刺激性气味的食物的良好习惯，以免在工作中出现说话“带味道”。

6. 保持发部整洁

首先应清洗头发。除了要注意采用正确的方式方法之外，最重要的是要对头发定期清洗，并且坚持不懈。一般认为，每周至少应当对自己的头发清洗两到三次。

其次是修剪头发。与清洗头发一样，修剪头发同样需要定期进行。在正常情况之下，通常应当每半个月左右修剪一次自己的头发，至少，也要确保每个月修剪头发一次。

最后是梳理头发。梳理头发是每天必做的事情，而且往往应当不止一次。按照常规，在出门上班前、换装上岗前、摘下帽子时以及其他必要的时候，都应该自觉地梳理一下自己的头发。

7. 保持脚部清洁

脚作为支撑人体的重要部位，每天要进行大量运动，它会分泌大量的汗液，不及时清洁脚部容易滋生真菌，更可能导致各种脚部疾病，如脱皮、脚部溃烂等。所以，平时要注意勤洗脚，也可以适当放松按摩。

礼仪点滴

梳理头发的注意事项

在梳理头发时，有以下几点需要注意。

1. 时间允许每天可以多梳几次。

2. 养成晚上梳头的习惯。

3. 使用的梳子的齿不宜过尖、过硬、过密。

4. 不可过分地刺激头发和过分牵拉头发，否则会引起头发的损伤。头发断裂会影响头发的正常生长。

5. 打结的头发，尤其是长卷发，暂时梳不开，可以用护发素兑点水，揉湿头发，用宽齿梳轻轻自发梢往上一点点梳开。

6. 低下头，增加头部血液供给，由后往前梳是一种良好的梳头方法。

7. 养成用木梳梳头的习惯，不论长发还是短发。

8. 使用牛角梳、象牙梳或桃木梳，宽齿梳以备用。

梳理头发的动作要柔和，用力要柔和，用力要均匀，不可用力过猛，切勿为了某种发型而强行将头发拉扯到一边，也不要用毛巾使劲擦头发。

（二）化妆适度

在职业活动中，适当化妆，不仅是职业工作的需要，同时也是对他人尊重的一种表现。做任何事情都贵在适度，化妆也不例外，过分醉心于美容，妆化得过分浓艳，不仅有损于皮肤的健康，而且还有损于别人的观瞻，因此，化妆适度是仪容美的基本要求。

美容化妆必须坚持美化、自然、协调的原则。

1. 美化原则

每一个化妆的人都希望通过化妆能够让自己变得更美丽。但事实上，如果认为把各种色彩涂抹在脸的相应部位就变美了，这是错误的。美化原则是从效果来说的，要使化妆达到美的效果，必须了解自己脸部的特点，做到心中有数，还应该清楚自己脸部需要怎样化妆和矫正才能扬长避短，使容貌更迷人。

2. 自然原则

妆容自然是化妆的生命，它能使化妆后的脸看起来真实而生动。自然的妆容不仅需要依赖正确的化妆技巧、合适的化妆品，还需要在化妆过程中一丝不苟，井井有条，要讲究过渡、体现层次，要点面到位、浓淡相宜。总之，要使化妆说其有，看似无，达到自然的效果，这是化妆的最高境界，也是需要遵守的重要原则。

3. 协调原则

所谓的协调原则主要包括以下几个方面。

（1）妆面协调。指化妆部位色彩搭配、浓淡协调，所化的妆针对脸部个性特点，整体设计协调。

（2）全身协调。指脸部化妆还必须注意与发型、服装、饰物协调，如穿大红色的衣服或配了大红色的饰物时，口红可以采用大红色的，力求取得完美的整体效果。

（3）身份协调。指化妆时要考虑到自己的职业特点和身份，采用不同的化妆手段和化妆品。作为职业人士，应注意化妆后体现端庄稳重的气质；作为专门从事各种关系建立和协调的行政或公关人员出头露面的机会多，与有身份、有地位、有权力的人打交道频繁，要表现出一定的人际吸引魅力，化妆就不能太艳俗或太单调，而应浓淡相宜，青春妩媚，符合大众审美。

（4）场合协调。指化妆要与所去的场合气氛要求一致。日常办公，妆可以化淡一些；出入宴会、舞会场合，妆可以化浓一些，尤其是舞会，妆可以亮丽一些。不同的场合不同的化妆，相得益彰，不仅会增加化妆者的自信，也会使周围的人感受更自然。

礼仪点滴

化妆的小礼仪

化妆的浓淡视时间而定，白天工作场合化淡妆，夜晚化浓妆、淡妆都适宜；不能在公共场所里化妆，在众目睽睽之下化妆是非常失礼的。如有必要化妆或修饰的话，要在卧室或化妆间里去做。工作时间不能化妆，否则易被他人当做不务正业的人。不要在同事面前化妆，否则会引起误会；不要非议他人的化妆，由于民族、肤色和文化修养的差异，每个人的化妆不可能都是一样的；男士化妆应适当，化妆品不宜太多，否则让人讨厌；不要借用他人的化妆品，这样做既不卫生又不礼貌。

（三）发型美观

发型是构成仪容美的重要内容。美观的发型能给人一种整洁、庄重、洒脱、文雅、活泼的感觉。根据不同人的发质、服装、身材、脸形等选择合适的发型，就可以扬长避短，和谐统一，增加人体的整体美。

1. 发型与发质

发型的设计是建立在发质基础上的，也就是说，发质直接决定着发型的选择。

一般来说，直而硬的头发容易修剪得整齐，故设计发型时应尽量避免花样复杂，应以修剪技巧为主，做成简单而又高雅大方的发型。如梳理成披肩长发，会给人一种飘逸秀美的悬垂美感；用大号发卷梳理成略带波浪的发型或梳成发髻等，会给人一种雍容、典雅的高贵气质。细而柔软的头发，比较服帖，容易整理成型，可塑性强，适合做小卷曲的波浪式发型，显得蓬松自然;也可以梳成俏丽的短发,能充分体现个性美。

2. 发型与服装

在现代美容中,一个人的发型与服装有着十分密切的关系。什么样的服装应当有什么样的发型相配,这样才显得协调大方。

例如,社会上流行不对称的服装,那么就必须有不对称的发型来相配,才会有种奇特美感,而端庄与娇俏的发型也应与各式样的服装配合。再如男士穿上笔挺的西服,再梳理个西装头,就会显得风度翩翩。在举行婚礼时,新娘穿结婚礼服就必须配上波纹自然的秀发,这样会显得高雅华贵、格外动人。

3. 发型与身材

发型与体型有着密切的关系,人的身材高矮、胖瘦等与发型都有一定的关系,发型处理得好,对体型能够起到扬长避短的作用,反之会夸大体型缺点,破坏人的整体美。

身材高大者,应该选择大方、健康洒脱美的发型,以避免给人大而粗、呆板生硬的印象。高大身材的女士,一般留简单的短发为好,切忌花样复杂。烫发时,不应卷小卷,以免造成与高大身材的不协调。

身材高瘦者,适合留长发型,并且适当增加些发型的装饰性。如若梳卷曲的波浪式发型,对高瘦身材更有一定的协调作用。但高瘦身材者不宜盘高发髻,或将头发削剪得太短,以免给人一种更加瘦长的感觉。

身材矮小者,适宜留短发或盘发,因露出脖子可以使身材显得高些,并可以根据自己的喜好,将发型做得精巧、别致些,显得更加优美、秀丽。但矮小身材者不宜留长发或粗犷、蓬松的发型,那样会使身材显得更矮。

身材较胖者,适宜梳淡雅舒展、轻盈俏丽的发型,尤其是应注意将整体发势向上,将两侧束紧,使脖子亮出,这样会使人产生错觉,感觉人瘦些。但若留长波浪,两侧蓬松,则会显得更胖。

另外,如果你的上身比下身长,或上下身等长,发型可选择长发以遮盖其上身;如肩宽臀窄,就应选择披肩发或蓬松的发型,以发盖肩,分散肩部宽大的感觉;若颈部细长,可选择长发,不适宜采用短发型,以免使脖颈显得更长;若颈部短粗,则适宜选择中长发型或短发型,以分散颈粗的感觉。

总之,进行发型选择时,必须根据自己的体型,选择一个与之相称的发型。

4. 发型与脸形

发型与脸形的配合十分重要,发型和脸形配合得适当,可以表现此人的性格、气质,而且使人更具有魅力。

椭圆形脸:任何发型都能与它配合,能达到美容效果。但若采用中分头路,左右均衡、顶部略蓬松的发型,会更贴切,以显示脸形之美。

圆形脸:接近于孩童脸,双颊较宽,因此应选择头前部或顶部略半隆的发型,两侧则要略向后梳,将两颊及两耳稍微留出,这样,既可以在视觉上冲淡脸圆的感觉,又显得端庄大方。圆形脸的人尤其适合梳纵向线条的垂直向下的发型或是盘发,使人显得挺拔而秀气。

长形脸:端庄凝重,但给人一种老成感。因此,应选择优雅可爱的发型来冲淡这种感觉,顶发不宜太丰隆、前额部的头发可适当下倾,两颊部位的头发适当蓬松些,可以留长发,也可以齐耳,发尾要松散流畅,以发型的宽度来缩短脸的视觉长度。若将头发做成自然成型的柔曲状,会更理想。

方形脸：前额较宽，两腮突出，显得脸形短阔。适宜选择自然的大波纹状发型，使整个头发柔和地将头部包围起来，两颊头发略显蓬松遮住脸的两侧，线条的圆润可以冲淡脸部方正的印象。

“由”字形脸：应选择宜表现额角宽度的发型，而中长发型较好。可将顶部的头发梳得松软蓬松些，两颊侧的头发宜向外蓬出以遮住腮，在人的视觉上减弱腮部的宽厚感。

“甲”字形脸：宜选择能遮盖宽前额的发型，一般来说两颊及后发应蓬松而饱满，额部稍垂“刘海”，顶部头发不宜丰隆，以遮住过宽的额头。此脸形人适宜烫成波浪形的长发。

5. 发型与年龄

年龄是塑造发型的一个重要因素，这是因为人的性格爱好以及审美观念通常因年龄不同而有差异。下面以女性不同年龄段适合的发型来说明。

少女的发型：处在少女阶段的女孩，正在发育和学习期间，其装束、打扮要体现自然美与天真、活泼的气质。发型以清爽、简便为原则。可梳短发，给人文静、典雅的东方美感。也可梳长发，如将头发编成发辫，梳成马尾式的发束等，给人以俏丽活泼的现代美感。这一时期的少女最好不要烫发，也不要刻意地做头发。

女青年的发型：青年女性发育成熟，越来越注重自己的衣着和发型，常选择新颖、美观、活泼的发型。如留长发显得飘逸、大方；留层次分明的短发，显得充满青春活力，也可以选择多种烫发的花样。

中年妇女的发型：中年人多选择整洁、文雅、大方、线条柔和的发型，并注意弥补自己在某方面的不足，以突出自己的优点，起到保持青春不衰的作用。这一年龄阶段的妇女梳短发、中长发、长发或直发、绾发髻、烫发都可以，其中以美观、简便的发型最受欢迎。

老年妇女的发型：老年人的发型要结合自己的特点，保持庄重、整洁、简朴、大方。老年人宜采用短发型，前额不留“刘海”，发丝波浪柔和，样式不要太新潮。老年人也可将头发留长，绾起发髻盘在脑后。头发较少的人，可将头发烫成爆炸式，使头发蓬松。

6. 发型与职业

发型的选择除考虑到头型、脸形、五官及身材以外还必须要注意到职业特点，发型根据职业的需要在不影响工作的情况下，努力做到最完美的效果。

工作时需戴安全帽职业者的发型：应该保证既要简洁又要美观，不要做得太复杂，应尽量剪成短发或是长发扎辫子，这样可以保证脱帽后能够保持优美的发型。

运动员或学生的发型：由于年龄及运动员的职业特点，发型可做成轻松而活泼的短发型，易梳理。

文秘及公关人员的发型：这类人社会活动较多，头发最好留长一些，以便能经常变换发型；发型应该以整洁美观为主，既有我国民族特点，又有时代气息，给人以健康明朗、热情生动、文明礼貌的良好印象。

教师或机关工作人员的发型：应该要求简洁、明快、大方、朴素的发型，表现出淡雅、端庄的感觉。

文艺工作者或服装模特的发型：发型可以做得突出一点，表现出创造性、前卫性。

（四）护肤得法

护肤是仪容美的关键。皮肤尤其是面部皮肤的经常护理和保养，是实现仪容美的前提。

正常健康的人皮肤具有光泽，且柔软、细腻、洁净、富有弹性；而当人处于病态或衰老的时候，其皮肤就会失去光泽、弹性，出现皱纹或色斑。对皮肤进行经常性的护理和保养有助于保持皮肤的青春活力。

皮肤一般分三种类型：干性皮肤、中性皮肤和油性皮肤。对于不同类型的皮肤需用不同的方法加以护理和保养。

干性皮肤红白细嫩，油脂分泌较少，经不起风吹日晒，对外界的刺激十分敏感，极易出现色素沉着和皱纹。有些干性皮肤的人苦于自己的皮肤少了一份“亮光”，使劲往脸上涂抹“增亮”的油脂，殊不知这样会减少皮肤的透气性。其实对于这种皮肤，每天在洗脸的时候，可以在水中加入少许蜂蜜，湿润整个面部，用手拍干。坚持一段时间，就能改善面部肌肤，使其光滑细腻。

中性皮肤比较润泽细嫩，对外界的刺激不太敏感。这种皮肤比较易于护理，可以在晚上用水洗脸后，再用热水捂脸片刻，然后轻轻抹干。

油性皮肤肤色较深，毛孔粗大，油光满面，易生痤疮等皮脂性皮肤病，但适应性强，不易显皱。洗脸时可在热水中加入少许白醋，以便有效地去除皮肤上过多的皮脂、皮屑和尘埃，使皮肤富有光泽和弹性。

礼仪模拟

（1）根据所学的护肤知识，结合自己的日常洁肤和护肤，进行护肤操作训练。

要求：全班同学根据自己的皮肤状况，回家后进行护肤训练。

（2）结合所学的发型修饰的知识，检查自己及同学的发型，讨论不同发型与脸型的搭配。

要求：选出班级中发型最符合学生身份的，讨论一下学生时代的发型要求。

拓展阅读

17种护肤错觉你都知道吗

（1）任何香皂都会刺激皮肤。目前市场上香皂种类很多，其中大多数都含有滋润成分，不像过去那样会令肌肤干燥，许多公司推出的浴皂性质温和，也可以用于清洁脸部。

（2）你的护肤品应出自同一系列。护肤产品的选择关键看是否合适你的肌肤，不必拘泥于同种品牌的同一系列，你觉得什么好就用什么吧！

（3）如果不化妆，只需用水来清洁皮肤。事实上，水能使肌肤变得清新滋润，但不能洁净皮肤，油污会黏附在洗脸用的毛巾上，需用一些能化脂去污的洁面产品。

（4）皮肤脱屑不是病。油性皮肤的人过分地清洗，或使用收缩修复水会导致皮肤的表层干燥，看上去有剥落现象。但是，不管你是哪种类型的皮肤，沿发际脱屑可能是皮炎，而鼻翼两侧脱屑可能是湿疹。如果肌肤持续这种干燥、脱屑的情况，建议你去看医生。

（5）抗皱霜能去除皱纹。抗皱霜能真正做到的，只是营养皮肤，暂时令肌肤柔滑和平复细纹。皱纹的生成除了时间的影响最大之外，紫外线是致命的杀手，所以要延缓衰老，全面防晒当是上策。

(6)皮肤总不够干净。很多人都认为，脸洗得越勤、水温越热，对皮肤越有帮助，这样做的结果只会造成“高原脸”，并使肌肤变得干燥而敏感。事实上，早晚各洗一次已经足够。

(7)油性皮肤不需使用润肤露。油性肌肤也会遇到干燥的问题，尤其是在空调房间里，因此也需适当加以滋润。现在也有许多清爽型的润肤霜，特别适合油性肌肤使用。

(8)天然系列的护肤品最适合敏感性肌肤。利用植物、草药提炼而成的护肤品的确很好，但以为它们最适合敏感性肌肤可就错了。因为，你可能对某一化学产品过敏，也完全有可能对植物花粉过敏。

(9)25岁以后才需要使用眼霜。即使是20岁的年轻人也有可能需要眼霜，因为眼睛周围的皮肤非常薄，是最先出现皱纹的地方之一，这里的油脂腺很少，如不加以滋润，极易干燥，而靠一般的润肤霜可能会过于油腻，以致眼睛浮肿，产生脂肪粒。

(10)修颜液或收缩水可关闭毛孔。别以为毛孔是扇门，可以随意开关。修颜液或收缩水只是使皮肤略微收缩一下，使毛孔看上去细小，这个效果维持时间不会太久，肌肤还是会恢复原样。

(11)护发素可修护开叉的头发。头发分叉后，靠护发素是不可能愈合的，唯一的补救方法是剪去分叉部分。

(12)沾在棉花球上的黑色物都是污垢。黑色物看起来总是吓人，特别是当你脸上擦过洁肤液后，它就成了专柜小姐借以推销产品的最佳手段了。其实，在棉球上的黑色物，有的是油污，还有的是残留的化妆品、死皮细菌等。

(13)定期在美容院做皮肤护理能增进皮肤的健康。脸部护理旨在深层洁肤，促进血液循环，令你放松并得到心理满足，如果你以为皮肤会因此得到显著医疗改善恐怕会失望哦。

(14)人人都应使用修复水。修复水对去除洁肤后的残留物效果很好，但如果你不化妆，或使用极易漂洗干净的洁面乳，就不需使用修复水。

(15)润肤霜抹得越多越好。肌肤对于润肤霜是需要多少吸收多少，抹多了，只会阻塞毛孔，并导致粉刺和眼睛的浮肿。所以，开始还是少涂一些。

(16)黑头粉刺只有挤压才能除去。正确的清洗方法可预防粉刺，最好使用过氧化甲酰的粉刺治疗仪使它们干脱，不提倡用挤压的方式。

(17)低过敏就是不会有过敏反应。所谓低过敏是指产品中不含一些特别容易引起过敏反应的成分，譬如香料，但你仍然可能会对其中的其他成分过敏。

思考练习

(1)在日常仪容修饰中，都有哪些基本要求？

(2)在日常发型选择中，不同脸形的人该选择何种发型？

(3)小孙热衷使用“高档”化妆品，在她每月的正常支出中，用于购买化妆品的支出几乎占了一半，她是同学们中最了解化妆品的人，每当有新品上市的时候，她总控制不住跃跃欲试的冲动，总会率先试用一把，然后把自己的感受以最快的速度向外传播，这也是她很骄傲的一点。然而，家里给的钱是个定数，买了化妆品，吃饭的钱相应就少了，于是，小孙就省吃俭用，尽可能把吃饭的消费降低到最低点。假如你是小孙你会调整支出比例吗？你认为应该如何看待化妆品的使用？

任务二　服饰礼仪

学习目标

(1)能够在不同的场合下得体地着装。

(2)熟悉服装与整体形象的关系。

任务情境

国外有位心理学家曾经做过这样一个试验：分别让一位身着笔挺漂亮军服的海军军官，一位戴金丝边框眼镜、手持文件夹的青年学者，一位打扮入时的漂亮女郎，一位挎着菜篮子、脸色疲惫的中年妇女，一位留着怪异头发、穿着邋遢的男青年到马路边去搭车。

结果是：漂亮女郎、海军军官、青年学者的搭车成功率高，中年妇女次之，搭车最困难的是那个男青年。

学习要求：讨论一下为何会有这样的一个结果？在全班开展关于不同穿着对人影响的讨论。

礼仪知识

服饰礼仪是人们在交往过程中为了相互表示尊重与友好，达到交往的和谐，而体现在服饰上的一种行为规范。

服饰是指衣着和装饰，是一种文化，它反映着一个民族的文化水平和物质文明发展的程度。服饰具有极强的表现功能，在社交活动中，人们可以通过服饰来判断一个人的身份、地位和涵养；通过服饰可展示个体内心对美的追求、体现自我的审美感受；通过服饰可以增进一个人的仪表、气质，所以，服饰是人类的一种内在美和外在美的统一。要想塑造一个真正美的自我，就要掌握服饰打扮的礼仪规范，用和谐、得体的穿着来展示自己的才华和美学修养，以获得更高的社交地位。

一、服饰礼仪的原则

服饰虽说由于每个人的喜好不同，打扮方式不同，产生的效果也不同，因此也成就了五彩斑斓的服饰世界，但我们根据人们的审美观及审美心理还是有一些基本的原则可循。

(一)整洁原则

整洁原则是指整齐干净的原则，这是服饰打扮的一个最基本的原则。一个穿着整洁的人总能给人以积极向上的感觉，并且也表示出对交往对象的尊重和对社交活动的重视。整洁原则并不意味着时髦和高档，只要保持服饰的干净合体、全身整齐有致即可。

(二)个性原则

个性原则是指社交场合树立个人形象的要求。不同的人由于年龄、性格、职业、文化素养等各方面的不同，自然就会形成各自不同的气质，我们在选择服装进行服饰打扮时，不仅要符合个人的气质，还要突现出自己美好气质的一面。为此，必须深入了解自我，正确认识自我，选择适合自己的服饰，这样，可以让服饰增添自己的风采。

（三）和谐原则

和谐原则是指协调得体原则。即选择服饰时不仅要与自身体型相协调，还要与着装者的年龄、肤色相配。服饰本是一种艺术，能掩盖体型的某些不足。我们要借助于服饰，创造出一种美妙身材的错觉。不论是高矮胖瘦，年轻的还是年长的，只要根据自己的特点，用心地去选择适合自己的服饰，总能创造出服饰的神韵。

（四）TPO 原则

T、P、O 分别是时间（time）、地点（place）、场合（occasion）三个英文单词的缩写，即着装的时间、地点、场合的原则。一件漂亮的服饰不一定适合所有的场合、时间、地点。因此，我们在着装时应该要考虑到这三方面的因素。

（1）着装的时间原则，包含每天的早、中、晚时间的变化；春、夏、秋、冬四季的不同和时代的变化。

（2）着装的地点原则是指环境原则。即不同的环境需要与之相适应的服饰打扮。

（3）着装的场合原则是指场合气氛的原则。即着装应当与当时当地的气氛融洽协调。

服饰的 TPO 原则的三要素是相互贯通、相辅相成的。人们在社交活动与工作中，总是会处于一个特定的时间、地点和场合中，因此在着装的时候，应考虑一下，穿什么，怎么穿，这是你踏入社会并取得成功的一个开端。

（五）配色原则

服饰的美是款式美、质料美和色彩美三者完美统一的体现，形、质、色三者相互衬托、相互依存，构成了服饰美统一的整体。而在生活中，色彩美是最先引人注目的，因为色彩对人的视觉刺激最敏感、最快速，会给他人留下很深的印象。服装色彩搭配共有以下三种方法：

1. 同色搭配

同色搭配即由色彩相近或相同，明度有层次变化的色彩相互搭配造成一种统一和谐的效果。如墨绿配浅绿、咖啡配米色等。同色搭配时，宜上淡下深、上明下暗。这样整体上就有一种稳重踏实之感。

2. 相似色搭配

色彩学把色环上大约 90 度以内的邻近色称之为相似色。如蓝与绿、红与橙。相似色搭配时，两个色的明度、纯度要错开，如深一点的蓝色和浅一点的绿色配在一起比较合适。

3. 主色搭配

主色搭配指选一种起主导作用的基调和主色，相配于各种颜色，造成一种互相陪衬、相映成趣之效。采用这种配色方法，应首先确定整体服饰的基调，其次选择与基调一致的主色，最后再选出多种辅色。主色调搭配如选色不当，容易造成混乱不堪，有损整体形象，因此使用的时候要慎重。

二、着装规范

在正式的场合中，我们不仅要按规定着装，如在重大的宴会、庆典、会见，尤其是涉外性活动，组织者所发请柬上有时专门注有着装要求，参加者就应按规定着装，而且还要符合正式场合的着衣配装的礼仪规范，以符合活动的性质。

（一）西装的穿着规范

就目前来说，西装是一种国际性服装，是世界公认的男士正统服装。男士在所有社交场合都可以身着西装。因此，经常出入社交场合的男士应自备合体的西装。

1. 西装的款式

西装的款式现可分为欧式、英式、美式和日式四大流派。

欧式：领型狭长，胸部收紧突出，袖拢与垫肩较高，造型优雅，为双排扣。

英式：与欧式相仿，但垫肩较薄，后背开衩，绅士味道很足。

美式：领型较宽大，垫肩较适中，胸部不过分收紧，两侧开衩，风格自然。

日式：外观略呈“H”形，领型较窄，较短，垫肩不高，多不开衩，为单排两粒扣。

2. 西装的选择与穿着

在选择西装时，要充分考虑到自己的身高、体型，选择合适的款式。另外，还要注意选择合适的面料与颜色，西装的面料应该挺括、垂感好，一般宜选择全毛料制作的西装。在颜色上宜选用黑色、深蓝色、深灰色等深色调，这样可适宜于任何正式场合。

选择西装的大小应合身，不要太大。西装的长度应以其下摆垂到手的虎口处，袖口垂下来到手腕处为标准。西裤的大小应以裤子扣好后腰中能塞进一只手，长度是以垂下来正好到皮鞋，两条裤缝笔直。系西裤的皮带应以黑色的，庄重、典雅的牛皮皮带为好。

西装在穿着时，要注意：单排扣西装在非正式场合可以不扣，以示飘逸的风度；在正式场合中可以扣上面的一粒或两粒扣，以示端庄。而双排扣在穿着时要全部扣上，而在坐下时可以解开下面的扣子，以免坐久了衣服会弄皱，但站起来时不要忘记扣好下面的扣子。

礼仪点滴

穿西装的程序

西装穿着具有一定的程序。正常的程序是：①梳理头发；②更换衬衣；③更换西裤；④穿皮鞋；⑤系领带；⑥穿上装。西装穿着程序也可以说是一种礼仪规范，不要等穿戴完毕后再照镜子梳头，这样就会把头皮屑、脱落的头发全梳在西装上，走出去是极不雅观的。

3. 衬衣的选择与穿着

（1）衬衣颜色的选择。衬衣是西装的一个点缀，具有美化西装的功能。一般而言，衬衣以淡颜色居多，最常用的是白衬衣，可以配所有的西服。而花衬衣、条纹衬衣可以配单色西装，单色衬衣可以配条纹或方格西装。近几年比较流行西装里面配有色衬衣，颜色一般选择与西服同色系，如深灰色西装配浅灰色衬衣，深咖啡色西装配浅咖啡色衬衣，但给人的感觉没有白色衬衣那样显眼，更凸显文静、稳重。

（2）衬衣大小的选择。在选择衬衣时，其大小以领口的大小为准。一般衬衣穿好后，扣好扣子，领子的大小以能塞进一个手指头为好，这样，等系好领带后，可显得不松不紧。衬衣领子以小方领为多，领头要硬挺。随着时代的变化，领子大小有所改变。

（3）衬衣的穿着。衬衣穿好后领子应高出西装领子大约1厘米，衬衣袖子应长出西装袖口1.5~2.5厘米为宜。穿西装时，衬衣应塞进裤腰内，衬衣内最好不要穿棉毛衫，如要穿棉毛衫的话，最好要看不出痕迹。穿衬衣打领带时，衬衣最上面的一粒扣子应扣紧，包括袖口上的扣子都要扣好。如不系领带，衬衣最上面的扣子应不扣。如衬衣单穿不系领带时，可以将衬衣袖子卷起，领子可以松开。

4. 领带的选择与系法

领带是西装的装饰品，也是西装的灵魂。在正式场合下，如不系领带而穿着高级西装就显得苍白无力。领带的面料有毛织、丝质、化纤等，花色图案更多，领带的选色应与衬衣和西装相配。一般而言，男子的全身服饰的色彩以不超过三色为原则，例如，藏青色西装，可以配雪青色衬衣和天青色的领带，当然领带上可以有一些红或白的其他花纹图案，则可以起到"万绿丛中一点红"的效果，使着装者显得更精神。

领带的系法有讲究，一般先扣好衬衣领后，将领带套在衣领外，然后将宽的一片稍稍压在领下，抽拉另一端，领带就自然夹在衣领中间了，而不必把领子翻立起来。领带系好后两端应自然下垂，宽的一片盖住窄的一片，而且宽的一片的领带尖刚好与裤腰平起为宜，切忌领带压住或垂至裤腰下。如同时穿西装马甲或"V"形领羊毛衫，则领带应放置在背心或羊毛衫内。

领带的最重要部位是领结，不同的系法可以获得不同形状大小的领结。

5. 西装的帕饰

西装手帕也是西装的有机组成部分，西装手帕处理得好可以起到锦上添花的作用。装饰性手帕一般以白色居多，因为衬衣一般都为浅色，但也可以是与衬衣相近的其他颜色，以起到里外呼应的效果。如深色西装，浅咖啡色衬衣可以配浅咖啡色手帕；米色衬衣可以配米色手帕，显得别具一格。

6. 皮鞋和袜子

皮鞋和袜子虽然穿在脚上，不是十分引人注意，但还是作为男子穿西装时必须与衬衣、领带同等看待的重要配件。试想，一套深色西装，配一双浅黄色皮鞋或一双白色袜子该是何等刺眼。对于男士而言，深色西装最好配双黑色皮鞋，最规范的应是黑色的系带皮鞋。男子的皮鞋后跟不要太高，也不要打钉，否则走起路来"咯咯"响是很刺耳的。袜子最好是与西裤的颜色相同或与皮鞋的颜色相同，切忌选配浅色袜子。而且选袜子的时候，最好选袜筒长一点的，否则，坐下来露出腿部的皮肤是极不雅观的。穿西装最忌讳的就是配穿旅游鞋、套鞋或布鞋。

7. 领带夹与别针

穿单排扣的西装，由于不扣纽扣的时间比较多，人在运动的时候容易使领带飘起来，因此，穿单排扣的西装应夹领带夹。领带夹应夹在衬衣纽扣数下来第4~5颗处。而别针可夹在西装左衣领上，约与第三颗衬衣纽扣齐平。如要领带夹与别针一起用，那领带夹和别针应以同款同色为好。

(二)女子服饰的选择与穿着

1.女子职业服装的选择与穿着

职业服装是指上班族上班时穿的服装,根据工作性质可把职业服装分成两大类,即办公服和工作服。这里主要是指办公服。

办公服是指坐办公室的女士穿着的上班服装。选择办公服的一个原则就是要求高雅、整齐、大方、舒适、实用、挺括不起皱。女性办公服在款式上宜选用套装、套裙为好,颜色以素雅为好,如藏蓝、炭黑、烟灰、雪青、黄褐、茶褐、蓝灰、暗土黄、暗紫红等较冷的色彩,这些颜色会给人一种稳重、端庄、高雅之感。切忌选用大红大绿或太亮刺眼的颜色。

以两件套西装套裙为例,上衣与裙子可以是同一色,也可以采用上浅下深或上深下浅等两种不同的色彩,来使之形成对比。前者正统而庄重,后者则富有动感与韵律,两者各有千秋。另外,可以在上下一色的套裙上,以衬衣、装饰手帕、丝巾、胸花等不同色彩的衣饰来"画龙点睛",或者把上衣的衣领、兜盖用与上装花色图案不同的裙子的面料来做,使衣裙的色彩"遥相呼应",给人一种协调美。

从图案上讲,西装套裙讲究的是朴素、简洁。除素色面料外,各种或明或暗,或宽或窄的格子与条纹图案,以及规则的圆点所组成的图案的面料,大多数也都可以选择。

从整体造型上讲,西装套裙是变化无穷的。但是,它的变化主要集中于长短与宽窄两个方面。在西装套裙中,上衣与裙子的长短没有明确的规定。但最好不要太长或太短,以免短了不雅观,长了不精神。据实践经验来看,上衣与裙子的造型,采用上长下短、上短下长都可以取得较好的效果。

2.女子鞋子的选择与穿着

一身漂亮的衣服总得有一双得体的鞋相配方能显示出一种整体美,穿一套西装套装或套裙绝不能配一双布鞋或球鞋,而应配皮鞋,深色套装套裙可以配黑色皮鞋。但随着人们穿着品位的提高,女士不同颜色不同款式的套装越来越多,因此,在选择套装时,最好也应选择与套装相配的皮鞋,比如,棕色套装最好选棕色或棕黑色皮鞋,这样上下呼应,有一种整体美感。再如,穿带花色的套裙,最好选择一双与裙子主色相应的皮鞋,这样,皮鞋与裙子的某一种颜色呼应,能产生高雅动人之感。

3.女子袜子的选择与穿着

在社交场合,女士如着裙装,必须穿适当的袜子,不穿袜子出现在社交场合是很不礼貌的。女士穿长裙子,可选择中长肉色袜子,如穿超短裙或一步裙,应配穿连裤袜。总之,长筒袜的长度一定要高于裙子下部边缘,否则很不雅观。袜子的颜色应与自己的肤色相配,一般肉色长筒袜能使女士皮肤罩上一层光晕而显示出一种线条美,但肉色长筒袜又有许多种颜色层次,皮肤较白的人,可选择一些浅肉色的长筒袜,可以更显细腻娇嫩。皮肤较黑或粗糙的人,可以选深肉色的长袜,这样可以弥补肤色的缺陷,从而使得腿部更加修长健美。白色和黑色的长筒袜穿着应慎重,一般穿黑色裙装时可以配黑色长袜,这样显得更加神秘诱人。

礼仪点滴

着装的注意事项

（1）男子进入室内场所应脱去帽子、大衣、手套等。而女子如戴着装饰性的手套、帽子、披肩、短外套等，就不用脱，因为这作为服饰的一部分，脱去就失去整体美了。

（2）女子在穿露肩、露胸和露背的晚礼服赴会时，在会场外，应把裸露的部分用披肩、斗篷等遮掩起来。进入会场后，披肩才可以脱下，可不必存放在存衣处。

（3）在宴会中，手套与手提包都不能放在餐桌上，手提包可以挂到架子上或放到餐椅靠背处。

（4）拿餐具时，手套应脱下，但喝鸡尾酒时可以只脱一只手套，脱下的手套可以放在手提包中或椅子后背处。

（5）结婚戒指不应戴在手套上，但装饰性戒指除外。

三、服饰色彩的选择规范

在选择服饰色彩的时候，不仅要考虑色彩之间的相配，还要考虑与着装者的年龄、体型、肤色、性格、职业等相配。

（一）服色与年龄

不论年轻人还是年长者都有权利打扮自己。但是在打扮时要注意，不同年龄的人有不同的着装要求。年轻人的穿着可鲜艳、活泼和随意些，这样可以充分体现年轻人朝气蓬勃的青春美；而中老年人的着装则要注意庄重、雅致、含蓄，体现其成熟和端庄，充分表现出成熟之美。但无论何种年龄段，只要着装与年龄相协调，都可以显示出独特的韵味。

（二）服色与体型

人的体型，高矮胖瘦各有不同。不同的体型着装颜色有所区别。

对于高大的人而言，在服装的选择与搭配上，要注意：服色宜选择深色、单色为好，太亮太淡太花的色彩都有一种扩张感，使着装者显得更高更大。

对于较矮的人而言，服色宜稍淡、明快柔和些为好，上下色彩一致会使人显得更修长。

对于较胖的人而言，在服色的选择上，应以冷色调为好，过于强烈的色调就更显得胖。

对于偏瘦的人而言，服色选择应以明亮柔和为好，太深太暗的色彩会显得更瘦弱。

（三）服色与肤色

肤色影响着服饰配套的效果，也影响着服装及饰物的色彩。但反过来说服饰色彩同样作用于人的肤色而使肤色发生变化。

肤色发黄或略黑、粗糙的人，在选择服色时应慎重。服色的调子过深，会加重肤色偏黑的感觉，使肤色毫无生气；反之，也不宜用调子过浅的服色，色泽过浅，会反衬出肤色的黝黑，同样会令人显得暗淡无光。这种肤色的人最适宜选用的是与肤色对比不强的粉色系、蓝绿色。最忌色泽明亮的黄、橙、蓝、紫或色调极暗的褐色、黑紫、黑色等。

肤色略带灰黄的人，则不宜选用米黄色、土黄色、灰色的服色，否则会显得精神不振和无精打采。

肤色发红的人，则应选择冷色系或浅色的服色，但不宜使用浅绿色和蓝绿色，因为这种强烈的色彩对比会使肤色显得发紫。

（四）服色与性格

不同的性格需要由不同的色彩来表现，只有选择与性格相符的服色才会给人带来舒适与愉快。性格内向的人，一般喜欢选择冷色系或深色系，如青、灰、蓝、黑等；性格外向的人，一般以选用暖色或色彩纯度高的服色为佳，如红、橙、黄、玫瑰红等。

（五）服色与职业

不同的职业有不同的着装要求。如法官的服色一般为黑色，以显示出庄重、威严；银行职员的服色一般选用深色，这会给客户以可靠、信任的感觉。

四、服装的饰物佩戴

饰物的佩戴要注意与个人的风格、服装的质地与整体形象等相一致，具体分述如下：

（一）帽子与围巾

帽子可以遮阳，可以御寒，同时也给人的仪表增添各种不同的情趣美。帽子的种类有许多种，如法式帽、西班牙式帽、宽檐帽、鸭舌帽、滑雪帽、水手帽、棒球帽等，帽子要注意与发型、脸形及服装的式样、颜色相配，还要注意与围巾相呼应。例如，简单优雅、线条流畅的圆形滚边帽下散落一头长发，最能表现出不造作的个性；而棕色的豹纹丝绒圆帽及围巾，既流行又不失沉稳，表现出酷劲十足。单单一条围巾也可为服装增添色彩，如一条丝巾的随意变化，或围在肩上，或挂在脖子上下垂，或在头上改变发型都会起到意想不到的效果。

（二）眼镜

眼镜不仅是实用的日常用品，也可以看成是“眼睛的服饰”，眼镜的选择要适合人的脸形。

正方形脸可选用稍圆或有弧度的镜片，这样可与方形脸互补，镜框顶端的位置必须凸起，远远高于下巴。

长方形脸由于脸形过长，镜框必须尽可能遮住脸部中央以修短脸形，因此适合佩戴镜框较大的眼镜。

圆形脸为减弱圆形的感觉，可选择有直线或有角度的镜框，黑色、咖啡色等较深色系也有改变脸形的效果。

三角形脸由于前额宽、脸颊较尖，可选择有细边和垂直线的镜框以平衡脸的下方，镜框不宜太高，过粗的鼻桥及深色、方形眼镜皆不合适。

（三）包

无论是男士的公文包还是女士的坤包都应与所穿服装相协调，要保持包的清洁和美观。如果包中没有分隔夹层的话，可用几个小袋子将皮包分类。如女士的皮包中可放一些化妆品、钱、钥匙、纸巾、笔等用品，可将其分类装入不同的小袋，以免找东西时乱翻一通或需把东西全倒出来才能找到，这样既破坏美感又浪费时间。正式社交场合，皮包最好拿在手上，而不是背在肩上。

（四）鞋

社交中男士的鞋一般都是皮鞋，穿民族服装和中山装也可以穿布鞋。男士的皮鞋以黑色最为通用，样子以保守一点为宜。女士的皮鞋一般为敞口鞋或冬季的短靴，布鞋、凉鞋或长筒马靴一般不适用于正式社交场合及办公场所。女士鞋的颜色也以黑色为通用，也可与服装颜色协调一致。皮鞋要求线条简洁，无过多的装饰和亮物。女士穿高跟鞋的高度一般以 3～4 厘米为宜，最高不超过 6 厘米，此外，高跟鞋的鞋跟也不可太细，以免发生危险。

（五）配饰

配饰包括各种发饰、耳饰、首饰和足饰。这些配饰都没有实际的用途，但有较强的美化和装饰作用，对人的整体形象都有画龙点睛的作用，所以深受各界人士尤其女同胞的喜爱。

在使用配饰时宁可不用也不要乱用，所以使用配饰要注意讲究规则：在数量上以少为佳，下限是零，上限是三，必要时可以一件配饰也不戴，若有意同时戴多种时，在数量上不要超过三种，除耳环、手镯外，同类配饰不要超过一件，否则会给人凌乱之感，因此配饰要力求简单。

在色彩上要力求同色，若同时佩戴两件或两件以上的配饰时，应使其色彩一致，戴镶嵌配饰时应使其与主色调保持一致。千万不要使所戴的几种配饰色彩斑斓，同时还要注意配饰的色彩与服装的色彩协调。

在佩戴方面要符合本人的身份，与自己的性别、年龄、职业、工作环境保持大体一致，而不宜使之相去甚远。如有的行业不让戴配饰，像医务工作者、宾馆服务员、厨师，这是由行业特点决定的，这些行业的人员应无条件地遵守。

在体型上要扬长避短。选择配饰时应充分正视自己的形体特点。如脖子长的人适合戴短、粗的项链，脖子短的人适合戴细、长的项链；手掌大、手指粗的人不宜戴过大或过小的戒指，其中手指短粗的人适合戴线条流畅的戒指，应避免戴方形戒指或镶嵌宝石的戒指。手掌与手指偏细长的人不适合戴大戒指，而适合戴小巧玲珑的小型戒指或小钻戒，可令手指秀丽可爱。

礼仪点滴

佩戴戒指

戒指的种类繁多，常见的有线戒、嵌宝戒、钻戒、方板戒、银戒等。戒指的形状与手指必须相配合，如手指粗短者，应选择椭圆形的戒指，可使粗短的手指显得较为修长。细长的手指可选择圆形的戒指。手指过长者可戴一朵有花纹或两枚重叠形戒指。褐色皮肤的手，戴上金戒指比较协调，有高雅感，手背肤色偏黑，可选暗褐色或黑色宝石戒指。

戒指一般戴在左手上，不要多于两个，但当代人戴在右手上也可以。戴两个戒指要左右对称，或在左手上连着戴。

按照风俗礼仪的习惯，戒指的佩戴已经形成了约定俗成的意义：戴在食指上，表示无偶或寻求恋爱对象；戴在中指上，表示已在恋爱中；戴在无名指上，表示已经订婚或结婚；戴在小拇指上，表示独身或者终身不嫁或不娶。

礼仪模拟

(1)明天全班一起去参加学校组织的迎新舞会,要求每位同学把自己打扮得漂漂亮亮的,你准备如何来打扮自己?

要求:全班分成若干个小组进行讨论,最后评选出最合适、最受欢迎的装扮。

(2)根据衣服款式以及衬衣颜色搭配合适的领带,并练习领带的不同打法。

要求:全班同学要根据不同的要领以同学为模特进行练习,并进行评选。

拓展阅读

领带的几种常用打法

1. 平结

平结为最多男士选用的领结打法之一,几乎适用于各种材质的领带。要诀:领结下方所形成的凹洞需让两边均匀且对称(如图1-1所示)。

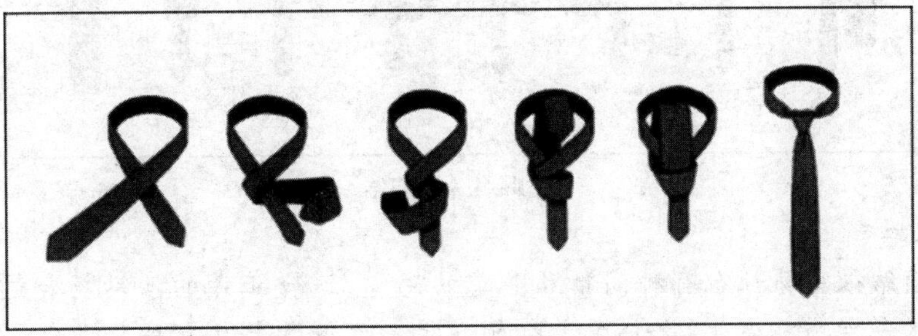

图1-1　平结

2. 交叉结

交叉结适用于单色素雅且质料较薄的领带,喜欢展现流行感的男士不妨多使用"交叉结"(如图1-2所示)。

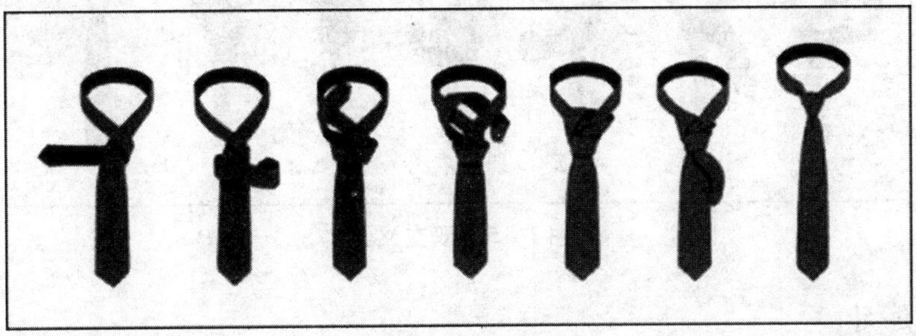

图1-2　交叉结

3. 双环结

一条质地细致的领带再搭配上双环结颇能营造时尚感,适合年轻的上班族选用。该领结的特色就是第一圈会稍露出于第二圈之外,可别刻意给盖住了(如图1-3所示)。

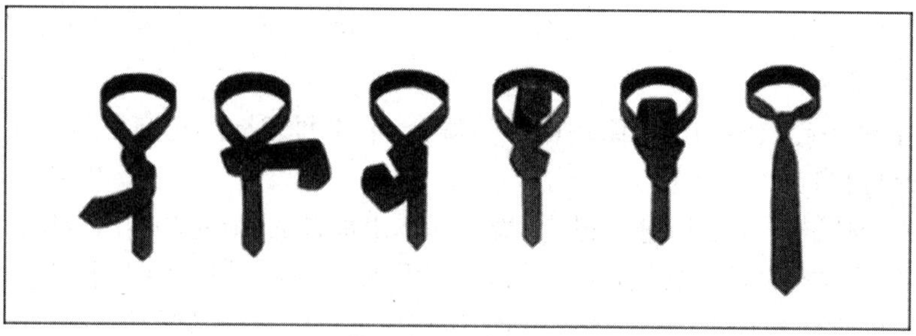

图 1－3　双环结

4. 温莎结

温莎结适合用于宽领型的衬衫，该领结应多往横向发展。应避免材质过厚的领带，领结也勿打得过大（如图 1－4 所示）。

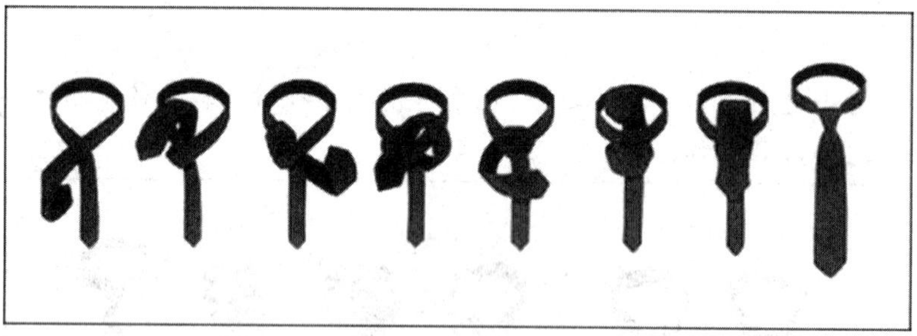

图 1－4　温莎结

5. 双交叉结

这样的领结很容易让人有种高雅且隆重的感觉，适合正式的活动场合选用。该领结应多运用在素色丝质领带上，若搭配大翻领的衬衫不但适合且有种尊贵感（如图 1－5 所示）。

图 1－5　双交叉结

思考练习

（1）结合实际情况，阐述一下着装的 TPO 原则。

（2）阐释一下在选择服饰时，如何注意服饰与色彩的搭配。

（3）有一位著名外资企业的技术总监，女性，年龄 35 岁，身高 165 厘米，体重 55 千克，请你为该总监提供着装建议。

任务三 仪态礼仪

学习目标

(1)能够在不同的场合中熟练地运用标准的站姿、坐姿、走姿以及蹲姿。

(2)能在不同的场合正确使用微笑等面部表情。

任务情境

某旅游公司的客户接待室来了两个咨询旅游线路的游客,他们刚想咨询,看到办公桌上的业务员东倒西歪的,有的在看报纸,有的半躺椅子上接电话,有的双手托着下巴,胳膊支在桌子上聊天。两个游客紧锁眉头,互相交换了一下眼神,同时退出了这家旅游公司的接待室。

学习要求:这种情况下,游客突然打“退堂鼓”的原因?如果你是旅游公司的工作人员,你会怎么做?分小组进行讨论,说出应该如何处理并说明理由。

礼仪知识

仪态,又称体态,是指人的身体姿态和风度。姿态是身体所表现出的样子,风度则是内在气质的外在表现。人的举手、投足、弯腰乃至一颦一笑,并非偶然的、随意的,这些行为举止自成体系,像有声语言那样具有一定的规律,并具有传情达意的功能。人们可以通过自己的仪态向他人传递个人的学识与修养,并能够以其交流思想、表达感情。正如艺术家达·芬奇所说:“从仪态了解人的内心世界、把握人的本来面目,往往具有相当的准确性和可靠性。”

一、站姿

(一)标准的站姿

标准的站姿,从正面看,全身笔直,精神饱满,两眼正视(而不是斜视),两肩平齐,两臂自然下垂,两脚跟并拢,两脚尖张开60°,身体中心落于两腿正中(如图1-6所示);从侧面看,两眼平视,下颌微收,挺胸收腹,腰背挺直,手中指贴裤缝,整个身体庄重挺拔。

站姿的要领是:一要“平”,即头平正、双肩平、两眼平视。二要“直”,即腰直、腿直,后脑勺、背、臀、脚后跟成一条直线。三要“高”,即重心上拔,看起来显得高。

(二)不同场合的站姿

在升国旗、奏国歌、接受奖品、接受接见、致悼词等庄严的仪式场合,应采取严格的标准站姿,而且神情要严肃。

在发表演说、新闻发言、作报告宣传时,为了减少身体对腿的压力,减轻由于较长时间站立双腿的疲倦,可以用双手支撑在讲台上,两腿轮流放松。

图 1-6　标准站姿

在主持文艺活动、联欢会时，可以将双腿并拢站立，女士甚至站成“丁”字步。让站立姿势更加优美。站“丁”字步时，上体前倾，腰背挺直，臀微翘，双腿叠合，玉立于众人间，富于女性魅力。

门迎、侍应人员往往站的时间很长，双腿可以平分站立，双腿分开不宜超过肩。双手可以交叉或前握垂放于腹前；也可以背后交叉，右手放到左手的掌心上，但要注意收腹。

礼仪小姐的站立，要比门迎、侍应更趋于艺术化，一般可采取立正的姿势或“丁”字步。如双手端执物品时，上手臂应靠近身体两侧，但不必夹紧，下颌微收，面含微笑，给人以优美亲切的感觉。

二、坐姿

（一）标准的坐姿

首先站好，全身保持站立的标准姿态，两腿平行于椅子前面，弯曲双膝，挺直腰背坐下。

落座时声音要轻，动作要缓。落座过程中，腰、腿肌肉要稍有紧张感。

坐下后，上身正直而稍向前倾，头、肩平正，两臂贴身下垂，两手可随意扑放在大腿上，两腿外沿间距与肩宽大致相等，两脚平行自然着地。

人在坐着时，由臀部支撑上身，减少了两腿的承受力。由于身体重心下降，上身适当放松，可减轻心脏的负担。因此坐姿是一种可以维持较长时间的姿势。它既是一种主要的白昼休息姿势，也是一般的工作、劳动、学习姿势，还是社交、娱乐的常见姿势。正因为这个缘故，坐姿要求端正、大方、舒展。

（二）不同场合的坐姿

谈判、会谈时，场合一般比较严肃，适合正襟危坐，但不要过于僵硬。要求上体正直，端坐于椅子中部，注意不要使全身的重量只落于臀部，双手放在桌上、腿上均可。双脚为标准坐姿的摆放。

倾听他人教导、指点时，对方是长者、尊者、贵客，坐姿除了要端正外，还应坐在座椅、沙发的前半部或边缘，身体稍向前倾，表现出一种谦虚、迎合、重视对方的态度。

在比较轻松、随意的非正式场合，可以坐得轻松、自然一些。全身肌肉可适当放松，可不时变换坐姿，以作休息。

三、走姿

（一）标准的走姿

有人编了走路的动作口诀，体现了走姿的要领：双眼平视臂放松，以胸领动肩轴摆，提髋提膝小腿迈，跟落掌接趾推送。

标准的走姿为：上身基本保持站立的标准姿势，挺胸收腹，腰背笔直；两臂以身体为中心，前后自然摆动。前摆约35度，后摆约15度，手掌朝向体内；起步时身子稍向前倾，中心落前脚掌，膝盖伸直；脚尖向正前方伸出，行走时双脚踩在一条线上。

正确的行走，上体的稳定与下肢的频繁规律运动形成对比和谐，干净利落、鲜明均匀的脚步，形成节奏感，前后、左右行走动作的平衡对称，都会呈现行走时的形体美。

（二）不同场合的走姿

参加喜庆活动，步态应轻盈、欢快、有跳跃感，以表示喜悦的心情。

参加吊唁活动，步态要缓慢、沉重、有忧伤感，以表示悲哀的情绪。

参观展览、探望病人，环境安谧，不宜出声响，脚步应轻柔。

进入办公场所，登门拜访，在室内这种特殊场所，脚步应轻而稳。

走入会场、走向话筒、迎向宾客，步伐要稳健、大方，充满热情。

举行婚礼、迎接外宾等重大正式场合，脚步要稳健，节奏稍缓。

办事联络，往来于各部门之间，步伐要快捷、稳重，以体现办事者的效率、干练。

陪同来宾参观，要照顾来宾行走速度，并善于引路。

四、蹲姿

（一）标准的蹲姿

在下蹲的时候，应自然、得体、大方，不遮遮掩掩。下蹲时，两腿合力支撑身体，避免滑倒。应使头、胸、膝关节在一个角度上，使蹲姿优美。女士无论采用哪种蹲姿，都要将腿靠紧，臀部向下。蹲姿一般可分为交叉式蹲姿和高低式蹲姿两种。

1. 交叉式蹲姿

在实际生活中常常会用到蹲姿，如集体合影前排需要蹲下时，女士可采用交叉式蹲姿，下蹲时右脚在前，左脚在后，右小腿垂直于地面，全脚着地。左膝由后面伸向右侧，左脚跟抬起，脚掌着地。两腿靠紧，合力支撑身体。臀部向下，上身稍前倾。

2. 高低式蹲姿

下蹲时右脚在前，左脚稍后，两腿靠紧向下蹲。右脚全脚着地，小腿基本垂直于地面，左脚脚跟提起，脚掌着地。左膝低于右膝，左膝内侧靠于右小腿内侧，形成右膝高左膝低的姿态，臀部向下，基本上以左腿支撑身体。

（二）蹲姿的注意事项

（1）不要突然下蹲。下蹲时，速度切勿过快，特别是在行进中下蹲时，尤其要牢记这一点。

（2）不要方位失当。在他人身边下蹲时，最好与之侧身相向，正面面对他人或背对他人下蹲都是极不礼貌的。

（3）不要毫无遮蔽。在大庭广众之下下蹲时，身着裙裤的女性一定要避免个人隐私暴露在外。

（4）不要随意滥用。不要在工作中随意采用蹲姿，也不可蹲在椅子上或蹲在地上休息。

五、表情

美国心理学家登布在其《推销员如何了解顾客心理》一文中说："假如顾客的眼睛朝下看，脸转向一边，表示你被拒绝了；假如他的嘴唇放松，笑容自然，下颚向前，则可能会考虑你的提议；假如他对你的眼睛注视几秒钟，嘴角以至鼻翼部位都显出微笑，笑得很轻松，而且很热情，这项买卖就做成了。"由此可见面部表情在传情达意方面有着重要的作用。面部表情作为丰富且复杂的体态语的一个重要方面，它包括脸色的变化、肌肉的收展以及眉、鼻、嘴等的动作，我们这里主要重点介绍一下眼神和微笑。

（一）眼神

俗话说："眼睛是心灵的窗户。"眼睛是人体传递信息最有效的器官，而且能表达最细微、最精妙的差异，显示出人类最明显、最准确的交际信号。正如印度著名诗人泰戈尔所说："在眼睛里，思想敞开或是关闭，放出光芒或是没入黑暗，静悬着如同落月，或者像忽闪的电光照亮了广阔的天空。那些自有生以来除了嘴唇的颤动之外没有语言的人，学会了眼睛的语言，这在表情上是无穷无尽的，像海一般的深沉，天空一般的清澈，黎明和黄昏，光明与阴影，都在自由嬉戏。"

眼神主要由注视的时间、视线的位置和瞳孔的变化三个方面组成。

1. 注视的时间

在整个交谈过程中，与对方目光接触应该累计达到全部交谈过程的 50% ~70%，其余 30% ~50% 时间，可注视对方脸部以外 5 ~10 米处，这样比较自然、有礼貌。同时，也需要考虑到交流对象的文化背景，如南欧人认为长时间注视是不尊重别人的表现，是对他人的一种冒犯。

2. 视线的位置

场合不同，注视的部位也不同。一般分为社交凝视、亲密凝视、公务凝视。

（1）社交凝视。这是指在各种社交场合使用的注视方式。注视的位置在对方唇心到双眼之间的三角区域。

(2)亲密凝视。这是亲人之间、恋人之间、家庭成员之间使用的注视方式。凝视的位置在对方双眼到胸之间。

(3)公务凝视。在洽谈、磋商、谈判等严肃场合,目光要给人一种严肃、认真的感觉。注视的位置在对方双眼或双眼与额头之间的区域。

3. 瞳孔的变化

瞳孔的变化即视觉接触时瞳孔的放大或缩小。心理学家往往用瞳孔变化大小的规律,来测定一个人对不同的事物的兴趣、爱好、动机等。兴奋时,人的瞳孔会扩张到平常的4倍大;相反,生气或悲哀时,消极的心情会使瞳孔收缩到很小,眼神必然无光。所谓“脉脉含情”“怒目而视”等都与瞳孔的变化有关。据说,古时候的珠宝商人已注意到这种现象,他们能窥视顾客的瞳孔变化而猜测对方是否对珠宝感兴趣,从而决定是抬高价钱还是跌价销售。

在社交过程中,与朋友会面或被介绍认识时,可凝视对方稍久一些,这既表示自信,也表示对对方的尊重。双方交谈时,应注视对方的眼鼻之间,表示重视对方及对其发言感兴趣。当双方缄默不语时,就不要再看着对方,以免加剧因无话题本来就显得尴尬的局面。当别人说了错话或略显拘谨时,务请马上转移视线,以免对方把自己的眼光误认为是对其的嘲笑和讽刺。如果你希望在争辩中获胜,那就千万不要移开目光,直到对方眼神转移为止。送客时,要等客人走出一段路,不再回头时,才能转移目送客人的视线,以示尊重。

在谈判中也很讲究眼神的运用。一方让眼镜滑落到鼻尖上,眼睛从眼镜上面的缝隙中窥探,就是对对方鄙视和不敬的情感表露。一方在不停地转眼珠,就要提防其在打什么新主意。双目生辉,炯炯有神,是心情愉快、充满信心的反映,在谈判中持这种眼神有助于取得对方的信任和合作。相反,双眉紧锁、目光无神或不敢正视对方,都会被对方认为无能,可能导致对自己的不利结果。

眼神还可传递其他信息,已被人注视而将视线移开的人,大多怀着相形见绌之感,有很强的自卑感。无法将视线集中在对方身上或很快收回视线的人,多半属于内向型性格。仰视对方,表示怀有尊敬、信任之意;俯视对方表示有意保持自己的尊严。频繁而急速地转眼,是一种反常的举动,常被用做掩饰的一种手段,或内疚,或恐惧,或撒谎,需根据情况作出判断。视线活动多且有规则,表明其在用心思考。听别人讲话,一面点头,一面却不将视线集中在谈话人身上,表明其对此话题不感兴趣。说话时对方将视线集中在你身上的人,表明他渴望得到你的理解和支持。游离不定的目光传递出来的信息是心神不宁或心不在焉。

眼神表达出异常丰富的信息,但微妙的眼神有时是只可意会,难以言传的,只能靠我们在社会实践中用心体察、积累经验、努力把握,方能在社交中灵活运用眼神。

(二)微笑

著名画家达·芬奇的杰作《蒙娜丽莎》是文艺复兴时期最出色的肖像作品之一。画中女士的微笑给人以美的享受,使人们充满对真善美的渴望,至今让人回味无穷。

微笑是人际交往的桥梁,是感情沟通的渠道,是心灵开放的花朵,是人际百科最精、最美的序言。微笑可以给人以轻松的感觉，使人乐于交流；可以改善人际关系，与他人的误会、隔阂在微笑中烟消云散；可以牵动脸上的许多神经，锻炼脸部肌肉，看起来更年轻。总之，微笑是自信的象征，是礼仪修养的充分展现，是和睦相处的反映，是美丽健康的标志。微笑是人际交往的万能通行证，没有微笑，一切都将黯然无光。

微笑是有规范的，一般要注意四个结合：

（1）口眼结合。要口到、眼到、神色到，笑眼传神，微笑才能扣人心弦。

（2）笑与神、情、气质相结合。这里讲的“神”，就是要笑得有情入神，笑出自己的神情、神色、神态，做到情绪饱满，神采奕奕；“情”，就是要笑出感情，笑得亲切、甜美，反映美好的心灵；“气质”就是要笑出谦逊、稳重、大方、得体的良好气质。

（3）笑与语言相结合。语言和微笑都是传播信息的重要符号，只有注意微笑与美好语言相结合，声情并茂，相得益彰，微笑方能发挥出它应有的特殊功能。

（4）笑与仪表、举止相结合。以笑助姿、以笑促姿，形成完整、统一、和谐的美（如图 1－7 所示）。

图 1－7　微笑

尽管微笑有其独特的魅力和作用，但若不是发自内心的真诚的微笑，那将是对微笑的亵渎。有礼貌的微笑应是自然的坦诚，内心真实情感的表露。否则强颜欢笑，假意奉承，那样的“微笑”则可能演变为“皮笑肉不笑”“苦笑”。例如，拉起嘴角一端微笑，使人感到虚伪；吸着鼻子冷笑，使人感到阴沉；捂着嘴笑，给人以不自然之感。这些都是失礼之举。

六、手势

手是人体上最富灵性的器官，如果说“眼睛是心灵的窗户”，那么手就是心灵的触角，是人的第二双眼睛。手势在传递信息、表达意图和情感方面发挥着重要作用。

手的“词汇”量是十分丰富的。据语言专家统计，表示手势的动词有近 200 个。“双手紧绞在一起”，显示的意义是精神紧张；用手指或笔敲打桌面，或在纸上涂画，显示不耐烦、无兴趣；搓手，显示的意义是有所期待，跃跃欲试，也可表示着急或寒冷；摊开双手，表示真诚和坦白；用手支着头，显示的意义是不耐烦、厌倦；用手抚摸下巴，说明老练、机智；用手不停地磕烟灰，表明内心有冲突和不安；突然用手把没吸完的烟掐灭，表明紧张地思考问题；等等。又如招手致意、挥手告别、握手友好、摆手回绝、合手祈祷、拍手称快、拱手答谢（相让）、抚手示爱、指手示怒、颤手示怕、捧手示敬、举手赞同、垂手听命，等等。可见，丰富的手势语在人际交往间是不可缺少的。

在社会交往中，手势有着不可低估的作用，生动形象的有声语言再配合准确、精彩的手势动作，必然能使交往更富有感染力、说服力和影响力（如图1－8和图1－9所示）。

图1－8 手势(1)

图1－9 手势(2)

(一)手势的原则

手势语能反映出复杂的内心世界，但运用不当，便会适得其反，因此在运用手势时要注意几个原则。第一，要简约明快，手势不可过多，以免喧宾夺主；第二，要文雅自然，常常因拘束而表现出的手势，会有损于交际者的形象；第三，要协调一致，即手势与全身协调，手势与情感协调，手势与口语协调；第四，要因人而异，不能千篇一律地要求每个人都做统一的手势动作。

(二)手势的区域

手势活动的范围，有上、中、下三个区域。肩部以上称为上区，多用来表示理想、希望、宏大、激昂等情感，表达积极肯定的意思；肩部至腰部称为中区，多表示比较平静的思想，一般不带有浓厚的感情色彩；腰部以下称为下区，多表示不屑、厌烦、反对、失望等情感，表达消极否定的意思。

(三)手势的类型

手势一般可分为4种类型：

第一，情意性手势。主要用于带有强烈感情色彩的内容，其表现方式极为丰富，感染力极强。比如说“我非常爱她”时，用双手捧胸，以表示真诚之情。

第二，象征性手势。主要用来表示一些比较复杂的感情和抽象的概念，从而引起对方的思考和联想。例如，把大军乘胜追击的场面，用右手五指并齐，并用手臂前伸这个手势来形容，象征着奋勇进发的大军，就能引起听众的联想。

第三，指示性手势。主要用于指示具体事物或数量，其特点是动作简单，表达专一，一般不带感情色彩。如当讲到自己时，用手指向自己；谈到对方时，用手指向对方。

第四，形象性手势。其主要作用是模拟事物的形状，以引起对方的联想，给人一种具体明确的印象。如说到高山，手向上伸；讲到大海，手平伸外展。

(四)常见的手势

1.引领的手势

在各种交往场合都离不开引领动作，如请客人进门、客人坐下、为客人开门等，都需要运用手与臂的协调动作，同时，由于这是一种礼仪，还必须注入真情实感，调动全身活力，使心与形体成高度统一，才能作出色彩和美感。引领动作主要有以下三个表现形式：

第一，横摆式。以右手为例：将五指伸直并拢，手心不要凹陷，手与地面呈45度角，手心向斜上方。腕关节微屈，腕关节要低于肘关节。动作时，手从腹前抬起，至横膈膜处，然后，以肘关节为轴向右摆动，到身体右侧稍前的地方停住。同时，双脚形成右丁字步，左手下垂，目视来宾，面带微笑。这是在门的入口处常用的谦让礼的姿势。

第二，曲臂式。当一只手拿着东西，扶着电梯门或房门，同时要作出“请”的手势时，可采用曲臂手势。以右手为例：五指伸直并拢，从身体的侧前方，向上抬起，至上臂离开身体的高度，然后以肘关节为轴，手臂由体侧向体前摆动，摆到手与身体相距20厘米处停止，面向右侧，目视来宾。

第三，斜下式。请来宾入座时，手势要斜向下方。首先，用双手将椅子向后拉开，然后，一只手曲臂由前抬起，再以肘关节为轴，前臂由上向下摆动，使手臂向下成一斜线，并微笑点头示意来宾。

2.“OK”的手势

拇指和食指合成一个圆圈，其余三指自然伸张。这种手势在西方某些国家比较常见，但应注意在不同国家其语义有所不同。如美国表示“赞扬”“允许”“了不起”“顺利”“好”；在法国表示“零”或“无”；在印度表示“正确”；在中国表示“零”或“三”两个数字；在日本、缅甸、韩国则表示“金钱”；在巴西则是“引诱女人”或“侮辱男人”之意；在地中海的一些国家则是“孔”或“洞”的意思，常用此来暗示、影射同性恋。

3.伸大拇指手势

大拇指向上，在说英语的国家多表示“OK”之意或是打车之意；若用力挺直，则含有骂人之意；若大拇指向下，多表示坏、下等人之意。在我国，伸出大拇指这一动作基本上是向上伸表示赞同、一流、好等，向下伸表示蔑视、不好等之意。

4.“V”字形手势

伸出食指和中指，掌心向外，其语义主要表示胜利（英文 victory 的第一个字母），掌心向内，在西欧表示侮辱、下贱之意。这种手势还时常表示“二”这个数字。

5.伸出食指手势

在我国以及亚洲一些国家表示“一”“一个”“一次”等；在法国、缅甸等国家则表示“请求”“拜托”之意。在使用这一手势时，一定要注意不要用手指指人，更不能在面对面时用手指着对方的面部和鼻子，这是一种不礼貌的动作，且容易激怒对方。

6.捻指作响手势

就是用手的拇指和食指弹出声响，其语义或表示高兴，或表示赞同，或是无聊之举，有轻浮之感。应尽量少用或不用这一手势，因为其声响有时会令他人反感或觉得没有教养，尤其是不能对异性运用此手势，这是带有挑衅、轻浮之举。

七、举止

一个人的举止端庄、行为文明、动作规范，是良好素养的表现，它能帮助个人树立美好形象，也能为组织赢得美誉，反之，则会损害组织形象。日常举止是优美仪态的一个重要组成部分，端庄的举止，文明的行为体现在日常生活中的方方面面，社交中也要求人们的举止有一定的约束。以下不受欢迎的坏习惯和不良举止就应在交际中努力改正。

(一)打哈欠

当你在与人谈话的时候,尤其是当对方在滔滔不绝地发表意见时,你也许感到疲倦了,这时要按捺住性子让自己不打哈欠,因为这会引起交际对象的不快。打哈欠在社交场合中给人的印象是:表现出你不耐烦了,而不是你疲倦了。

(二)掏耳和挖鼻

有的人常有这类不雅的小动作,大家正在喝茶、吃东西的时候,掏耳的小动作往往令旁观者感到恶心,这个小动作实在不雅,而且失礼。即使你想“洗耳恭听”此时此地也不是时候。同样,用手指挖鼻也是非常失礼的动作。

(三)剔牙

宴会上,谁也免不了人有剔牙的小动作,既然这个小动作不能避免,就得注意剔牙时不要露出牙齿,而且不要把碎屑乱吐一番,最好用左手掩嘴,头略向侧偏,吐出碎屑时用纸巾接住。

(四)搔头皮

有些头皮屑多的人,在社交的场合也忍耐不住头皮屑刺激的瘙痒,而搔起头皮来。搔头皮必然使头皮屑随风纷飞,这不仅难看,而且令旁人大感不快。搔头皮这种现象在社交场合是非常失礼的。特别是在宴会上,或者较为严肃、庄重的场合,这种情况下此小动作是很难叫人谅解的。

(五)双腿抖动

这种小动作多发生在坐着的时候,站立时较为少见。这种小动作,虽然无伤大雅,但双腿颤动不停,会令对方觉得不舒服,而且也给人情绪不安定的感觉,这也是失礼的。同样,让跷起的腿儿钟摆似的打秋千也是相当难看的姿态。

(六)频频看表

在与人交谈时,如果无其他重要约会,最好少看自己的手表。这样的小动作会使对方认为你还有什么重要的事情,不会使谈话继续下去;同时,你的这种小动作可能引起对方的误会,认为你没有耐心再谈下去。如果你确实有事在身的话,不妨婉转地告诉对方改日再谈,并表示歉意。

礼仪模拟

(1)根据站姿、坐姿、走姿及蹲姿的基本动作要领,以同学为模特检查在仪态姿势中的不正确姿势。

要求:模拟正确的站姿、坐姿、走姿及蹲姿,并选择几名学生在课堂上进行现场表演。

(2)中国某机械厂经过艰难的谈判即将与美国客商约瑟先生签订“输液管”生产线的合

同。然而在参观车间时，厂长陋习难改，在地上吐了一口痰，约瑟看后一言不发，掉头就走，只留给厂长一封信："我十分钦佩您的才智和精明，但您吐痰的一幕使我彻夜难眠。一个厂长的卫生习惯可以反映一个工厂的管理素质。况且我们合作的产品是用来治病的，人命关天。请原谅我的不辞而别，否则上帝都会惩罚我的。"

要求：该厂长的行为违反了仪态礼仪中的什么原则，根据以上案例，全班讨论一下仪态礼仪的作用。

拓展阅读

人际交往中的界域

从生物学的角度来看，每一个生命都有自己的领空，人们叫它"生物圈"。一旦异物侵入这个范围，就会使其感到不安并处于防备状态。美国心理学家罗伯特·索默经过观察与实验认为，人人都具有一个把自己圈住的心理上的个体空间，它像生物的"安全圈"一样，是属于个人的空间。一般情况下每个人都不想侵犯他人空间，同时也不愿意他人侵犯自己的空间。双方关系越亲密，人际距离就越短。

美国人类学家和心理学家霍尔将人类的交往空间划分为四种区域，这就是所谓社交中的界域。

第一，亲密距离（0 ~ 45 厘米），又称亲密空间。其语义为亲切、热烈，只有关系亲密的人才可能进入这一空间。如夫妻、父母、子女、恋人、亲友等。亲密距离又可分为两个区间，其中 0 ~ 15厘米为亲密状态距离，常用于爱人、亲友、父母、子女之间的关系；16 ~ 45 厘米为亲密疏远状态，身体虽不相接触，但可以用手相互触摸。

第二，个人距离（46 ~ 120 厘米），其语义为"亲切、友好"，其语言特点是语气和语调亲切、温和，谈话内容常为无拘束的、坦诚的。比如个人私事，在社交场合往往适合于简要会晤、促膝谈心或握手。这是个人在远距离接触所保持的距离，不能直接进行身体接触。个人距离的接近状态为 46 ~ 75 厘米，可与亲友亲切握手，友好交谈；个人距离的疏远状态为 76 ~ 120 厘米，在交际场所任何朋友、熟人都可自由进入这一区间。

第三，社交空间（121 ~ 360 厘米），其语义为"严肃、庄重"。这个距离已超出了亲友和熟人的范畴，是一种理解性的社交关系距离。社交距离的接近状态为 121 ~ 210 厘米，其语言特点为声音高低一般、措辞温和，它适合于社交活动和办公环境中处理业务等；社交距离的疏远状态为 210 ~ 360 厘米，其语言特点为声音较高、措辞客气。它适用于比较正式、庄重、严肃的社交活动，如谈判、会见客人等。

第四，公共距离（360 厘米以上），这是人们在较大的公共场所保持的距离，其语义为"自由、开放"。它适用于大型报告会、演讲会、迎接旅客等场合。其语言特点为声音洪亮、措辞规范、讲究风格。

思考练习

（1）什么是仪态美？我们应从哪些方面训练自己的仪态，使自己的仪态符合礼仪规范要求？

(2)请检查自己在站姿、坐姿和走姿等方面是否正确,找出自己的毛病并加以纠正。

(3)在课后针对自身的仪态问题进行专项训练。

①个人靠墙站立,要求后脚跟、小腿、臀、双肩、后脑勺都紧贴墙,每次训练20分钟左右,每天一次。

②在头顶放一本书使其保持水平以使人把颈部挺直,下巴向内收,上身挺直,每天训练20分钟左右,每天一次。

③坐姿训练:按坐姿基本要领,着重脚、腿、腹、胸、头、手部位的训练,可以配上舒缓、优美的音乐,以减轻疲劳,每天训练20分钟左右。

④走姿训练:在地面上画一条直线,行走时双脚内侧踩在线上。若稍稍碰到这条线,即证明走路时两只脚几乎是在一条直线上。训练时配上行进音乐,音乐节奏为每分钟60拍。

项目二　交往礼仪

在人际交往中，是有一定的规律可循的，这种规律就是交往礼仪。对人际交往，正确的态度一是要积极参加，并及时总结经验；二是要学习基本的交往礼仪，并在实践中正确地运用。有了这两条，在人际交往中通常就可以应付自如，表现得体。

本项目主要阐述在人际交往中与他人交往的技巧和交往中应该遵循的基本礼仪规范，包括称呼礼仪、介绍礼仪、握手礼仪、名片礼仪和日常交谈礼仪。交往礼仪所阐述的内容非常重要，贯穿全书的各个部分，是遵循其他礼仪的前提。

任务一　称呼礼仪

学习目标

（1）能根据不同场合和情境，恰当地称呼他人。

（2）能将称呼运用得体，建立良好的社交形象。

任务情境

在某建筑公司上班的崔先生与公司门卫关系处得非常好，平时进出公司，门卫都对崔先生以崔哥相称，崔先生也觉得这种称呼很亲切。某天，崔先生陪同几个客户进入公司，门卫见到崔先生很热情的打招呼道："崔哥好！几位大哥好。"谁知，随行的几位客户面露不悦之色。

学习要求：为什么门卫亲切的称呼会引起客户的不悦？有何不妥，应该怎么称呼？请同学们分组讨论。

礼仪知识

称呼语是交际语言中的先行官，是沟通人际关系的一座桥梁，它在一定程度上决定着社会交往的成功与否。

在我国，深厚的礼仪底蕴决定了对称呼的严格要求。社交中的称呼直接关系到双方之间的亲疏、了解程度、尊重与否及个人修养等。因此在人际交往中，弄明白称呼是非常有必要的。

一、生活中的称呼

在日常生活中，称呼应当亲切、自然、准确、合理，不可肆意为之，大而化之。

（一）对亲属的称呼

1. 一般称呼

所谓的亲属，也就是与本人直接或间接有血缘关系者。在日常生活中，对亲属的称呼业已约定俗成，人所共知。例如，父亲的父亲应称为“祖父”或“爷爷”，父亲的祖父应称为“曾祖父”，姑、舅之子应称为“表兄”“表弟”，叔、伯之子应称为“堂兄”“堂弟”，大家对此都不会搞错。

对待亲属的称呼，有时讲究亲切，不一定非常标准。例如，儿媳对公公、婆婆，女婿对岳父、岳母，皆可以“爸爸”“妈妈”相称。这样做，主要是意在表示自己与对方“不见外”。

2. 特殊情况

面对外人，对亲属可根据不同情况采取谦称或敬称。对本人的亲属，应采用谦称。称辈分或年龄高于自己的亲属，可在其称呼前加“家”字，如“家父”“家叔”“家姐”。称辈分或年龄低于自己的亲属，可在其称呼前加“舍”字，如“舍弟”“舍侄”。称自己的子女，则可在其称呼前加“小”字，如“小儿”“小婿”。

对他人的亲属，应采用敬称。对其长辈，宜在称呼之前加“尊”字，如“尊母”“尊兄”。对其平辈或晚辈，宜在称呼之前加“贤”字，如“贤妹”“贤侄”。若在其亲属的称呼前加“令”字，一般可不分辈分与长幼，如“令堂”“令尊”“令爱”“令郎”。

对比自己辈分低、年纪小的亲属，可以直呼其名，使用其爱称、小名，或是在其名字之前加上“小”字相称，如“豆豆”“毛毛”“小宝”等。但对比自己辈分高、年纪大的亲属，则不宜如此称呼。

(二)对朋友、熟人的称呼

对朋友、熟人的称呼，既要亲切、友好，又要不失敬意。

1. 对长者的敬称

对任何朋友、熟人，都可以用人称代词“你”“您”相称。对长辈、平辈，可称其为“您”。对待晚辈，则可称为“你”。以“您”称呼他人，是为了表示自己的恭敬之意。

对于有身份者、年纪长者，可以“先生”相称。其前还可以冠以姓氏，如“尚先生”“何先生”。

对文艺界、教育界人士以及有成就者、有身份者，均可称之为“老师”。在其前，也可加上姓氏，如“高老师”。

对德高望重的年长者、资深者，可称之为“公”或“老”。其具体做法是：将姓氏冠以“公”之前，如“谢公”。将姓氏冠以“老”之前，如“周老”。若被尊称者名字为双音，还可将其双名中的头一个字加在“老”之前，如可称沈雁冰先生为“雁老”。

2. 姓名的称呼

平辈的朋友、熟人，均可彼此之间以姓名相称，例如，“李静”“朱一凡”“郑秋芬”。长辈对晚辈也可以这么做，但晚辈对长辈不可如此称呼。

为了表示亲切，可以在被称呼者的姓前分别加上“老”、“大”或“小”字相称，而免称其名。例如，对年长于己者，可称“老刘”“大赵”；对年小于己者，可称“小郝”。

对同性的朋友、熟人，若关系极为亲密，可以不称其姓，而直呼其名，如“光夏”“韵诗”。对于异性，则一般不可这样做。要是称“刘俊英”“刘凤玲”为“俊英”“凤玲”，不是其家人，便是恋人或配偶了。

3. 亲近的称呼

对于邻居、至交，有时可采用“大爷”“大娘”“大妈”“大伯”“大叔”“大婶”“伯伯”“叔叔”“爷爷”“奶奶”“阿姨”等类似血缘关系的称呼，这种称呼，会令人感到信任、亲切。

在这类称呼前，也可以加上姓氏。例如，“许大哥”“齐大姐”“余大妈”“卫阿姨”，等等。

（三）对普通人的称呼

在现实生活中，对一面之交、关系普通的交往对象，可酌情采取下列方法称呼。

（1）以“同志”相称。

（2）以“先生”“女士”“小姐”“夫人”“太太”相称。

（3）以其职务、职称相称。

（4）入乡随俗，采用对方理解并接受的称呼相称。

二、职场称呼

在工作环境中，人们彼此之间的称呼是有其特殊性的，这就是职场称呼。职场称呼的礼仪要求可以概括为：正式、庄重、规范。一般职场称呼可分为以下五种称呼方式。

（一）职务性称呼

在工作中，最常见的称呼方式是以交往对象的职务相称，以示身份有别、敬意有加，这是一种最常见的称呼方法。

以职务相称，具体来说又分为以下三种情况：

（1）仅称职务。例如，“部长”“经理”“主任”，等等。

（2）在职务之前加上姓氏。例如，“唐局长”“马处长”，等等。

（3）在职务之前加上姓名，这仅适用于极其正式的场合。

（二）职称性称呼

对于具有职称者，尤其是具有高级、中级职称者，可以在工作中直接以其职称相称。

以职称相称，也有下列三种情况较为常见。

（1）仅称职称。例如，“教授”“研究员”“工程师”，等等。

（2）在职称前加上姓氏。例如，“钱教授”“李工程师”。有时，这种称呼也可加以约定俗成的简化，例如，可将“吴工程师”简称为“吴工”。但使用简称应以不发生误会和歧义为限。

（3）在职称前加上姓名，这适用于十分正式的场合。例如，“费孝通教授”“李琴研究员”，等等。

（三）学衔性称呼

在工作中，以学衔作为称呼，可增加被称呼者的权威性，有助于增强现场的学术气氛。称呼学衔，也有四种情况使用最多。它们分别是：

（1）仅称学衔。例如，“博士”。

（2）在学衔前加上姓氏。例如，“李博士”。

(3)在学衔前加上姓名。例如,“陈梅博士”。

(4)将学衔具体化,说明其所属学科,并在其后加上姓名。例如,“法学博士李贵”“工学硕士韩风”“理学学士李翠萍”,等等。此种称呼最为正式。

(四)行业性称呼

在工作中,有时可按行业进行称呼。它具体又分为以下两种情况。

(1)称呼职业,即直接以被称呼者的职业作为称呼。例如,将教员称为“老师”、将教练员称为“教练”、将专业辩护人员称为“律师”、将警察称为“警官”、将会计师称为“会计”、将医生称为“医生”或“大夫”,等等。在一般情况下,在此类称呼前,均可加上姓氏或姓名。

(2)称呼“小姐”“女士”“先生”。对商界、服务业从业人员,一般约定俗成地按性别的不同分别称呼为“小姐”“女士”或“先生”。其中,“小姐”“女士”两者的区别在于:未婚者称“小姐”,已婚者或不明确其婚否者则称“女士”。在公司、外企、宾馆、商店、餐馆、歌厅、酒吧、寻呼台、交通行业,此种称呼极其通行。在此种称呼前,可加姓氏或姓名。也可以以职务在先,姓名在后的顺序,再加上其他称呼。

(五)姓名性称呼

在工作岗位上称呼姓名,一般限于同事、熟人之间。其具体方法有以下三种:

(1)直呼姓名。如“陈飞、李明,你们过来一下”。

(2)只呼其姓,不称其名,但要在它前面加上“老”“大”“小”。如“老王”“大刘”“小李”等。

(3)只称其名,不称其姓,通常限于同性之间,尤其是上司称呼下级、长辈称呼晚辈之时。在亲友、同学、邻里之间,也可使用这种称呼。

三、称呼的五个禁忌

我们在使用称呼时,一定要避免下面几种失敬的做法。

(1)错误的称呼。常见的错误称呼无非就是误读或是误会。

误读也就是念错姓名。为了避免这种情况的发生,对于不认识的字,事先要有所准备;如果是临时遇到,就要谦虚请教。

误会,主要是对被称呼的年纪、辈分、婚否以及与其他人的关系作出了错误判断。例如,将未婚妇女称为“夫人”,就属于误会。相对年轻的女性,都可以称为“小姐”,这样对方也乐意听。

(2)使用不通行的称呼。有些称呼,具有一定的地域性,如山东人喜欢称呼“伙计”,但南方人听来“伙计”肯定是“打工仔”。中国人把配偶经常称为“爱人”,在外国人的意识里,“爱人”是“第三者”的意思。

(3)使用不当的称呼。工人可以称呼为“师傅”,道士、和尚、尼姑可以称为“出家人”。但如果用这种称谓来称呼其他人,没准还会让对方产生自己被贬低的感觉。

(4)使用庸俗的称呼。有些称呼在正式场合不适合使用。例如,“兄弟”“哥们儿”等一类的称呼，虽然听起来亲切，但显得档次不高。

(5)称呼外号。对于关系一般的，不要自作主张给对方起外号，更不能用道听途说来的外号去称呼对方。也不能随便拿别人的姓名乱开玩笑。

四、敬语、谦语和雅语的使用

(一)敬语

敬语，亦称“敬辞”，它与“谦语”相对，是表示尊敬礼貌的词语。除了礼貌上的必须之外，能多使用敬语，还可体现一个人的文化修养。

1. 敬语的运用场合

第一，比较正规的社交场合。

第二，与师长或身份、地位较高的人交谈。

第三，与人初次打交道或会见不太熟悉的人。

第四，会议、谈判等公务场合。

2. 常用敬语

除日常使用的“请”字，第二人称中的“您”字，代词“阁下”“尊夫人”“贵方”等，另外还有一些常用的词语用法，如初次见面称“久仰”，很久不见称“久违”，请人批评称“指教”，请人原谅称“包涵”，麻烦别人称“打扰”，托人办事称“拜托”，赞人见解称“高见”等。

(二)谦语

谦语，亦称“谦辞”，它与“敬语”相对，是向人表示谦恭和自谦的一种词语。谦语最常用的用法是在别人面前谦称自己和自己的亲属。例如，称自己为“愚”“家严”“家慈”“家兄”“家嫂”等。

自谦和敬人，是一个不可分割的统一体。尽管日常生活中谦语使用不多，但其精神无处不在。只要你在日常用语中表现出你的谦虚和恳切，人们自然会尊重你。

(三)雅语

雅语是指一些比较文雅的词语。雅语常常在一些正规的场合以及一些有长辈和女性在场的情况下，被用来替代那些比较随便，甚至粗俗的话语。多使用雅语，能体现出一个人的文化素养以及尊重他人的个人素质。

在待人接物中，要是你正在招待客人，在端茶时，你应该说：“请用茶”。

如果还用点心招待，可以说：“请用一些茶点。”假如你先于别人结束用餐，你应该向其他人打招呼说：“请大家慢用。”雅语的使用不是机械的、固定的。只要你的言谈举止彬彬有礼，人们就会对你的个人修养留下较深的印象。只要大家注意使用雅语，必然会对形成文明、高尚的社会风气大有益处，并对我国整体民族素质的提高有所帮助。

(1)初次见面应说：幸会。

(2)看望别人应说：拜访。

(3)等候别人应说：恭候。

(4)请人勿送应用:留步。
(5)对方来信应称:惠书。
(6)麻烦别人应说:打扰。
(7)请人帮忙应说:烦请。
(8)求给方便应说:借光。
(9)托人办事应说:拜托。
(10)请人指教应说:请教。
(11)他人指点应称:赐教。
(12)请人解答应用:请问。
(13)赞人见解应用:高见。
(14)归还原物应说:奉还。
(15)求人原谅应说:包涵。
(16)欢迎顾客应说:光顾。
(17)老人年龄应说:高寿。
(18)好久不见应说:久违。
(19)客人来到应用:光临。
(20)中途先走应说:失陪。
(21)与人分别应说:告辞。
(22)赠送作品应用:雅正。

礼仪模拟

(1)小艳进入了一家新的单位,领导带她熟悉周围环境,并介绍给部门的老同事认识。当领导把她带到一位同事面前,并告诉小艳,以后就跟着这位同事学习,有什么不懂的就请教她时,小艳恭敬地称对方为老师。这位同事连忙摇头说:"大家都是同事,别那么客气,直接叫我名字就行了。"如果你是小艳,你会如何称呼这位同事?为什么?

要求:同桌之间讨论,并进行现场情景模拟。

(2)一位西装革履的男士进入一写字间,问前台秘书:"这是腾达公司吗?"前台秘书不理,这时候,有两个客户走过来,秘书说道:"张哥、孙姐,我们经理正等着你们呢……"该案例中在称呼上存在哪些问题?为什么?

要求:同桌之间进行讨论,并进行情景模拟。

拓展阅读

外交中的称呼

俗语说:"十里不同风,百里不同俗。"在涉外交往中,称呼的问题因为国情、民族、宗教、文化背景的不同,而显得千差万别,十分复杂,因此值得认真进行研究。

在对外交往中,对待称呼问题,有两点必须切记:其一,要掌握一般性规律,即国际上通行的做法;其二,要留心国别差异,加以区分对待。

1. 一般性规律

在对外交往中，称呼方面的普遍性规律有：

(1)对任何成年人，均可以将男子称为先生，将女子称为小姐、夫人或女士。对于女子，已婚者应称“夫人”，戴结婚戒指者也可称为夫人。对未婚者可称之为“小姐”。对不了解其婚否者，可称为“女士”。上述称呼，均可冠以姓名、职务、职称、学衔或军衔。例如，“皮特先生”“艾瑞小姐”“市长先生”“少校先生”，等等。

(2)在商务交往中，一般应以“先生”“小姐”“女士”称呼交往对象。在国际商务交往中，一般不称呼交往对象的行政职务，这一点与我国极为不同。另外，“夫人”这一称呼在商务活动中也很少采用。

(3)在政务交往中，常见的称呼除“先生”“小姐”“女士”外，还有两种方法，一是称其职务，二是对地位较高者称“阁下”。在称呼职务或“阁下”时，还可加上“先生”这一称呼。其组成顺序为：先“职务”，次“先生”，最后“阁下”；或是“职务”在先，“先生”在后。例如，“总理先生阁下”“大使阁下”“市长先生”，等等。

在美国、德国、墨西哥等国，没有称“阁下”之习。

(4)对军界人士，可以其军衔相称。称军衔不称职务，是国外对军界人士称呼最通用的做法。在进行称呼时，具体有四种方法：一是只称军衔，如“将军”“上校”“下士”。二是军衔之后加上“先生”，如“上尉先生”“少校先生”。三是先姓名后军衔，如“朱可夫元帅”“巴顿将军”。四是先姓名、次军衔、最后“先生”，如“卡内尔上校先生”“普吉森下士先生”。

(5)对宗教界人士，一般可称呼其神职。称呼神职时，具体做法有三类：一是仅称神职，如“牧师”。二是称姓名加神职，如“亚当神父”。三是神职加“先生”，如“传教士先生”。

(6)对君主制国家的王公贵族，称呼上应尊重对方习惯。对国王、皇后，通常应称“陛下”。对王子、公主、亲王等，应称之为“殿下”。对有封号、爵位者，则应以其封号、爵位相称，如“爵士”“勋爵”“公爵”“大公”等。

有时，可在国王、皇后、王子、公主、亲王等头衔之前加上姓名相称。如“阿列克国王”“莫妮卡公主”“拉尼奥王子”等。

对有爵位者，可称“阁下”，也可称为“先生”。

(7)教授、法官、律师、医生、博士，因其社会地位较高，颇受尊重，故可直接以此作为称呼。称呼的具体做法，一是直接称“教授”“法官”“律师”“医生”“博士”。二是在其前加上姓名，如“涂尔干教授”。三是在其后加上“先生”，如“法官先生”。四是在其前加姓名，在其后加“先生”，如“琼斯博士先生”。

(8)对社会主义国家或兄弟党的人士，可称之为“同志”。除此之外，对方若称我方为“同志”，我方即可对对方以“同志”相称。不过，对“同志”这种称呼，在对外交往中切勿乱用。

2. 国别性差异

以下介绍一些主要国家姓名称呼方面的特点。

(1)英、美等国。在英国、美国、加拿大、澳大利亚、新西兰等讲英语的国家里，人们的姓名一般由两个部分构成：通常名字在前，姓氏在后。例如，在“理查德·尼克松”这一姓名之中，“理查德”是名字，“尼克松”才是姓氏。

在英美诸国，女子结婚前一般都有自己的姓名。但在结婚之后，通常姓名由本名与夫姓所组成。如“玛格丽特·撒切尔”这一姓名中，“玛格丽特”为其本名，“撒切尔”则为其夫姓。

有些英美人士的姓名前会冠以“小”字，如：“小乔治·威廉斯”。这个“小”字，与其年龄无关，而是表明他沿用了父名或父辈之名。

跟英美人士交往，一般应称其姓氏，并加上“先生”、“小姐”、“女士”或“夫人”。如“华盛顿先生”“富兰克林夫人”。在十分正式的场合，则应称呼其姓名全称，并加上“先生”、“小姐”、“女士”或“夫人”。如“约翰·威尔逊先生”“玛丽·怀特小姐”。

对于关系密切的人士，往往可直接称呼其名，不称其姓，而且可以不论辈分，如“乔治”“约翰”“玛丽”等。在家人与亲友之间，还可称呼爱称。如“维利”“比尔”等。但与人初次交往时，却不可这样称呼。

(2)俄罗斯。俄罗斯人的姓名由三个部分构成。首为本名，次为父名，末为姓氏。例如，在列宁的原名“弗拉基米尔·伊里奇·乌里扬诺夫”这一姓名中，“弗拉基米尔”为本名，“伊里奇”为父名，“乌里扬诺夫”为姓氏。

俄罗斯妇女的姓名同样也由三个部分组成。本名与父名通常一成不变，但其姓氏结婚前后却有所变化：婚前使用父姓，婚后则使用夫姓。对于姓名为“尼娜·伊万诺夫娜·乌里扬诺娃”的女士而言，其姓氏“乌里扬诺娃”与其婚否关系甚大。

在俄罗斯，人们口头称呼中一般只采用姓氏或本名。如对“米哈伊尔·戈尔巴乔夫”，可以只称“戈尔巴乔夫”或“米哈伊尔”。在特意表示客气与尊敬时，可同时称其本名与父名，如称前者为“米哈伊尔·谢尔盖耶维奇”，这是一种尊称。对于长者表达敬意时，方可仅称其父名，如称前者为“谢尔盖耶维奇”。

俄罗斯人在与亲友、家人交往时，习惯使用由对方本名转化而来的爱称。例如，可称“伊万”为“万尼亚”。在俄罗斯，“先生”“小姐”“女士”“夫人”亦可与姓名或姓氏连在一起使用。

(3)日本。日本人的姓名均用汉字书写，而且姓名的排列与中国人的做法也一样，即姓氏在前，名字居后。所不同的是，日本人的姓名往往字数较多，且多为四字组成。其读音，与汉字也大相径庭。

为了避免差错，与日本人交往时，一定要了解在其姓名之中，哪一部分为姓，哪一部分为名。在进行书写时，最好将其姓与名隔开一格来书写，如“竹下　登”“小泽　一郎”“二阶堂　进”“桥本　龙太郎”，等等。

日本妇女婚前使用父姓，婚后使用夫姓，本名则一直不变。

在日本，人们进行日常交往时，往往只称其姓。只有在正式场合，才使用全称。

称呼日本人，“先生”“小姐”“女士”“夫人”皆可采用。一般可与其姓氏，或全称合并使用。如“田中先生”“宫泽理惠小姐”，等等。

思考练习

(1)在日常生活中，如果你面对的是爷爷、同学的妈妈、密友、修鞋的大爷等不同的对象，称呼上有哪些区别？

(2)在日常交往中，称呼有哪些禁忌？

(3)假如公司派你去拜访一位国内知名的老教授，并会和他一起探讨关于一个学术的问题。思考一下你该如何称呼他，并在与他交谈中使用哪些敬语或尊语。

任务二　介 绍 礼 仪

学习目标

(1)能够在不同的场合恰当地进行自我介绍。

(2)能够在不同的场合恰当地为他人作介绍。

任务情境

张某和李某一起去听李教授的一个校内公开讲座，李某对讲座内容非常感兴趣，想与李教授进一步交流。由于李教授曾经给张某上过课，认识张某，因此李某想在讲座后，让张某把自己介绍给李教授。

学习要求：如果你是张某，你会怎样介绍两人认识？同学之间互相讨论进行表演，看看哪种介绍方式更好。

礼仪知识

在社交礼仪中，介绍是一个非常重要的环节。你跟陌生人打交道，如果没有介绍这个程序，就会让对方感觉非常唐突。介绍，就是人际交往中与他人进行沟通、增进了解、建立联系的一种最基本的方式，介绍是人与人之间进行相互沟通的出发点。

根据介绍者的不同，介绍可以分为自我介绍和介绍他人两种基本类型。

一、自我介绍

在许多社交场合，为了多结交一些朋友，就需要在合适的时机，由自己担任介绍的主角，将自己介绍给其他人，以达到使对方认识自己的目的。

(一)自我介绍的时机

要想使自我介绍取得成功，使自己能够给对方留下深刻的印象，并使其对自己产生好感，首先应该要把握自我介绍的时机。

在下面场合有必要进行适当的自我介绍。

(1)应聘求职或求学面试时。

(2)在交往中与不相识者相处时。

(3)有不相识者表现出对自己感兴趣时。

(4)有不相识者要求自己作自我介绍时。

(5)与身边的陌生人共处时。

(6)打算介入陌生人所组成的交际圈时。

(7)交往对象因健忘而记不清自己，或担心此种情况有可能出现时。

(8)旅行途中，与他人不期而遇，并且有必要与之建立临时接触时。

(9)初次前往他人居所、办公室，进行登门拜访时。

(10)拜访熟人遇到不相识者挡驾,或是对方不在,而需要请不相识者代为转告时。

(11)初次利用大众传媒,如报纸、杂志、广播、电视、网络等,向社会公众进行自我推介、自我宣传时。

(12)利用社交媒介,如信函、电话、电报、传真、电子邮件,与其他不相识者进行联络时。

(13)前往陌生单位接洽业务时。

(14)因业务需要,在公共场合进行业务推广时。

(15)有求于人,而对方对自己不甚了解,或一无所知时。

(16)如欲结识某些人或某个人,而又无人引见,如有可能,即可向对方自报家门,自己将自己介绍给对方。

礼仪点滴

自我介绍的时间选择

自我介绍应该选择适宜的时间,若是对方正忙于工作,或是正与他人交谈,或是大家精力集中在某人或某件事情上的时候,作自我介绍有可能打断对方,效果一定不会太好。如发现对方心情欠佳,或疲惫不堪时,也不应上前打搅。如果对方一个人独处,或春风得意之时,他对你的自我介绍不仅洗耳恭听,而且肯定会有良好的反应。此外,在大家闲谈的时候,或出现冷场的时候,抓住时机进行自我介绍,在场的人就不会觉得很唐突,而会很愉快、很乐意接受你的自我介绍。

(二)自我介绍的内容

自我介绍时应先向对方点头致意,得到回应后再向对方介绍自己的姓名、身份、单位等。自我介绍的具体形式有以下几种:

1. 应酬式

应酬式主要适用于某些公共场合和一般性的社交场合,如在旅途中、通电话等时候。它的对象,主要是进行一般性接触的交往对象。对介绍者而言,对方属于泛泛之交,或者早已熟悉,进行此种介绍只不过是为了确认自己的身份。

这种自我介绍最为简洁,往往只包括姓名一项即可。例如:

“你好,我叫张强。”

“你好,我是李波。”

2. 公务式

公务式主要适用于工作场合,它是以工作为自我介绍的中心,因工作而交际,因工作而交友。在介绍时,应该包括本人姓名、供职单位及其部门、担任的职务或从事的具体工作等。其中,姓名应该直接报出,不可有姓无名,或有名无姓。供职的单位或部门,最好全部报出,具体工作部门有时也可暂不报出。对担任的职务或从事的具体工作,有职务者最好报出职务,职务较低者或无职务者,则可报出目前所从事的具体工作。例如:

“你好,我叫张强,是金洪恩电脑公司的销售经理。”

"我叫李波，我在北京大学中文系教外国文学。"

3. 社交式

社交式也叫做沟通式或交流式自我介绍。主要适用于社交活动中，它是一种刻意寻求与交往对象进一步交流与沟通，希望对方认识自己、了解自己、与自己建立联系的自我介绍。在介绍时，它大体应包括介绍者的姓名、工作、籍贯、学历、兴趣及与交往对象的某些熟人的关系。但是各项不一定要面面俱到，但应依照具体情况而定。例如：

"你好，我叫张强，我在金洪恩电脑公司上班。我是李波的老乡，都是北京人。"

"我叫王朝，是李波的同事，也在北京大学中文系，我教中国古代汉语。"

4. 礼仪式

礼仪式主要适用于讲座、报告、演出、庆典、仪式等一些正规而隆重的场合。这种介绍是一种意在表示对交往对象友好、敬意的自我介绍。在介绍时，应该包括姓名、单位、职务等，同时还应加入一些适当的谦辞、敬辞，以表示自己礼待交往对象。例如：

"各位来宾，大家好！我叫张强，是金洪恩电脑公司的销售经理。我代表本公司热烈欢迎大家光临我们的展览会，希望大家……"

5. 问答式

问答式主要适用于应试、应聘和公务交往。在普通交际应酬场合，它也时有所见。这种问答式的自我介绍，应该是有问必答，问什么就答什么。例如：

甲："先生，你好！请问您怎么称呼？（请问您贵姓？）"

乙："先生您好！我叫张强。"

主考官："请介绍一下你的基本情况。"

应聘者："各位好！我叫李波，现年26岁，河北石家庄市人，汉族，……"

（三）自我介绍的注意事项

在进行自我介绍的时候，必须要注意把握自我介绍的分寸，这样才能使自我介绍进行得恰到好处。

1. 把握时间

在进行自我介绍的时候，一定要把握好时间，要抓住时机，在适当的场合进行自我介绍，当对方有空闲，而且情绪较好，又有兴趣时，进行自我介绍就不会打扰对方。自我介绍时还要简洁，尽可能地节省时间，以半分钟左右为佳。为了节省时间，作自我介绍时，还可利用名片、介绍信加以辅助。

2. 讲究态度

进行自我介绍的时候，态度一定要自然、友善、亲切、随和，应落落大方，彬彬有礼，既不能唯唯诺诺，又不能虚张声势，轻浮夸张。另外作自我介绍的时候要充满信心和勇气，敢于正视对方的双眼，显得自己胸有成竹、不慌不忙。语气要自然，语速要正常，语音要清晰。

3. 真实诚恳

进行自我介绍时，所表述的各项内容一定要实事求是，真实可信。没有必要过分的谦逊，一味地贬低自己去讨好别人，但也不可自吹自擂、吹嘘弄假、夸大其词。

4. 介绍自己时的顺序

自我介绍有一定的顺序即所谓的位低者先行，即地位低的人先介绍。和客人在一块，主人先做自我介绍；长辈和晚辈，晚辈先做介绍；男士和女士，男士先做介绍等。若是你的地位高于对方地位的话，也可先做自我介绍，没必要硬等对方介绍完自己再介绍，以避免尴尬。

二、介绍他人

介绍他人，又称为第三者介绍或居中介绍，它是第三者为彼此不相识的双方进行引见的一种介绍方式。在介绍他人的时候，为他人做介绍的第三者系介绍者，而被第三者所介绍的双方则是被介绍者。

介绍他人，通常都是双向的，即将被介绍者双方各自均作一番介绍。有时候，也可以进行单向的他人介绍，即只将被介绍者中的某一方介绍给另一方，其前提是前者了解后者，而后者并不了解前者。

（一）介绍人

在社交中，为他人做介绍是把一个人引见给其他人相识沟通的过程。善于为他人做介绍，可以使你在朋友中有更高的威信和影响力。

在介绍他人的时候，介绍人的身份确定是有规律的。通常，具有下列身份的人，理应在他人介绍中充当介绍人。

(1)社交活动中的东道主。

(2)交际场合的长者。

(3)家庭性聚会中的女主人。

(4)公务交往中的专职人员，如公关人员、礼宾人员、文秘人员、办公室工作人员以及接待人员等。

(5)正式活动中地位以及身份较高的人，或者是主要负责人员。

(6)熟悉被介绍者双方的人。

(7)应被介绍者一方或双方要求者。

(8)在交际应酬中，被指定的介绍者。

决定为他人做介绍时，要审时度势，熟悉双方的情况。如有可能，在做介绍之前，最好先征求一下双方的意见，以免为原本相识者或关系恶劣者盲目进行介绍。

遇到下述情况，通常必须要为他人介绍。

(1)在家中，接待彼此不相识的客人。

(2)在办公地点，接待彼此不相识的来访者。

(3)与家人外出，路遇家人不相识的同事或朋友。

(4)陪同亲友前去拜会亲友所不相识的人。

(5)本人的接待对象遇见了其不相识的人士，而对方又跟自己打了招呼。

(6)陪同上司、长者、来宾时，遇见了其不相识者，而对方又跟自己打了招呼。

(7)打算推介某人加入某一交际圈。

(8)受到为他人作介绍的邀请。

(二)介绍的顺序

在为他人作介绍时，先介绍谁，后介绍谁向来都是一个十分敏感的礼仪问题。根据社交礼仪的规范，处理这一问题必须要遵守“尊者优先了解情况”的法则。

为他人作介绍前，首先要确定双方地位的尊卑，然后先介绍位卑者，后介绍位尊者。这样做，可以使位尊者优先了解位卑者的情况，以便见机行事，在交际应酬中掌握主动权。应确保位尊之人拥有“优先知情权”。这一法则，有时又称“后来居上法则”。它所指的是后被介绍者，应较之先被介绍者地位为上，两者从不同角度阐明了同一问题。

根据以上法则，为他人作介绍时顺序大致有如下几种：

(1)介绍女士与男士认识时，应将男士介绍给女士。

(2)介绍年长者与年幼者认识时，应将年幼者介绍给年长者。

(3)介绍长辈与晚辈认识时，应将晚辈介绍给长辈。

(4)介绍职位低者与职位高者认识时，应将职位低者介绍给职位高者。

(5)介绍老师与学生认识时，应将学生介绍给老师。

(6)介绍已婚者与未婚者认识时，应将未婚者介绍给已婚者。

(7)介绍同事、朋友与家人认识时，应将家人介绍给同事、朋友。

(8)介绍来宾与主人认识时，应将主人介绍给来宾。

(9)介绍社交场合的先到者与后来者认识时，应将后来者介绍给先到者。

(10)介绍上级与下级认识时，应将下级介绍给上级。

(三)介绍人的神态与姿势

作为介绍人在为他人作介绍时，态度要友好热情，语言要清晰明快。介绍人的态度会影响到被介绍人在对方心中的地位。在介绍一方时，应微笑着用自己的视线把另一方的注意力引导过来。手势动作文雅，使用右手，掌心朝左上，四指并拢，拇指张开，胳膊略向外伸，指向被介绍的一方，并向另一方点头微笑，上体前倾15度。介绍人不可以用手拍被介绍人的肩、胳膊和背部等部位，更不能用食指或拇指去指向被介绍的任何一方，食指指人攻击性较强，而拇指指人表示很不屑。

(四)介绍的内容

在为他人介绍时，介绍人对介绍的内容应该字斟句酌，慎之又慎。倘若对此掉以轻心，词不达意，敷衍了事，很容易给被介绍者留下不好的印象。

根据实际需要的不同，为他人作介绍时的具体内容也有所不同，通常有以下几种形式可供借鉴。

1. 标准式

标准式适用于正式场合，其内容以对方的姓名、单位、职务等为主。例如：

“我来给两位介绍一下，这位是大通集团公关部主任张玲玲小姐，这位是四海集团总经理张海先生。”

2. 简介式

简介式适用于一般的社交场合，其内容往往仅包括对方姓名，甚至可以只提到双方姓氏。接下来，则要由被介绍者彼此见机行事。例如：

“我来给你们介绍一下，这位是小王，这位是小张，你们彼此认识一下吧！”

3. 强调式

它适用于各种交际场合，其内容除被介绍者的姓名外，往往还会刻意强调一下自己与其中某位被介绍者之间的特殊关系，以便引起另外一位被介绍者的重视。例如：

“这位是大江集团公司的公关部主任王炜先生，这位是刘婷，在省图书馆工作，是我的外甥女，请王主任多多关照。”

4. 引见式

引见式适用于普通的社交场合。作此种介绍时，介绍者所要做的就是将被介绍者双方引导到一起，而不需要表达任何具有实质性的内容。例如：

“你们两位认识一下如何？大家其实都是同行，只不过以前不认识，现在你们自己介绍一下吧！”

5. 推荐式

推荐式适用于比较正规的场合，多是介绍者有所准备，有意将某人举荐给另一个人，因此，在内容方面，介绍者通常会对前者的优点加以重点介绍。例如：

“这位是李志先生，这位是我们公司的张鸿总经理，李先生不仅是一位管理方面的专业人士，而且还是一位经济学博士。张总，我相信您一定会很高兴认识他吧？”

6. 礼仪式

礼仪式适用于正式场合，是一种最为正规的他人介绍。其内容略同于标准式，但语气、表达、称呼上都更为礼貌、谦恭。例如：

“张先生，你好，请允许我把大江集团的公关部主任李菲小姐介绍给你。李小姐，这位就是福瑞达集团的业务部经理张志先生。”

（五）介绍他人的禁忌

在介绍他人的时候，一定要注意介绍的禁忌：

（1）介绍时不可张冠李戴，没有弄清彼此的关系而盲目介绍。

（2）介绍时不可使用命令的语气。

（3）介绍时不可开过分的或不切实际的玩笑，不可称呼绰号或者不雅的称号，以免伤害对方自尊心或者显得不够庄重。

（4）介绍时不可使用推销的口气进行介绍，也不可以介绍朋友来抬高自己，既失身份又失礼仪。

（5）介绍时应避免嬉皮笑脸，礼仪不端，给人留下非常不尊重对方的印象。

（6）介绍的时间不可太长，不可说太多废话，应以简洁、给人留下深刻印象为目标。

（六）介绍的应对

在进行他人介绍时，介绍人与被介绍人都要注意自己的表达、态度与反应，即他人介绍的应对问题。

(1)介绍人为被介绍人介绍之前，一定要征求一下被介绍双方的意见，切勿上去开口即讲，这样会显得很唐突，让被介绍者感到措手不及。

(2)被介绍人在介绍人询问自己是否有意认识某人时，一般不应拒绝，而应欣然应允。实在不愿意时，则应说明理由。

(3)介绍人和被介绍人都应起立，以示尊重和礼貌；待介绍人介绍完毕后，被介绍双方应微笑点头示意或握手致意。

(4)在宴会、会议桌、谈判桌上，视情况介绍人和被介绍人可不必起立，被介绍双方可点头微笑致意；如果被介绍双方相隔较远，中间又有障碍物，可举起右手致意，点头微笑致意。

(5)介绍完毕后，被介绍者双方应依照合乎礼仪的顺序握手，并且彼此问候对方。问候语有“你好、很高兴认识你、久仰大名、幸会幸会”，必要时还可以进一步作自我介绍。

礼仪模拟

(1)小王在大学实习期间被单位委派到某公司去推销最新研制的产品，他到这家公司之后，见人就介绍自己，我叫王云鹏，四川大学毕业，我的特长爱好是打篮球，我到你们公司来推销我们单位新研制的产品，说了一长串，东西没有卖出去一件，还遭人白眼，他非常纳闷，不知道什么地方做的不妥。

要求：小组讨论，小王在自我介绍时有什么不妥之处？应该如何作正确的自我介绍？

(2)小李作为单位公关部接待处人员，在陪同领导与贵宾团见面的时候，由于与该团团长比较熟，因此在见面的时候，先将团长热情地介绍给了身边的领导，这时领导面露不悦之色。

要求：小组讨论，小李的行为有何不妥之处？正确的介绍方式应该是怎么样的？并说明原因。

拓展阅读

寒暄与问候的礼仪

寒暄，即应酬之语。问候，也就是人们相逢之际所打的招呼，所问的安好。在多数情况下，二者应用的情景都比较相似，都是作为交谈的“开场白”来被使用的。从这个意义讲，二者之间的界限常常难以确定。

寒暄的主要用途，是在人际交往中打破僵局，缩短人际距离，向交谈对象表示自己的敬意，或是借以向对方表示乐于结交之意。所以说，在与他人见面之时，若能选用适当的寒暄语，往往会为双方进一步的交谈，做好良好的铺垫。

反之，在本该与对方寒暄几句的时刻，反而一言不发，则是极其无礼的。

在当被介绍给他人之后，应当跟对方寒暄。若只向他点点头，或是只握一下手，通常会被理解为不想与之深谈，不愿与之结交。

碰上熟人，也应当跟他寒暄一两句。若视若不见，不置一词，难免显得自己妄自尊大。

在不同时候，适用的寒暄语各有特点。

跟初次见面的人寒暄，最标准的说法是：“您好”“很高兴能认识您”“见到您非常荣幸”。

比较文雅一些的话，可以说“久仰”或者说“幸会”。

要想随便一些，也可以说：“早听说过您的大名”“某某人经常跟我谈起您”或是“我早就拜读过您的大作”“我听过您作的报告”，等等。

跟熟人寒暄，用语则不妨显得亲切一些，具体一些，可以说“好久没见了”“又见面了”，也可以讲“您气色不错”“您的发型真棒”，“您的小孙女好可爱呀”“今天的风真大”“上班去吗”。

寒暄语不一定具有实质性内容，而且可长可短，需要因人、因时、因地而异，但它却不能不具备简洁、友好与尊重的特征。

寒暄语应当删繁就简，不要过于程式化，像写八股文。例如，两人初次见面，一个说：“久闻大名，如雷贯耳，今日得见，三生有幸”，另一个则道：“岂敢，岂敢！”搞得像演出古装戏一样，就大可不必了。

寒暄语应带有友好之意，敬重之心。既不容许敷衍了事般地打哈哈，也不可以戏弄对方。“来了”“瞧您那德行”“喂，您又长膘了”，等等，自然均应禁用。

问候，多见于熟人之间打招呼。西方人爱说“嗨”；中国人则爱问“去哪儿”“忙什么”“身体怎么样”“家人都好吧”。

在商务活动中，也有人为了节省时间，而将寒暄与问候合二为一，以一句“您好”，来一了百了。

问候语具有非常鲜明的民俗性、地域性的特征。例如，老北京爱问别人：“吃过饭了吗？”其实质就是“您好！”您要是答以“还没吃”，意思就不大对劲了。若以之问候南方人或外国人，常会被理解为：“要请我吃饭”“讽刺我不具有自食其力的能力”“多管闲事”“没话找话”，从而引起误会。

在阿拉伯人中间，也有一句与“吃过饭没有”异曲同工的问候语：“牲口好吗？”你可别生气，人家这样问候您，绝不是拿您当牲口，而是关心您的经济状况如何。在以游牧为主的阿拉伯人中间，还有什么比牲口更重要的呢？问您“牲口好吗？”是在关心您的日子过得怎么样。

为了避免误解，达到统一而规范，商界人士应以“您好”“忙吗”为问候语，最好不要乱说。

牵涉个人私生活、个人禁忌等方面的话语，最好别拿出来“献丑”。例如，一见面就问候人家“跟朋友吹了没有”，或是“现在还吃不吃中药”，都会令对方反感至极。

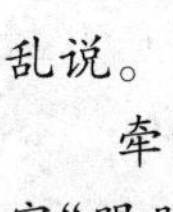

思考练习

(1)在何种时候需要作自我介绍？

(2)在介绍别人的时候有哪几种介绍方式？

任务三　握手礼仪

学习目标

（1）掌握正确的握手姿势。

（2）掌握正确的握手礼仪。

任务情境

在一次接待某考察团到访任务时，小张与考察团团长熟识，因而作为主要迎宾人员陪同部门领导前往机场迎接贵宾。当考察团团长带领其他工作人员到达后，小张面带微笑热情地走上前，先于部门领导与团长握手致意，表示欢迎。小张旁边的领导面露不悦之色。

学习要求：小张和考察团团长握手有什么不妥之处，应该如何处理。模拟当时情景，全班同学评议。

礼仪知识

史前时期，人类的祖先以打猎为生，世界对他们来说是充满着危险的。因此，当陌生人相遇时，如果双方都怀着善意，便伸出一只手来，手心向前，向对方表示自己手中没有石头或武器，走近之后，两人互相摸摸右手，以示友好。这样沿袭下来，便成为今天人们表示友好的握手。

握手是人们在交往中最常见的一种礼节，是在相见、离别、恭贺或致谢时相互表示情谊、致意的一种礼节。热烈的握手会使双方内心有一种强烈的融合感。握手不仅可以沟通情感，而且有利于树立自己的社会形象。

一、握手礼仪的动作要领

握手的力量、姿势与时间的长短往往能够表达出对对方的不同礼遇与态度，显露自己的个性，给人留下不同印象，也可通过握手了解对方的个性，从而赢得交际的主动。

（一）握手礼仪的基本要领

握手时上身微微前倾，两脚立正，双方伸出右手，掌心向左，与地面垂直，虎口张开，四指并拢，彼此之间保持一步左右的距离，双方握着对方的手掌，上下晃动两三下（大约 3 秒），并且适当用力，左手贴着大腿外侧自然下垂。握手时要双目注视对方，含笑致意，并说“您好”“认识您很高兴”等寒暄的话。

（二）握手礼仪的分解

1. 握手的距离

握手时两个人的距离最好保持在 1 米左右，太近会让人感觉局促不安，太远会显得生分，好像故意冷落对方。适度的距离会让人感觉亲切友善、有礼有节。

2. 握手的手位

握手时，手的位置非常重要，常见的手位有以下两种：

(1)单手式握手。单手式握手是以右手单手与人相握，是最常见的握手方式，适用范围广。握手时，右手伸向对方，手掌略向前下伸直，拇指与手掌分开，掌心向左，虎口向上，其余四指自然并拢并微向内屈。这种握手方式又称为“平等式握手”，表示尊重、平等。

(2)双手式握手。双手式握手是在右手握住对方的同时，再用左手去加握对方的手臂、前臂、上臂，直至肩部。这种握手表达的是一种更为诚挚的情感，加握的部位越高，其热情友好的程度越高。一般适用于亲朋旧友之间，尤其是久别重逢之时，又称为“手套式握手”。但是这种握手方式不适用于初识者和异性。

3. 握手时表情

握手时要面带微笑，态度要和善、亲切、自然、大方、热情，精力集中，注视对方的眼睛，同时说“你好，很高兴认识你！”之类的问候语。

4. 握手时的力度

握手时要注意力度适中，太重会将对方的手握疼，太轻会显得热情不够，一般是握住对方的手后，稍用力即可。在与亲朋故旧握手时，力量可稍大些，在与异性握手以及初次见面的人握手时，切不可用力过猛。

5. 握手的时间

握手的时间不宜太长，也不能太短。握手时间太长会显得过于殷勤，反倒让人觉得虚情假意，甚至有所企图；握手时间太短又像是在走过场，好像很不愿意与对方交好，轻视交往对象。所以，握手时，一般轻握住对方的手摇动两三下，时间最好控制在3秒钟之内。

6. 握手的姿态

握手时姿态要自然、大方，一般身体略向前倾，表示对交往对象的尊敬和友善，落落大方地伸出手去，与对方相握。握手时不可点头哈腰或者昂首挺胸，这两种姿态都不好，前者让人觉得太过卑贱，后者显得傲慢无礼。

礼仪点滴

与女士握手的礼仪

1. 握手的顺序

握手讲究“位尊者有决定权”，性别判断时，女性居尊。女士主动伸出手，男士再相迎握手。特别是和年轻女性或异国女性握手，一般男士不要先伸手。如女士不伸手，或无握手之意，男士则点头鞠躬致意即可，而不可主动去握住女士的手。

2. 身体姿势

无论在哪种场合，无论双方的职位或年龄相差有多大，都必须起身站直后再握手，坐着握手是不合乎礼仪的。握手时上身应自然前倾，行15度欠身礼。手臂抬起的高度应适中。

3. 手势

握手时必须用右手，即便是习惯使用左手的人也必须用右手来握手，这是国际上普遍适用的原则。握手时伸出的手掌应垂直于地面，手心向下或向上均不合适。握手时应掌心相握，这样才符合真诚、友好的原则。

男士与女士握手时，一般只宜轻轻握女士手指部位。以示尊重和矜持，但在男女平等的今天，这种握手方式已不符合礼仪规范。尤其在商务活动中，性别被放在次要的位置，女性更应主动、大方地与男士进行平等、友好的握手，以便进一步进行平等互利的商务交流。

二、握手礼仪规范

（一）握手的时机

握手需要注意时机，一般在以下情况下可相互握手。

（1）遇到久未谋面的熟人时。

（2）在比较正式的场合与相识之人道别时。

（3）自己作为东道主迎送客人时。

（4）向客户辞行时。

（5）被介绍给不相识者时。

（6）在外面偶遇同事、朋友、客户或上司时。

（7）感谢他人的支持、鼓励或帮助时。

（8）向他人或他人向自己表示恭喜、祝贺时。

（9）应邀参与社交活动见到东道主时。

（10）对他人表示理解、支持、肯定时，要握手，以示真心实意。

（11）在他人遭遇挫折或不幸而表示慰问、支持时。

（12）向他人或他人向自己赠送礼品或颁发奖品时。

除了以上情况外，握手的时机还有很多，灵活运用这些握手的机会，不仅是对交往对象的尊重，也是自身修养的体现，除了主动热情地向对方伸手握手外，在应该握手的场合如果拒绝或忽视别人伸过来的手，将意味着自己失礼。

礼仪点滴

不宜握手的情况

（1）对方手部有伤。

（2）对方手里拿着较重的东西。

（3）对方正忙着别的事情，如打电话、用餐、主持会议或与他人交谈等。

（4）对方与自己距离较远。

（5）所处环境不适宜握手。

（二）握手的顺序

握手时谁先伸手谁后伸手是有讲究的，不可贸然伸手，应符合礼仪规范。

（1）职务、身份高的与职务、身份低者握手，应由职务、身份高者首先伸手，后者迎握。

(2)年长者与年轻者握手,应由年长者先伸手,后者迎握。

(3)主人与客人握手,应由主人先伸手,客人迎握。

(4)女士与男士握手,应由女士先伸手,男士迎握。

(5)已婚者与未婚者握手,已婚者先伸手,未婚者迎握。

(6)辞行时客人与主人握手,客人先伸手,主人迎握。

(7)先到会场者和后到者握手,先到者先伸手,后者迎握。

从以上握手的顺序可以看出来,握手时应遵循的礼仪规范是“尊者先伸手”,换言之就是将先伸手的权利让给尊者,体现出对尊者的尊重。

一般情况下,在公务场合,握手的先后顺序取决于职位、身份,而在社交场合,握手的顺序则主要取决于年龄、性别与婚否。

(三)握手禁忌

我们在行握手礼时应努力做到合乎规范,不要违犯下述禁忌。

(1)不要用左手相握,尤其是和阿拉伯人、印度人打交道时要牢记,因为在他们看来左手是不洁的。

(2)在和基督教信徒交往时,要避免两人握手时与另外两人相握的手形成交叉状,这种形状类似十字架,在他们眼里这是很不吉利的。

(3)不要在握手时戴着手套或墨镜,只有女士在社交场合戴着薄纱手套握手,才是被允许的。

(4)不要在握手时另外一只手插在衣袋里或拿着东西。

(5)不要在握手时面无表情、不置一词或长篇大论、点头哈腰,过分客套。

(6)不要在握手时仅仅握住对方的手指尖,好像有意与对方保持距离。正确的做法,是要握住整个手掌。即使对异性,也要这么做。

(7)不要在握手时把对方的手拉过来、推过去,或者上下左右抖个没完。

(8)不要拒绝和别人握手,即使有手疾或汗湿、弄脏了,也要和对方说一下“对不起,我的手现在不方便”,以免造成不必要的误会。

(四)握手注意事项

(1)目光应该热情地注视对方,切忌心不在焉、东张西望、左顾右盼。

(2)在接待或者拜访时,不能隔着门槛,否则是失礼的行为。

(3)单手握时,应伸出右手,左手自然下垂,不能插在口袋或插在腰中。

(4)除年老体弱者或残疾人可以坐着握手外,其他人应该站立。

(5)多人在场时,应该一一握手,不能交叉握手,也不能两只手分别与不同的人相握。

礼仪模拟

(1)方舟公司总经理(女)一行五人前往宏远公司参观考察,宏远公司总经理办公室主任刘涛负责接待工作。见面时刘涛因考虑到方舟公司总经理职务比他高,又是位女士,见面时不敢贸然先伸手与对方握手。结果，弄得对方很尴尬。如果你是刘涛，你会怎么做?

要求：在这个情境中，刘涛存在哪些问题？如果你是方舟公司总经理，你会怎么做？分小组进行讨论，说出应该如何处理并说出理由。

(2)在一次聚会中，小王偶然遇到了自己的大学同窗好友小李，两人兴奋不已，手久久地握在一起。

要求：模拟两人握手的情景及姿势，抽2~3组代表上台表演，全班同学评议。

拓展阅读

握手的典型样式

握手是当代世界上最为普遍的一种表达见面、告别、祝贺、安慰、鼓励等感情的礼节。握手的具体样式是千差万别的。了解一些握手的典型样式，既有助于我们通过握手了解交际对方的性格、情感状况、待人接物的基本态度等；也有助于我们在人际交往中根据不同的场合、不同的对象去自觉地应用各种具体的样式。

1. 对等式握手

对等式握手是标准的握手样式。握手时两人伸出的手心都不约而同地向着对方，或者说是到了最后都不得不将手心向着对方。这样的握手多见于双方社会地位都不相上下时，由于双方都“试图”处于支配地位，通过“竞争”最后双方的手心在握住时不得不都向着对方；也可能是一种单纯的、礼节性的表达友好的方式。

2. 双握式握手

双握式握手，美国人称政客式握手。据说在历届美国竞选总统时，几乎所有的竞选人都要以这种样式对上至亿万富翁，下至西部牛仔握手。其具体样式是：在用右手紧握对方右手的同时，再用左手加握对方的手背、前臂、上臂或肩部。使用这种握手样式的人是在表达一种热情真挚、诚实可靠，显示自己对对方的信赖和友谊。从手背开始，对对方的加握部位越高，其热情友好的程度也就显得越高。

3. 支配式握手

支配式握手也称“控制”式握手，用掌心向下或向左下的姿势握住对方的手。以这种样式握手的人想表达自己的优势、主动、傲慢或支配地位。这种人一般说话干净利落。办事果断、高度自信，凡事一经自己决定，就很难改变观点，作风不大民主，在交际双方社会地位差距较大时，社会地位较高的一方易采用这种方式与对方握手。

4. 谦恭式握手

谦恭式握手也叫“乞讨”式握手，顺从型握手。与支配式握手相对，用掌心向上或向左上的手势与对方握手。用这种样式握手的人往往性格软弱，处于被动、劣势地位，这种人可能处世比较民主、谦和、平易近人，对对方比较尊重、敬仰，甚至有几分畏惧。这种人往往易改变自己的看法，不固执，愿意受对方支配。

5. 抠手心式握手

抠手心式握手，两手相握之后，不是很快松开，而是双手掌相互缓缓滑离，让手指在对方手心适当停留。握手本来就是身体感觉最敏感的部位相互接触，彼此都能通过握手获得一种快感。如果再让手指在手心轻轻滑过，无疑更会使对方热血沸腾、情绪高涨。因此，抠手心式握手一般只见于恋人、情人或心有灵犀的好朋友之间。

6. 拉臂式握手

拉臂式握手，将对方的手拉到自己的身边相握，且往往相握时间较长。这常常是社会地位较低者，特别是那些有较强自卑感的人在与社会地位较高者握手时采用的形式。这种人往往过分谦恭，在他人面前唯唯诺诺，轻视自我，缺乏主见与敢作敢为的精神。

7. 捏手指式握手

捏手指式握手，不是两手的虎口相触对握，而是有意或无意地只捏住对方的几个手指或手指尖部。女性与男性握手时，为了表示自己的矜持与稳重，常采取这种样式。如果是同性别的人之间这样握手，就显得有几分冷淡与生疏。据说，英国女王与人握手时，为了不让对方完全握住她的手，她总是不把手完全伸出来，并把拇指明显地屈向下方。有不少官僚显贵人物，与人见面时，也总是伸出两三个指头一握了之，以显示他们地位的“尊贵”。

8. “死鱼”式握手

“死鱼”式握手，握手时伸出一只无任何力度、质感，不显示任何信息的手，给人的感觉就好像是握住一条三伏天腐烂的死鱼。这种人的特点如不是生性懦弱，就是对人冷漠无情，待人接物消极傲慢。假如你握到这样的手，那你就不要指望手的主人会热情地为你办事。

思考练习

(1)在下列哪些情境中需要行握手礼，如果需要行握手礼，应采用哪种握手姿势？

①与久别重逢的老师见面。

②到病房探望生病的同事。

③两个久别重逢的女同学见面了。

④过年回家后见到父母。

⑤第一次见到心仪已久的姑娘。

⑥最好的朋友取得优异成绩，赶往祝贺。

(2)在一个社交场合，如果有很多的人在场，有职位高的和职位低的，有年长的和年幼的，有女士和男士，有已婚者也有未婚者，该如何掌握握手顺序呢？

(3)下面的两个握手画面(见图2－1、图2－2)在日常生活中是否见到过？他们分别都错在哪里？

图2－1

图2－2

任务四　名片礼仪

学习目标

(1)能根据不同的场合和情境,恰当地递送名片。
(2)能根据不同的交往对象和情境,恰当地索要名片。

任务情境

张宏与李伟偶然在一个洽谈会上相遇,李伟主动递出了自己的名片,张宏也打开自己手提包,准备拿出自己的名片与之交换,可是一摸,首先发现了一张美容卡,再一摸是一张名片,高兴地递给李伟,李伟接过来一看,是别人的名片。张宏尴尬地笑着,继续在包里找着名片……

学习要求:全班同学进行讨论,张宏在名片交换中存在哪些问题?应该如何避免?

礼仪知识

名片是我国古代文明的产物。据清代学者赵翼在其著作《陔馀丛考》中记载:“古人通名,本用削木书字,汉时谓之谒,汉末谓之刺,汉以后则虽用纸,而仍相沿曰刺。”可见,名片的前身即我国古代所用的“谒”“刺”。

名片发展至今,已是现代人交往中一种必不可少的联络工具,成为具有一定社会性、广泛性,便于携带、使用、保存和查阅的信息载体之一。基层公务员在各种场合与他人进行交际应酬时,都离不开名片的使用。而名片的使用是否正确,已成为影响人际交往成功与否的一个因素。

要正确地使用名片,就要对名片的类别、制作、用途和交换方式等予以充分的了解,遵守相应的规范和惯例。

一、名片的类别

根据名片用途、内容及使用场合的不同,日常生活中所使用的名片可分为社交名片、公务名片、集体名片等三类,前两种又称为个人名片。

在正式的场合,讲究面对不同的交往对象使用不同的名片。因此,一个人同时制作并携带多种名片不足为怪,而不分对象,不讲目的地滥用同一种名片则是失当的。

(一)社交名片

社交名片,特指主要适用于社交场合,用以进行自我介绍与保持联络之用的个人名片。

社交名片的基本内容包括两个部分:一是本人姓名,以大字号印在名片正中央。姓名之后无须添加任何公务性官衔。二是联络方式,以较小字号印在名片右下方。具体内容包括家庭住址、邮政编码、住宅电话、电子邮箱等。一般不宜将自己的手机号留在名片上。

社交名片只用于社交场合,通常与公务无关,因此一般不印有工作单位以及行政职务,以示“公私有别”。

如果本人不喜欢被外界打扰,则可根据具体情况对自己的联络方式的内容有所删减,例如,可删去住宅电话一项。必要时,可以不印任何联络方式,而仅留姓名一项内容。

(二)公务名片

公务名片,在这里所指的是在政务、商务、学术、服务等正式的业务中所使用的个人名片。它是目前最常见的一种个人名片。身边如果没有公务名片,可用社交名片代替。但如果没有社交名片,则不能用公务名片代替。因为公务名片有着很强的公务性规范。

一张标准的公务名片,按惯例应由归属单位、本人称呼、联络方式三项基本内容构成。

1. 归属单位

此项内容通常由企业标志、供职单位、所在部门三个部分组成,但一张名片上所列的单位或部门不宜多于两个。如果确实有两个以上的供职单位和部门,或同时承担着不同的社会职务,则应分别印制不同的名片,并根据交往对象、交际内容的不同分发不同的名片。

2. 本人称呼

本人称呼应由本人姓名、行政职务、技术职务、学术头衔等几个部分所构成。但后面两项内容,尤其学术头衔往往可有可无。名片上所列的行政职务一般不宜多于两个,且应与同一名片上的具体归属相对应。

3. 联络方式

联络方式通常由单位地址、邮政编码、办公电话等内容构成,家庭住址、住宅电话、手机号码则不宜列出。至于传真号码、电子邮箱等内容则应根据具体情况决定是否印于其上。单位的联络方式同样应与同一名片上所列的具体归属相对应。

上述三项内容既要完整无缺,又应排列美观。通常,具体归属与联络方式应以大小相似的小字号分别印于名片的左上角与右下角;本人姓名应以大字号印于名片正中央;职务头衔则应以较小字号印于姓名的右侧。

(三)集体名片

集体名片,实际是公务名片的一个变种,它通常是指某一政府部门,尤其是那些对外交往较为频繁的政府部门,其主要成员集体对外使用的名片。

集体名片在基本内容构成上与其他公务名片没有任何区别,其特殊之处在于在名片上列出某一集体的每一位主要成员的具体称呼,并按职务高低自上而下依次排列。

使用集体名片不仅可以节省费用,而且还有助于维护和宣传集体。

二、名片的用途

在现实生活中,名片是一种不可或缺的交往工具。在人际交往中,名片的基本用途共有如下几种。

(一)基本用途

1. 介绍自己

初次与交往对象见面时,除了必要的口头自我介绍外,还可以名片作为辅助的介绍工具。

这样不仅能向对方明确身份，而且还可以节省时间，强化效果。

2. 结交他人

在人际交往中，如欲结识某人，往往可以本人名片表示结交之意。因为主动递交名片给初识之人，既意味着信任友好，又暗含“可以交个朋友吗”之意。在这种情况下，对方一般会“礼尚往来”，将其名片也递过来，从而完成双方结交的第一步。

3. 保持联系

大多名片都有一定的联络方式印在其上。利用他人在名片上提供的联络方式，即可与对方取得并保持联系，促进交往。

4. 通报变更

如果变换了单位、调整了职务、改动了电话号码或者乔迁至新居后，都会重新制作自己的名片。向惯常的交往对象递交新名片，就能把本人的最新情况通报对方，以一种更简单的方式避免联系上的失误。

（二）特殊用途

在社交场合，尤其是国际社交场合，人们往往以名片代替一封简洁的信函使用。此即名片的特殊用途。具体做法是：在社交名片的左下角写上一行字或一句短语，然后放入信封寄交他人。如果是本人亲自递交或托人带给他人，要用铅笔书写；如果采用邮寄方式，则应用钢笔书写。书写时多采用法文缩略语，较常见的法文缩略语及其对应含义如下：

n. b. 意为“注意”；

p. c. 意为“谨唁”，凭吊、追悼时用；

p. f. 意为“祝贺”，庆祝节日时用；

p. m. 意为“备忘”，提醒对方注意某事时使用；

p. r. 意为“谨谢”，接受礼物、款待、祝词之后，或者收到别人庆祝、吊唁之类名片后使用；

p. p. 意为“介绍”，向对方介绍某人时用；

p. p. c. 意为“辞行”，调离、离任时，向同事告别时使用；

p. p. n. 意为“慰问”，问候病人时用；

p. f. n. a. 意为“新年愉快”。

名片代替信函使用时，往往有不同的使用方法和注意事项，以下举例说明。

1. 用作礼单

以私人身份向他人馈送礼品时，可将本人的社交名片充当礼单，置于礼品包装之内。但最好是将其装在一个与名片大小相当的信封里，信封上写收礼者姓名，信封可以不封口。名片上可根据实际情况简单留言。

2. 介绍相识

在社交场合中，如果想向自己相识之人介绍某人，亦可使用名片。具体做法是，在自己名片的左下角写上“p. p. ”，然后在后面附上被介绍人的名片，并由被介绍人交给对方，或直接邮寄给对方。在把名片交给被介绍人之后，应当先用电话告诉对方：有人将拿着自己的名片去见对方，否则就会使对方有点摸不着头脑，而被介绍者也会因为对方没接到任何通知而感到尴尬。

3. 简短留言

在社交场合中,如拜访某人不遇,或需要向某人传达某事而对方不在时,可留下自己的名片,并在名片上简单写上具体事由,然后委托他人转交。

4. 拜会他人

在初次前往他人工作单位或私人居所进行正式拜访时,可先把本人名片交于对方的门卫、秘书或家人,然后由其转交给要拜访之人,意即"我是×××,我可以拜访您吗?"对方确认了拜访者的实际身份后,再决定双方是否见面。

三、名片的交换

名片的交换是名片礼仪中的核心内容。如何交换名片,往往是其个人修养的一种反映,也是对交往对象尊重与否的直接体现。因此交换名片务必要遵守一定的规矩。

(一)名片的携带

参加正式的交际活动之前,都应随身携带自己的名片,以备交往之用。名片的携带应注意以下三点。

1. 足量适用

在外出参加交际活动之前,携带的名片一定要数量充足,确保够用。所带名片要分门别类,根据不同交往对象使用不同名片。

2. 完好无损

名片要保持干净整洁,切不可出现折皱、破烂、肮脏、污损、涂改的情况。

3. 放置到位

名片应统一置于名片夹、公文包或上衣口袋之内,在办公室时还可放于名片架或办公桌内。切不可随便放在钱包、裤袋之内。放置名片的位置要固定,以免需要名片时东找西寻,显得毫无准备。

(二)名片递交

如果想让名片在人际交往中正常地发挥作用,还需要在名片交换的时候表现得法。交换名片时,需要注意的问题有以下几个。

1. 交换名片的时机

遇到以下几种情况,需要将自己的名片递交他人,或与对方交换名片。

(1)希望认识对方。

(2)表示自己重视对方。

(3)被介绍给对方。

(4)对方提议交换名片。

(5)对方向自己索要名片。

(6)初次登门拜访对方。

(7)通知对方自己的变更情况。

(8)打算获得对方的名片。

如果遇到以下几种情况，则不必把自己的名片递交对方，或与对方交换名片。

(1)对方是陌生人。

(2)不想认识对方。

(3)不愿与对方深交。

(4)对方对自己并无兴趣。

(5)经常与对方见面。

(6)双方之间地位、身份、年龄悬殊。

2. 交换名片的方法

在交换名片的时候，必须要重视递交名片的方法。

(1)递上自己的名片。递名片给他人时，应郑重其事。最好是起身站立，走上前去，使用双手或者右手，将名片正面面对对方，交予对方。切勿以左手递交名片，不要将名片背面面对对方或是颠倒着面对对方，不要将名片举得高于胸部，不要以手指夹着名片给人。若对方是少数民族或外宾，则最好将名片上印有对方认得的文字的那一面面对对方。

将名片递给他人时，口头应有所表示。可以说："请多指教""多多关照""今后保持联系""我们认识一下吧"，或是先作一下自我介绍。

与多人交换名片，应讲究先后次序，或由近而远，或由尊而卑，一定要依次进行。切勿挑三拣四，采用"跳跃式"。当然，也没有必要广为滥发自己的名片。双方交换名片时，最正规的做法是位卑者首先把名片递给位尊者，不过，在一般情况下，也不必过分拘泥于这一规定。

(2)接受他人的名片。当他人表示要递名片给自己或交换名片时，应立即停止手中所做的一切事情，起身站立，面含微笑，目视对方。接受名片时，宜双手捧接，或以右手接过，切勿单用左手接过。

接过名片，首先要看。这一点至为重要。具体而言，就是接过名片后，当即要用半分钟左右的时间，从头至尾将其认真默读一遍。若有疑问，则可当场向对方请教。此举意在表示重视对方。若接过他人名片后看也不看，或手头把玩，或弃之桌上，或装入衣袋，或交予他人，都算失礼。

接受他人名片时，应口头道谢，或重复对方所使用的谦辞敬语，如"请您多关照""请您多指教"，不可一言不发。若需要当场将自己名片递过去，最好在收到对方名片后再递，不要左右开弓，一来一往同时进行。

3. 索取他人的名片

如果没有必要，最好不要强索他人的名片。若索要他人的名片，则不宜直言相告，而应采用以下几种方法之一。

(1)交易法。交易法是指"将欲取之，必先予之"。也就是说想索要别人的名片时，最省事的办法就是把自己的名片先递给对方。所谓"来而不往，非礼也"，当你把名片递给对方时，对方不回赠名片是失礼的行为，所以对方一般会回赠名片给你。

(2)激将法。所谓激将法是指有的时候遇到的交往对象地位身份比自己高，或者身为异性，难免有提防之心。这种情况下把名片递给对方，对方很有可能不会回赠名片。遇到这一情况，不妨在把名片递给对方的时候，略加诠释，如"王总，认识您非常高兴，不知道能不能有幸跟您交换一下名片”。在这种情况下,对方就不至于不回赠名片给你。即便他真的不想给你,他也会找到适当的借口不至于使你很尴尬。

(3)谦恭法。谦恭法是指在索取对方名片之前,稍作铺垫,以便索取名片。比如见到一位研究电子计算机技术的专家,你可以说:“认识您非常高兴,虽然我玩电脑已经四五年了,但是与您这种专业人士相比相形见绌,希望以后有机会能够继续向您请教,不知道以后如何向您请教比较方便?”前面的一席话都是铺垫,只有最后一句话才是真正的目的——索取对方名片。

(4)联络法。谦恭法一般是对地位高的人,对平辈或者晚辈就不太合适。面对平辈或晚辈时,不妨采用联络法。联络法的标准说法是:“认识您太高兴了,希望以后有机会能跟您保持联络,不知道怎么跟您联络比较方便?”

4. 婉拒他人索取名片

当他人索取本人名片,而不想给对方时,不宜直截了当,而应用委婉的方法表达此意。可以说“对不起,我忘了带名片”,或者“抱歉,我的名片用完了”。不过若手中正拿着自己的名片,又被对方看见了,这样讲显然不合适。

若本人没有名片,而又不想明说时,也可以以上述方法委婉地表述。

如果自己的名片真的没有带或是用完了,自然也可以这么说,不过不要忘了加上一句“改日一定补上”,并且一定要言出必行,付诸行动。否则会被对方理解为自己没有名片,或成心不想给对方名片。

四、名片的存放

要使名片的交换合乎礼仪,并使其在人际交往中充分发挥作用,还应该注意如下两个具体问题:

(一)名片的放置

在参加交际应酬之前,应该提前准备好名片,并进行必要的检查。

随身所带的名片,最好应放在专用的名片包、名片夹里。此外,也可以放在上衣口袋里。不要把它放在裤袋、裙兜、提包及钱夹里面。那样既不正式又显得杂乱无章。在自己的公文包及办公室抽屉里,也应该经常备有名片,以便随时取用。

在交际场合,应该将名片预备充足,不要在使用时再去四处乱找。

接过他人的名片看过之后,应将其精心放入自己的名片包、名片夹或上衣口袋内,切勿放在其他地方。

(二)名片的收藏

参加交际应酬以后,应立即对所收到的名片进行整理收藏,以便今后使用方便。存放名片的方法大体有以下四种,它们还可以交叉使用。

(1)按姓名的汉语拼音或外文字母顺序分类。

(2)按姓名的汉字笔画多少分类。

(3)按专业或部门分类。

(4)按国别或地区分类。

礼仪模拟

(1)在一场大型的产品展销会上，爱华公司的总经理吕征想要拜访当地知名企业集团的李总经理(女)、赵董事长和陈总经理，他事先准备好了自己的名片，在展销会后的聚会上，吕征见到了这几位久负盛名的企业家，吕经理应该如何成功地分别与对方交换名片？在交换名片的时候应该要注意哪些礼节？

要求：全班分小组进行讨论，看看哪一种做法更好，并说明理由。请几位同学面向全班进行模拟表演。

(2)亨达公司王经理约见了一个重要的客户李经理。见面之后，李经理就把名片递上。王经理看完后随手将名片放在桌子上，两人继续谈事。过了一会儿，服务员将咖啡端上来，请两位经理慢用，王经理喝了一口咖啡，将咖啡放在了名片上，李经理皱了皱眉头。王经理应该如何接受对方的名片，在交换名片时应该注意哪些礼节？

要求：全班分成若干小组进行讨论，然后全班讨论哪一种做法最好，说出理由，再请两位同学面向全班进行模拟表演。

拓展阅读

名片的制作

名片的制作是有一定的规则的。名片制作得是否规范，往往会影响交往对象对自己的看法，进而影响双方的进一步交流与合作。一张粗制滥造的名片显然不会让人对名片主人产生什么好感和接近之意。基层公务员在订制名片时应当对下述问题予以关注。

1. 规格材料

各国名片的规格是不尽相同的。目前我国通行的名片规格为9厘米×5.5厘米，而在国际上较为流行的名片规格则为10厘米×6厘米。在一般情况下，基层公务员应以前一种标准订制名片。如果参与的公务活动多为涉外性质，则可采用后一种规格。若无特殊原因，不必制作过大或过小的名片，更无必要将名片作成折叠式或书本式。

名片通常应以耐折、耐磨、美观、大方、便宜的纸张作为首选材料，如白卡纸、再生纸等。选用布料、塑料、真皮、化纤、木材、钢材甚至黄金、白金、白银等材料制作名片是毫无必要的。将纸质名片烫金、镀边、压花、过塑、薰香，也是不合适的。

2. 色彩图案

普通公务人员所订制的名片宜选用单一色彩的纸张，并且以米白、米黄、浅蓝、浅灰等庄重朴实的色彩为佳。切勿选用过多过杂的色彩，让人眼花缭乱，妨碍信息的接收。也不宜采用红色、紫色、绿色、黑色、金色、银色的纸张制作名片。

一般而言，名片上除了文字符号外不宜添加任何没有实际效用的图案。如果本单位有象征性的标志图案，则可将其印于名片的正面，但不可过大或过于突兀。将照片、漫画、花卉等内容印在名片上，则会给人以华而不实之感，有损公务员的质朴形象。

3. 文字版式

普通公务人员所使用的名片，在正常情况下应采用标准的汉字简化字，如无特殊原因，不得使用繁体字。从事民族工作或涉外工作的基层公务员则可酌情使用少数民族文字或外语。汉字与少数民族文字或外语同时印刷时，应将汉字印于一面，而将少数民族文字或某种外文印于另一面。不要在同一面上混合使用不同文字，一张名片上不宜使用两种以上文字。

以汉字印制名片时，一般采用楷体或仿宋体，尽量不要采用行书、草书、篆书等不易认的字体；以外文（主要采用英文）印制名片时，一般采用黑体字，在涉外交往中使用的名片亦可采用罗马体，但很少用草体。

不论采用何种字体，文字印刷都要清晰易识，不可模糊难辨，不宜自行手写名片，不能在印刷的名片上以笔增减、修改内容。

名片上文字的排列版式大体有两种。一是横式，即文字排列的行序为自上而下，字序为自左而右；二是竖式，即文字排列的行序为自右而左，字序为自上而下。一般而言，采用简化汉字的名片宜用横式。

同一张名片上，既可以两面均印有文字不同而本意相似的内容，也可以空出一面，而只在一面印有内容。没有必要在名片的一面印上名言警句。两面的内容相同时，不可使其一为横式，一为竖式。

4. 印法、费用

在名片制作时，最好不要随意自行制作，也不要采用复印、影印、油印等方式制作。使用名片意在便于开展工作，而不是为了炫耀。因此在制作名片时，应当尽可能地降低其制作成本。

思考练习

（1）名片有哪几种类型？分别适用于哪几种情况？

（2）在社交中应该如何索取名片？要遵循哪些原则？

（3）在一次聚会中，张总和李总相识了，并相互交换了名片。后来因为有工作上的事情，张总到李总的公司洽谈业务，正好在李总公司的大门口相遇，两人很高兴，张总张口就说：“王总，您好，没想到这么巧啊，上次在聚会上……”这时候李总面露尴尬之色。

谈谈这则案例中张总出现了哪些问题？这些问题出现的原因是什么？

任务五　日常交谈礼仪

学习目标

（1）能自然得体地与人进行日常交谈。

（2）能恰当地选择交谈话题并注意学会在交谈中的聆听。

任务情境

小张刚参加工作，有一次，接待一名公司的客户。客户来到公司，小张看见了，上来就说：“陈先生，我们经理让你上去。”这位先生一听，心想：我又不是你的下属，凭什么让我上去就上去，哪有这样做生意的？一气之下对小张说：“你们要想做生意，自己来找我，我回宾馆了。”

学习要求：客户为什么会生气？请同学们讨论一下，在与人日常交往中，应该注意哪些礼仪行为？

礼仪知识

语言是人类用以表达思想、交流情感、沟通信息的特有工具。话说得好，可能拉近人与人的距离，形成有效沟通；话说得不好，可能造成误会，使人与人产生对立与争斗。

语言在人际沟通中的作用是不言而喻的。

一、日常交谈的原则

（一）真诚坦率的原则

真诚是做人的美德，也是交谈的原则。交谈双方态度要认真、诚恳，有了直率诚笃，才能有融洽的交谈环境，才能奠定交谈成功的基础。要认真对待交谈的主题，坦诚相见，直抒胸臆，不躲不藏，明明白白地表达各自的观点和看法。“出自肺腑的语言才能触动别人的心弦”，真心实意地交流是信任人的表现，只有用自己的真情激起对方感情的共鸣，交谈才能取得满意的效果。

（二）互相尊重的原则

交谈是双方思想、感情的交流，是双向活动。要取得满意的交谈效果，就必须顾及对方的心理需求。交谈中，得到对方的尊重是任何人都希望的。交谈双方无论地位高低，年纪大小，或长辈晚辈，在人格上都是平等的，切不可盛气凌人、自以为是、唯我独尊。所以，谈话时，要把对方作为平等的交流对象，在心理上、用词上、语调上，体现出对对方的尊重。尽量使用礼貌语，谈到自己时要谦虚，谈到对方时要尊重。恰当地运用敬语和自谦语，可以显示个人的修养、风度和礼貌，有助于交谈的成功。

二、交谈的语言

语言是交谈的载体，交谈过程即语言的运用过程。语言运用是否准确恰当，直接影响着交谈能否顺利进行。因此在语言方面，基本的要求是：文明、礼貌、准确。语言是组织交谈的载体，交谈者在交谈过程中理应高度重视语言的恰当性，要精心斟酌语言。

（一）语言文明

（1）在交谈中使用礼貌用语，是博得他人好感与体谅的最为简单易行的做法。如在初次见面的时候，可以说“久仰”“很高兴认识您”等，而许久不见，则可以说“久违”等。在交谈结束时，应当与对方礼貌道别，如“有空再聊吧”“谢谢您，再见”等。

（2）作为有文化、有知识、有教养的现代人，在交谈中一定要使用文明优雅的语言。在交谈过程中，诸如粗话、脏话、黑话、荤话、怪话以及气话都绝对不能在日常交谈中使用。

（3）交谈中应当尽量避免一些不文雅的语句和说法，不宜明言的一些事情可以用委婉的词句来表达。例如，想要上厕所时，宜说：“对不起，我去一下洗手间。”或说：“不好意思，我去打个电话。”

(二)语言准确

在交谈中,语言必须准确,否则不利于彼此之间的有效沟通。在这里需要注意的问题主要有:

1. 发音准确

在交谈中,要求发音要标准,不能读错音、念错字,尤其是别人的名字更不能读错。另外发音要清晰,要让听者听得一清二楚。音量要适中,音量过大会令人震耳欲聋,过小则让人听起来很费劲,都不合适。

2. 语速适中

语速即讲话的速度,在讲话时,应该对其加以控制,使之保持匀速,快慢适中。在交谈中,语速过快、过慢或者忽快忽慢,都会影响沟通的具体效果。

3. 口气谦和

在交谈中,讲话的口气一定要亲切谦和。不要端架子、摆派头、以上压下、以大欺小,不要倚老卖老、盛气凌人,不要随便教训、指责别人。

4. 内容简明

在交谈的时候,应力求言简意赅、节省时间、少讲废话。不要没话找话、短话长说、啰里啰唆、废话连篇、不着边际,让人听起来不明不白。

5. 用词通俗

在交谈中,应充分发挥口语的功能,使用通俗易懂的语言,不要过分雕琢语言,避免引经据典、满口专业术语。用深入浅出的语言让人理解更复杂的问题是一种能力,也是对别人的理解和尊重。

三、日常交谈的态度

在交谈时所表现的态度,往往是其内心世界的真实反映。若想使交谈顺利进行,就务必要对自己的谈话态度予以准确把握、适当控制。

具体而言,在交谈时应当体现出以诚相待、以礼相待、谦虚谨慎、主动热情的基本态度,切不可逢场作戏、虚情假意、敷衍了事、油腔滑调。

(一)表情自然

表情,通常是指一个人面部的表情,即一个人面部神态、气色的变化和状态。人们在交谈时所呈现出来的种种表情,往往是个人心态、动机的无声反映。为了体现自己的交谈诚意和热情,应当对表情予以充分注意。

(1)交谈时目光应专注,或注视对方,或凝神思考,从而和谐地与交谈进程相配合。眼珠一动不动,眼神呆滞,甚至直愣愣地盯视对方,都是极不礼貌的。目光游离,漫无边际,则是对对方不屑一顾的失礼之举,也是不可取的。如果是多人交谈,就应该不时地用目光与众人交流,以表示交谈是大家的,彼此是平等的。

(2)在交谈时可适当运用眉毛、嘴、眼睛在形态上的变化,表达自己对对方所言的赞同、理解、惊讶、迷惑,从而表明自己的专注之情,并促使对方强调重点、解释疑惑,使交谈顺利进行。

(3)交谈时的表情应与说话的内容相配合。与上级领导谈话,应当恭敬而大方;与群众谈话，应当亲切而温和；在秉公执法时说话，应当严肃而认真。

（二）举止得体

人们在交谈时往往会伴随着做出一些有意无意的动作。这些肢体语言通常是自身对谈话内容和谈话对象的真实态度的反映。因此，务必要对自己的举止予以规范和控制。

（1）适度的动作是必要的。例如，发言者可用适当的手势来补充说明其所阐述的具体事由。倾听者则可以通过点头、微笑来反馈“我正在注意听”“我很感兴趣”等信息。可见，适度的举止既可表达敬人之意，又有利于双方的沟通和交流。

（2）避免过分、多余的动作。与人交谈时可有动作，但动作不可过大，更不要手舞足蹈、拉拉扯扯、拍拍打打。为表达敬人之意，切勿在谈话时左顾右盼，或是双手置于脑后，或是高架二郎腿，甚至剪指甲、挖耳朵等。交谈时应尽量避免打哈欠，如果实在忍不住，也应侧头掩口，并向他人致歉。尤其应当注意的是，不要在交谈时用手指指人，因为这种动作有轻蔑之意。

（三）遵守惯例

除了表情和举止之外，在交谈时往往能通过一些细节来体现自己的谈话态度。为表达自己的诚意、礼貌与热忱，在这些细节的处理上要遵守一定的既成惯例。

1. 注意倾听

倾听是与交谈过程相伴而行的一个重要环节，也是交谈顺利进行的必要条件。在交谈时务必要认真聆听对方的发言，用表情举止予以配合，从而表达自己的敬意，并为积极融入交谈中去作最充分地准备。切不可追求“独角戏”，对他人发言不闻不问，甚至随意打断对方的发言。

2. 谨慎插话

交谈中不应当随便打断别人的话，要尽量让对方把话说完再发表自己的看法。如确实想要插话，应向对方打招呼：“对不起，我插一句行吗？”但所插之言不可冗长，一两句点到即可。

3. 礼貌进退

参加别人谈话之前应先打招呼，征得对方同意后方可加入。相应的，他人想加入己方交谈，则应以握手、点头或微笑表示欢迎。如果别人在个别谈话，不要凑上去旁听。若确实有事需与其中某人说话，也应等到别人说完后再提出要求。谈话中若遇有急事需要处理，应向对方打招呼并表示歉意。值得注意的是，男士一般不宜参与妇女圈子的交谈。

4. 注意交流

交谈是一个双向或多向交流的过程，需要各方的积极参与。因此在交谈时切勿造成“一言堂”的局面。自己发言时要给其他人发表意见的机会，别人说话时要适时发表个人看法，互动式促进交谈进行。

四、日常交谈的主题

交谈的主题，即交谈的话题，它所指的是交谈的中心内容。一般来说，交谈的主题通常在某一特定时刻内宜少不宜多，并且最好只有一个，唯有话题少而且集中，才有助于交谈的顺利进行，话题过多、过散，将会使交谈者无所适从。在谈话中，可以选用的主题有以下几种：

(一)既定的主题

既定的主题即交谈双方已约定,或者其中某一方先准备好的主题。例如,求人帮助、征求意见、传递信息、讨论问题、研究工作一类的交谈,往往都属于主题既定的交谈。选择此类主题,最好双方商定,即使尚未商定,至少也要得到对方的认可。

(二)高雅的主题

高雅的主题即内容文明、优雅或格调高尚、脱俗的话题。例如,文学、艺术、哲学等,都属于高雅的主题。它适用于各类一般性交谈,但要选择双方都感兴趣的话题,忌讳班门弄斧或不懂装懂,贻笑大方。

(三)轻松的主题

轻松的主题即谈起来令人轻松愉快、身心放松、饶有情趣、不觉劳累厌烦的话题,例如,文艺演出、旅游观光、风土人情、流行时尚等,它适合于非正式交谈,允许各抒己见,任意发挥。

(四)擅长的主题

擅长的主题是指交谈双方,尤其是交谈对象有研究、感兴趣和有可谈之处的话题。例如,和律师交谈的时候,可以谈谈法律方面的话题;和文艺工作者交谈的时候,可以谈谈文学创作等。它适用于各类交谈,但忌讳以己之长对他人之短,否则必定会"话不投机半句多"。

礼仪点滴

谈话的忌讳

一是个人隐私。特别是双方初交,有关年龄、收入、婚恋、健康、经历等,如果不是对方主动提出来,就不要谈论。

二是非议别人。无论是长者、名人或是双方都熟悉的人,都不要去议论,特别是隐私和缺点。否则会给别人留下庸俗无聊、搬弄是非的印象。

三是错误倾向。当前社会认为倾向错误的主题,如违背社会伦理道德、生活堕落、政治错误等主题,要避免不谈。

四是令人反感。如不小心谈到一些让对方伤感、不快的话题,要立即将其转移,必要时向对方道歉。如疾病、挫折、死亡等。

五是独白。既然交谈讲究双向沟通,在交谈中就要目中有人,礼让对方,要多给对方发言、交流的机会。不要一人独白,"独霸天下"。普通场合的小规模交谈,以半小时以内结束为宜,最长不要超过1小时。如果人多,在交谈中每个人的发言,最好不要超过5分钟。

六是插嘴、抬杠。出于对他人的尊重,别人讲话的时候,尽量不要中途打断或是和人争辩。这是有悖交谈主旨的。

七是冷场。交谈中从头到尾保持沉默,不置一词,从而使交谈变相冷场,破坏现场的气氛。不论交谈的主题与自己是否有关,自己是否有兴趣,都要热情投入、积极合作。万一交谈因为他人原因致使冷场,应该努力"救场",转移旧话题,引出新话题。

五、日常交谈的方式

交谈的方式，即人们在与他人进行交谈时所采用的具体形式。交谈方式的选择恰当与否，对于能否正确进行人际沟通、恰当表达个人思想、友善传递敬人之意都起着相当关键的作用。一般而言，可供选择运用的谈话方式主要有如下六种。

（一）倾泻式交谈

倾泻式交谈，就是人们通常所说的“打开天窗说亮话”，知无不言，言无不尽，将自己的所有想法和见解统统讲出来，以便让对方较为全面客观地了解自己的内心世界。倾泻式交谈方式的基本特征，是以我为主，畅所欲言。

采用倾泻式交谈方式，易赢得对方的信任，而且可以因势利导地掌握交谈主动权，控制交谈走向。但此种交谈方式会给人以不稳重之感，有可能泄密，而且还会被人误以为是在和对方“套近乎”。

（二）静听式交谈

静听式交谈，即在交谈时有意识地少说多听，以听为主。当别人说话时，除了予以必要的配合，自己主要是洗耳恭听。在听的过程中努力了解对方思路，理清头绪，赢得时间，以静制动。

静听式交谈的长处在于它既是表示谦恭之意的手段，亦可后发制人，变被动为主动。但此种方式并非要人自始至终一言不发，而是要以自己的片言只语、神情举止去鼓励、配合对方。否则就会给人以自命不凡之感。

（三）启发式交谈

启发式交谈，即交谈一方主动与那些拙于辞令的谈话对象进行合作，在话题的选择或谈话的走向上对对方多方引导、循循善诱，或者抛砖引玉，鼓励对方采用恰当方式阐述己见。

在采用此种交谈方式时，切勿居高临下，企图以此控制对方，也不可存心误导对方、愚弄对方，令对方尴尬。

（四）跳跃式交谈

跳跃式交谈，即在交谈中，倘若一方或双方对某一话题感到厌倦、不合时宜、无人呼应或难以回答时，及时地转而谈论另外一些较为适当的、双方都感兴趣的话题。

跳跃式交谈的长处在于可使交谈者避免冷场的尴尬，恢复交谈的顺利进行。跳跃式交谈虽可对交谈话题一换再换，但交谈者切勿单凭个人兴趣，频繁转换话题，让对方无所适从。要使双方处于平等的地位，共同选择适当的内容。

（五）评判式交谈

评判式交谈，即在谈话中听取了他人的观点、见解后，在适当时刻，以适当方法恰如其分地进行插话，来发表自己就此问题的主要看法。此种方式的主要特征是在当面肯定、否定或补充、完善对方的发言内容。

在涉及根本性、方向性、原则性问题的交谈中，有必要采取评判式方式。采用这种方式的关键是要注意适时与适度。同时要重视与对方彼此尊重、彼此理解、彼此沟通。切不可处处以"仲裁者"自居，不让他人发表观点，或是不负责任地信口开河，对他人见解妄加评论，甚至成心与他人唱反调，粗暴无礼地打断别人的谈话。

（六）扩展式交谈

扩展式交谈，即围绕着大家共同关心的问题，进行由此及彼、由表及里的探讨，以便开阔思路、加深印象、提高认识或达成一致。扩展式交谈的目标在于使各方各抒己见，交换意见，以求集思广益。

扩展式交谈方式能使参与交谈的有关各方统一思想，达成共识，或者交换意见，完善各自观点。在进行扩展式交谈时，一定要注意就事论事，以理服人，善于听取他人意见，切不可自命不凡、强词夺理。

六、日常交谈中的身体语言

在交谈中出现的一些表情、动作，往往是人们真实想法的反映，表示某一方对交谈产生了兴趣或是厌倦。因为无意识的身体语言有时会比声音透露更多秘密，所以在交谈的时候，应该知道这些身体语言的作用。

（一）积极的身体语言

以下这些身体语言表现出来的情况，就可以认为对方对这次交谈已经产生了兴趣。

（1）对方的脸颊微微向上升。这是对方刚刚开始感兴趣的迹象。对于比较感兴趣的话题，人们都渴望听得一清二楚。

（2）眼睛眯起变细。这是对方思考的一种表现。他不但在仔细地听你讲话，而且大脑中也在不停地随之活动。

（3）嘴角向上扬，嘴时常半闭半开。嘴角向下，是一种轻视或者不屑的表情；嘴唇紧闭，表明他对你的话题实在不想参与；当嘴角向上扬时，表明他的兴趣被你调动起来了；而半开嘴巴时，表示他会和你一起讨论某个话题了。

（4）肩部保持平衡。对方坐立时，两肩不平，是一种疲惫的表示；肩部平衡，表明他的精神很好，对你的话题不厌烦。

（5）对方眨眼次数减少，睁大眼睛。频频眨眼表明了不耐烦，而眨眼次数减少，表明他已经被你的话题所吸引，大概没多余的时间眨眼了。至于突然睁大眼睛，是他已经明白了你的意思。

（6）身体略向前倾。这是"倾听"的代名词，一个人专注听别人说话时，身体便会略向前倾，以求听得仔细一些。

（7）频繁和说话人配合。这时，对方已经积极参与进来。当频频回答："嗯"，或者是表示赞成地点头时，他的态度也就可以看出来了。

（二）消极的身体语言

以下这些身体语言表现出来的情况，就可以认为对方对这次交谈已经产生了反感或是厌倦。

（1）跷起二郎腿，并将跷起的脚尖对着别人。

（2）打哈欠，伸懒腰。

（3）剪指甲、挖耳朵、抠鼻子、抖脚或摆弄手指。

（4）看手表。

（5）手搂在脑后。

（6）交叉双臂紧抱在胸前。

（7）双腿叉开。

（8）揉眼、搔头发。

（9）对着别人喷吐烟雾或烟圈。

礼仪模拟

（1）在一次同学聚会上，你们几个同学正讨论起劲的时候，你发现原来非常爱说的王菲落落寡合，不说一句话，这时候你该如何做，让她也加入你们的谈话中来？

要求：分组进行讨论，确定最好的交谈方案，然后请几位同学进行模拟表演。

（2）你让王娜帮你找一些关于托福考试的阅读资料，当你看到她给你找到的一书包雅思学习资料，你有些失望，一方面需要王娜继续给你找资料，另一方面怕伤害她的自尊心，这时候你该怎么和她说呢？

要求：分组进行讨论，确定最好的交谈方案，然后请几位同学进行模拟表演。

拓展阅读

交谈中的谦敬语和礼貌语

1. 交谈常用的谦敬语

谦敬语是在人际交往中经常使用的、用来表示谦虚、尊敬的礼貌用语，也称客套话。谦敬语的运用十分普遍，它可以说是社交中的润滑剂、黏合剂，能减少人际间的“摩擦”和“噪声”，可以沟通双方感情并产生亲和力，其作用是不可低估的。它可以使互不相识的人乐于相交；可以使初次见面的人很快亲近起来；在请求别人时，可使人乐于提供方便和帮助；在发生不愉快时，可以避免冲突，得到谅解；洽谈业务时，使人乐于合作；在服务工作中，可以给人以温暖亲切的感受；在批评别人时，可以使对方诚恳接受。一个有教养的人，应当掌握使用客套话的艺术，自如地运用于各种场合。

交谈常用的谦敬语主要有以下几种：

（1）谦敬称呼用语。

称呼尊长可用老先生、老同志、老师傅、老领导、老首长、老伯、大叔、大娘等。

称呼平辈可用老兄、老弟、先生、女士、小姐、贤弟、贤妹等。

自谦可以用鄙人、在下、愚兄、晚生等。

(2)事物谦敬用语。

称姓名敬辞可用贵姓、尊姓大名、尊讳、芳名(对女性)等。

称年龄敬辞可用高寿(对老人)、贵庚、尊庚、芳龄(对女性)等。

住处可用府上、尊寓、尊府等。

见解可用高见、高论等。

身体可用贵体、玉体等。

自谦辞:

称姓名——草字、敝姓等。

称朋友——敝友等。

称住处——寒舍、舍下、蓬荜等。

称见解——愚见、拙见等。

称年龄——虚度××。

(3)谦敬祈使用语。

请人提供方便、帮助——借光、劳驾、有劳、劳神、费心、操心等。

托人办事——拜托。

麻烦或打断别人——打扰。

求人解答——请问。

劝告别人——奉劝。

欢迎别人——大驾光临、欢迎光临、恭候光临。

请别人不要送——请留步。

请别人提意见——请指教、请赐教。

请别人原谅——请包涵、请海涵。

(4)谦敬欢迎用语。

欢迎顾客——欢迎光顾、敬请惠顾。

欢迎客人——欢迎光临。

初次见面——久仰、久仰大名。

许多时未见——久违。

没有亲自迎接——失迎、有失远迎。

自责不周——失敬。

(5)其他谦敬用语。

归还东西——奉还。

赠送东西——奉送。

陪伴——奉陪。

祝贺——恭贺。

请对方宽容——恕……

以上谦敬语,比较固定而且常用,使用时,要感情真挚,发自内心,再辅以表情、眼神和手势,以增强表现力,发挥更大的感染力量。

2. 交谈时的礼貌用语

（1）表示问候的礼貌用语：您好；早安；午安。

（2）表示告别的礼貌用语：再见；晚安；祝您愉快！祝您一路平安！

（3）表示应答的礼貌用语：不必客气；没关系；这是我应该做的；非常感谢；谢谢您的好意。

（4）表示道歉的礼貌用语：请原谅；打扰了；失礼了；实在对不起；谢谢您的提醒；是我的错，对不起；请不要介意。

思考练习

（1）结合实际情况思考应该怎样选择适宜交谈的话题？

（2）日常交谈的方式都有哪些？你一般喜欢什么方式的交谈？

（3）张新是你的新同桌，酷爱足球，但是他性格内向，接连几天你们都没有说过几句话，这时候，你该怎么与他进行沟通呢？

项目三　通联礼仪

在人们的日常交往中，通常通过各种途径进行交往。而这些人们进行通信、联络时应该遵守的基本行为规范就称为通联礼仪。遵守通联礼仪是维持良好的人际关系，并进而使人际关系得以发展的重要前提。

在本项目中，将主要介绍通联礼仪中的书信礼仪、电话礼仪和馈赠礼仪，希望可以通过这些礼仪的介绍，让学习者熟练掌握各类通联过程中的礼仪规范。

任务一　书信礼仪

学习目标

(1)熟练掌握书信的格式以及通信的技巧。

(2)熟练掌握各种应用信函的撰写要求及使用。

任务情境

李飞是到京润公司实习的一名大三学生。有一天，公司张总把他叫到办公室，拿出一封邀请函，让他根据邀请函的内容，写一封拒绝函，理由要充分，语气要委婉。李飞觉得自己来公司之后，终于有机会露一手了，于是洋洋洒洒写了一封近万言的拒绝函。

学习要求：全班分小组进行讨论，假如你是张总，你看到李飞的这封拒绝函，会有什么反应呢？并说明原因。

礼仪知识

书信程式，又叫书信格式。它所指的是书信的写作法则和布局结构。任何一封正式的书信，既要发挥功效，又要以礼敬人，首先就必须使其在程式上中规中矩。

一、书信格式

在进行书信交往时，汉语和英语的书信格式差异非常大，下面将分别介绍中文和英文的两种书信程式。

(一)汉语的书信格式

按照正常情况，每封书信皆由信文与封文两大部分组成。二者在程式上各有各的要求，必须“照章办事”。

1. 信文

信文，即书写于信笺之上的文字，故此它又叫笺文。一般来说，信文是一封书信的主体，而且也是发信人写作与收信人阅读的重点。

从程式上看，每一封正式书信的信文，大体上都由前段、中段、后段三大部分所构成。三者必须一应俱全，缺一不可。下面分别介绍一下信文的三个组成部分。

（1）信文前段，指的是信文的起始部分。具体而言，它由两个部分组成。

第一个部分，是对收信人的具体称呼。确定对收信人的称呼时，应兼顾其性别、年龄、职业、身份以及双方关系，千万不要草率从事。准确地讲，该部分叫作称谓语。

第二个部分，是对收信人所进行的问候，它也叫作问候语。这一部分，通常不允许省去。过去，我国民间对信文前段的讲究极多，它被叫作信文的开头。通常要采用专用的文言文，并要选用合乎通信双方具体身份的谦辞与敬语。而今写信时，自然不必仿古，没有必要照抄照搬业已过时的繁文缛节，但是该用的称呼与问候，依旧不可或缺。

根据惯例，信文前段的第一部分应在信笺第一行上顶格书写，而第二部分则须写在信笺第二行上，并且还要在开头空两格。

（2）信文中段，又叫信文的正文。实际上，这一部分是书信的核心内容。

依据常规，正文应紧接着写在问候语后面，并要另起一段书写。头一行要空出头两格，此后转行顶格书写。根据实际需求，正文可以分作数段。每段头一行要空出头两格，此后转行顶格。一般情况下，正文中每讲一件事情，原则上都应当另起一段，以便层次清晰，使收信人能够一目了然。

（3）信文后段，又叫信文的结尾。它位于正文之后，属于信文的结束部分。只有写好了这一部分，使“尾声”完美无缺，才会使信文“有头有尾”，有始有终。

一般情况下，信文后段由以下五个部分构成：

其一，结束语。它是专门写在信尾的应酬话和按惯例所用的谦辞、敬语。其目的是呼应正文，宣布“到此为止”。该部分可自成一段书写，也可以紧接着正文的最后一段书写，不再独立分段。

其二，祝福语。它是对收信人所表达的良好祝愿，有时又叫祝词。通常它应采用专门的习惯用语，分成两行书写。写在头一行的部分，须空出头两格。写在后一行的部分，则应顶格而写。

其三，落款语。它一般又分为自称、署名、日期三个部分。自称与署名，可在祝福语之后另起一行书写，并且要注意：横写信文时，这一内容要偏右写；竖写信文时，则须使之偏下。日期的部分，可与署名写在同一行，并位于其后。有时，亦可另起一行，写于自称与署名的正下方。

其四，附问语。所谓附问语，指的是发信人附带问候收信人身边的亲友，或者是代替自己身边的亲友问候收信人及其身边的亲友。附问语应另行书写。其具体位置，可以是在结束语之前，也可写在落款语后面。

其五，补述语。它又叫附言，指的是信文写完之后，还有必要补充的内容。它最好不要出现。有必要写上这一部分时，要以“又及：”或“又启：”开头，独立成段，书写在信尾的最后。千万不要将其胡乱穿插，到处乱写。

需要强调：按照国内现行的惯例，信文均应横写。在没有必要时竖写信文，未免会给人以“舞文弄墨”之感。万一有必要竖写信文，最好用竖式信封与之相配套，不要使二者出现一横一竖的不般配组合。

另外,在书写信文时,务必要令其各组成部分依照程序而行,尽可能"各就各位"。

2. 封文

封文,即在信封上所写的文字。按照标准书写封文,至少有三大好处:其一,是能够保证书信准确无误地到达收信人手中。其二,是能够直观地反映发信人的文化素养。其三,是能够体现发信人对传递信件者的尊重程度。

在一般情况下,国内以中文书写的信封多为横式。在横式信封上所出现的封文,大致上由三个部分组成,即收信人地址、收信人称谓、发信人落款。除此之外,在信封上再写其他任何内容,都不合适。尤其要注意,不要在信封背后乱涂乱写。

(1)收信人地址,应书写在横式信封的左上方。如有必要,可将其分作两行书写。在其左上角,按规定,还应写明收信人所在地址的邮政编码。邮政编码绝对不可缺少。

(2)收信人称谓,通常应在横式信封的正中央书写。通常,它又可分为三个组成部分:其一,是收信人姓名;其二,是供传递信件者对收信人所用的称呼;其三,是专用的启封词,如"收""启",等等。后两个部分的内容,有时可以省略。

(3)发信人落款,该部分一般位于横式信封的右下方。具体而言,它又被分作四个小的组成部分:一是发信人地址;二是发信人姓名;三是用来表示敬意的缄封词,如"缄""谨缄",等等;四是发信人所在地址的邮政编码。在这四者之中,前三个部分可写成一行,其中第三个部分还可以略去不写。而第四个部分则应独立成行,写在横式信封右侧的最下方。

有的时候,书信可以请人代交,而不必通过邮局邮寄。在托人代交的信封上,可以不写双方的地址和邮政编码。但须令其封文之中包括以下内容:

第一,托带语。即为拜托他人而使用专用词语。在横式信封上,应将其写在左上方。

第二,收信人称谓。通常,该部分应由收信人姓名、供托带人对收信人使用的称呼,以及收件词等三个部分构成。三者应在横式信封的正中连成一行书写。

第三,写信人自署。它一般应写成一行,位于横式信封的右下角。除写信人姓名之外,若有必要,这一部分还可以包括拜托词和托交时间。

委托他人代转信件时,特别是委托通信双方或其中一方关系较为生疏者代转信件时,信封上的封文必须完全符合标准。

(二)英文的书信格式

1. 信头(heading)

指发信人的姓名(单位名称)、地址和日期,一般写在信纸的右上角。一般公函或商业信函的信纸上都印有单位或公司的名称、地址、电话号码等,因此就只需在信头下面的右边写上写信日期就可以了。

英文地址的写法与中文完全不同,地址的名称按从小到大的顺序:第一行写门牌号码和街名;第二行写县、市、省、州、邮编、国名;然后再写日期。标点符号一般在每一行的末尾都不用,但在每一行之间,该用的还要用,如在写日期的时候。

日期的写法,如1997年7月30日,英文为:July 30,1997(最为普遍);July 30th,1997;30th July,1997等。1997不可写成97。

2. 信内地址(inside address)

在一般的社交信中,信内收信人的地址通常省略,但是在公务信函中不能省略。将收信人的姓名、地址等写在信头日期下方的左角上,要求与对信头的要求一样,不必再写日期。

3. 称呼(salutation)

称呼,是写信人对收信人的称呼用语。位置在信内地址下方一至两行的地方,从该行的顶格写起,在称呼后面一般用逗号(英国式),也可以用冒号(美国式)。

(1)写给亲人、亲戚和关系密切的朋友时,用 Dear 或 My dear 再加上表示亲属关系的称呼或直称其名(这里指名字,不是姓氏)。例如,My dear father,Dear Tom 等。

(2)写给公务上的信函用 Dear Madam,Dear Sir 或 Gentleman(Gentlemen)。注意:Dear 纯属公务上往来的客气形式。Gentlemen 总是以复数形式出现,前不加 Dear,是 Dear Sir 的复数形式。

(3)写给收信人的信,也可用头衔、职位、职称、学位等再加姓氏或姓氏和名字。例如,Dear Prof. Tim Scales,Dear Dr. John Smith。

4. 正文(body of the letter)

位置在下面称呼语隔一行,是信的核心部分。因此要求正文层次分明、简单易懂。和中文信不同的是,正文中一般不用 Hello!(你好!)

正文有缩进式和齐头式两种。每段书信第一行的第一个字母稍微向右缩进些,通常以五个字母为宜,每段第二行从左面顶格写起,这就是缩进式。但美国人写信各段落往往不用缩进式,用齐头式,即每一行都从左面顶格写起。商务信件大都采用齐头式的写法。

5. 结束语(complimentary close)

在正文下面的一至两行处,从信纸的中间偏右处开始,第一个词开头要大写,句末用逗号。不同的对象,结束语的写法也不同。

(1)写给家人、亲戚,用 Your loving grandfather,Lovingly yours,Lovingly 等。

(2)写给熟人、朋友,用 Yours cordially,Yours affectionately 等。

(3)写业务信函,用 Truely yours(Yours truely),Faithfully yours(Yours faithfully)等。

(4)对上级、长辈,用 Yours obediently(Obediently yours),Yours respectfully(Respectfully yours)等。

6. 签名(signature)

低于结束语一至两行,从信纸中间偏右的地方开始,在结束语的正下方,在签完名字的下面还要有用打字机打出的名字,以便识别。职务、职称可打在名字的下面。当然,写给亲朋好友的信,就不必再打了。

7. 附言(postscript)

一封信写完了,突然又想起遗漏的事情,这时用 P. S. 表示,再写上遗漏的话即可,要长话短说。通常在信末签名下面几行的左方,应与正文齐头。在正式的信函中,应避免使用附言。

8. 附件(enclosure)

信件如果有附件,可在信纸的左下角,注上"Encl:"或"Enc:",例如,Encl:2 photos(内附两张照片)。如果附件不止一项,应写成"Encls:"或"Encs"。

我们有时可看到在称呼与正文之间有"Re:"或"Subject:"(事由)字样。一般在信纸的中间,也可与“称呼”对齐。还应在底下加横线,以引起读信人的注意,使收信人便于在读信之前就可了解信中的主要内容。事由一般在公务信函中使用,也可以省略。

礼仪点滴

当你书写商务英语书信的时候,必须谨记:选定一种格式,坚持使用,不能变来变去;结构中的内容要安排合理得当,所必需的前七个部分内容一个都不能少。布局好的信件是双方交易的好的开始。一封布局优雅、端庄匀称的信件,会留给人一种良好的印象,促进双方的进一步往来,直至交易的达成。

二、通信技巧

在通信时,除了发信人在写信时要遵守书信程式以外,通信双方在写信、发信以及收信等一系列具体环节上,均有许多技巧与规范应该掌握。

(一)写信

在写信时,写信人应注意的主要问题是,要尽可能地使书信礼貌(courtesy)、完整(completeness)、清楚(clearness)、正确(correctness)、简洁(cociseness)。因为这五点要求在英文里均以字母“C”开头。故它们又被叫做写信的“五C原则”。

1. 礼貌

写信人在写信时,要像真正面对收信人一样,以必要的礼貌,去向对方表达自己的恭敬之意,其中的一个重要做法,就是要尽量多使用谦辞或敬语。

例如,在信文前段称呼收信人时,可使用诸如“尊敬的”“敬爱的”一类的提称词。对对方的问候必不可少,对对方亲友亦应依礼致意。在信文后段,还应使用规范的祝福语,等等。

2. 完整

在写信时,为了避免传输错误信息,必须使书信的基本内容“按部就班”,完整无缺。

例如,在信文中收到对方来信的日期,或是在末尾落款时,应准确到具体日期,一般要求写明几月几日,必要时还须写明何年何月何日何时。

在书写封文时,双方的邮编不可缺少。另外,在书写收信人及发信人地址时,要力求其完整,而不宜采用简称。唯有如此,方能确保书信被及时送达,或是因故被退还时不至于丢失。

3. 清楚

书写信函时,必须使之清晰可辨。要做到这一点,须注意以下四条:其一,是字迹应当清清楚楚,切勿潦草,乱涂乱改。其二,是要选择耐折、耐磨、吸墨、不洇、不残、不破的信笺、信封,切勿不加选择,随意乱用。其三,是要选用字迹清楚的笔具与墨水。在任何时候,都不要用铅笔、圆珠笔、水彩笔写信,红色、紫色等色彩的墨水也最好别用。其四,也是至关重要的一条,在书信里叙事表意时,要层次明、条理清、有头有尾。切勿天马行空、云山雾罩,令人疑惑丛生,不知所云。

4. 正确

在写信时,不论是称呼、叙事,还是遣词、造句,都必须做到正确无误。

在信中，绝对不要出现错字、别字、漏字、代用字或自造字，也不要为了省事，而用汉语拼音或外文替代不会写的字。

在书写收信人姓名、地址、职务以及尊称时，不要出现任何差错。

在封文上，于收信人姓名之后书写的称呼，如“同志”“先生”“小姐”等，是专供邮递员或带信人使用的，而并非是发信人所用的称呼，因此像“大人”“爱妻”“小弟”之类的私人称呼，是不宜出现的。

5. 简洁

写信如同作文一样，同样讲究言简意赅，适可而止。在一般情况下，写信应当“有事言事，言罢即止”，切勿洋洋洒洒，无休无止，空耗笔墨，浪费时间。

当然应当避免为使书信简洁而矫枉过正，走另一个极端，过分地惜墨如金，而使书信通篇冰冷乏味。比方说，“爸：没钱，快寄！”这样一封某大学生写给其父的电报式家书，连起码的人情味都没有，便是简洁失当了。

（二）发信

写完书信之后，写信者在准备寄发信件时，还有一系列的事情要做。在发信之时，下述礼仪规范亦不可不知。

1. 折叠

写好信文，将信笺装入信封时，不可令其过大或过小。在折叠信笺时，既不要随手乱折，也没有必要上缠下绕，边角对插，过分神秘。

折叠信笺的常规方法有四种：一是先将信笺三等分纵向折叠，然后再将其横折，并令其两端一高一低，此法叫做“以低示己法”，意在表示谦恭之意。二是在折叠信笺时，有意将收信人姓名外露，它叫“外露姓名法”，可令收信人产生亲切感。三是先将信笺纵向对折，随即在折线处再往里卷折1~2厘米宽，最后再将其横向对折，此法叫做“公函折信法”，多用于因公通信。四是将信笺先横向对折两次，然后再将其纵向折叠到可以装入信封之中的长度。此法称为“随意折叠法”，适用于日常通信之时。

2. 装入

折好信笺，将其正式装入信封时，要注意的问题是：一定要将其推至信封的顶端，并且令其与信封的封口之处留有大约1厘米的距离。这样做的好处是，收信人将来拆阅书信时，因为发信人早已“留有余地”，信笺便不易被“伤筋动骨”，影响阅读了。

3. 附件

有些时候，发信人在信封之内往往还要装入其他一些书信的附件。在处理这一问题时，应当注意三点：一是要符合有关方面的具体规定，不要违规，乱装违禁物品。二是要保持信封的平整、美观，不要因所装附件过多，而令其膨胀不堪，甚至因而“开膛破肚”。三是要向收信人交代明确，在信文之中，要对附件的数量写得一清二楚，必要时还可要求收信人“收到即告”，免得对方“查无实据”。

4. 邮资

需要自己在信封上贴邮票的话，应将其端端正正地贴好，而切勿“见缝插针”，随便乱贴邮票。贴一枚邮票时，按惯例，应将其贴在信封正面（横式信封）右上角的指定之处。在一般情况下，最好不要在一封信上贴多枚邮票。非得这么做时，则须将其一并贴在信封背面的封口之处。

5. 封闭

对于信笺装入信封后，信封应否封闭的问题，不可不加任何分别地一概而论。根据现行的习惯做法，通过邮局寄达的信件，其信封必须一律封口。而托请他人代交的信件，其信封则原则上不宜封闭。之所以要这样做，在前者，是为了恪守个人隐私，保障通信秘密；在后者，则主要是表示对托带者的信任与尊重。

（三）收信

接到他人来信后，收信人在礼仪方面有下列五点需要加以注意的事项。

1. 守法

我国现行宪法中明文规定："中华人民共和国公民的通信自由和通信秘密受法律保护。"这等于告诉人们：任何扣留、私拆、偷阅他人信件的行为，都是触犯法律的。因此，在人际交往中接触书信，尤其是替他人收取书信时，务必要具有良好的法律意识，切勿违法，即使自己扣留、私拆、偷阅他人的信件仅仅是为了跟别人开开玩笑，也是绝对不许可的。

2. 拆信

收到他人来信，通常先要拆启，才能进行阅读。拆阅他人信件时的具体做法是否得当，不仅涉及来信能否完整无缺的问题，而且也间接体现着收信人的个人修养。

拆信时，一要确保信的完好，二要注意信封拆启后的美观。拆信的最佳之处，首推信封的封口处。有可能的话，最好利用刀、剪拆信，而不要直接下手去撕。无论如何，都不要把信封拆得"犬牙交错""遍体鳞伤"。

3. 保存

收到他人来信后，切勿乱扔、乱塞。未经发信人本人允许，千万不要随便将对方的来信公开发表，或是到处进行传阅。这样做，对对方是非常不尊重的。

对于需要长期保存的书信，可整理在一起，或装订成册，然后妥善收藏。对于无须保留的书信，可集中起来，以火焚毁，或用碎纸机进行破坏性处理。但是不宜将其作为垃圾扔掉，或是当成废纸卖掉。

4. 即复

在一般情况下，收到他人来信之后，应当立即去做的一件事，就是尽可能快地回复对方的来信。应当说，及时复信，不仅是一种对对方表示尊重的礼貌，而且也是做人应当具备的一种美德。对于他人的来信，只收不复，或者能拖便拖，得过且过，不但会令发信人担心他的来信是否丢失，而且还有可能会延误正事。有人在回复他人来信时，总喜欢说什么"因为太忙，迟复为歉，希望见谅"云云。其实，这种说法根本站不住脚。因为只要牵挂对方，再忙的人也能挤出回一封信的时间来，忙不能成为迟复他人来信的理由。若是对他人的来信一拖了事，干脆不作答复，让对方觉得自己杳无音信，则更是通信之大忌。

5. 回应

对于他人的来信，不仅要及时给予回复，而且在复信之中，还应当善解人意地对对方来信中需要回应的问题，一一作答。

特别需要注意的是，对于他人来信之中提及的问题，如有可能，应当及时在复信中给予答复。对于确需延后回答或不能解答的问题，在复信时要说明具体原因，或者是将延后回答所需要的大致时间，及时相告于对方，不要避而不谈，或是含糊作答。

对于他人在来信之中求助于自己的问题，能够出手相助，最好尽力而为。由于种种原因，难于相助于人的话，亦应及时复信，并在信中申明具体困难，向对方致歉，或请求对方予以谅解。

三、应用信函

在人际交往中，信函应根据实际需要和具体情况来使用。因其具体用途不同，在日常工作与生活中人们所常用的联络函、通知函、确认函、感谢函、推荐函、拒绝函等，在其写作上往往又有一些各自所不同的要求。

具体应用不同类型的信函时，既要遵守其共同要求，又要兼顾其各自独具的特征。

（一）联络函

联络函，又叫做保持接触函，它是平时用以培养客户关系、与客户保持联络的一种专用信函。使用联络函的目的，不仅意在证明自己的存在，而且也是为了与客户保持接触，并借此培养对方对自己的好感，加深对方对自己的印象。一般而言，应当定期向客户寄发联络函。

写作联络函，通常有以下五个具体要点应当注意：

1. 寻找适当的去信理由

写作联络函，往往需要制造理由。这样一来，就不会让对方觉得不可思议。诸如祝贺节日、生日，寄送简报等，都是不错的理由。

2. 扼要介绍自己的状况

在信函里，适当地向对方通报自己及所在单位的发展变化，可以使对方对自己及所在单位加深了解。

3. 要表达对对方的关注

在介绍自己的状况之前，可以先向对方表达自己诚挚的关心。例如，可告知自己对对方成就的了解，或为此祝贺对方，等等。

4. 笼统表示合作的意图

在联络函中，不妨大致介绍一下自己欲与对方进行进一步交往、合作的意图。

5. 灵活把握友善的分寸

联络函并非直奔主题的业务函，因此其篇幅宜短，语气宜友善，主题宜放在联络之上。

（二）通知函

通知函，又叫做告知函。它主要用以向外界通报某项事务处理的具体情况，或是某项业务的具体进展。从某种意义上讲，通知函往往可以在一定程度上发挥联络函的作用。

写作通知函时，应注意以下五点：

1. 重在介绍客观情况

通知函的主要作用，是向有关方面通报事态的发展、变化，而并非就此展开讨论或进行争论。

2. 注意介绍的连续性

在介绍当前状况时，通知函要注意与此前函件的呼应，以便使自己的介绍有头有尾，连贯一致。

3. 通报己方今后计划

在介绍客观事态的同时，亦应告知收信者己方的对策，以及已经采取的行动。

4. 促进彼此之间的合作

通知函的目的之一，就是要推动收信方与寄信方的合作。

5. 表达应当含蓄委婉

不论介绍己方举措，还是敦促对方参与，通知函在其具体的表达上都要委婉含蓄。要力戒语气生硬、强人所难，或者唠唠叨叨。

(三) 确认函

确认函，在此是指专为确认某事而向交往对象所寄送的信函。在公务交往中，确认函是最为常用的信函之一。因为确认函意在对某种事实、某种意向进行确定，所以它在写作上具有更高的规范性要求。

写作确认函，应注意以下五点：

1. 明确应予确认的事项

此项内容，通常是确认函关键内容之所在，故应反复核对，确保不发生任何差错。

2. 列出相应的附加条件

凡对所确认的事项附加各项具体条件的，在确认函里应向收信者予以明确。

3. 陈述己方对此的立场

在确认函之中，确认方应再次承诺自己遵守约定，绝不随意对此反复，或是临场变卦。

4. 要求收信方予以确认

在一般情况下，确认方均会在确认函中要求对方对此进行确认。具体的方式，可以是另行致函，也可以是在此信上签署意见。

5. 在信函末尾正式署名

正规的确认函，均应由有关人员或相关单位的负责人在其末尾亲笔签署自己的姓名。有时，往往需要联合署名，或由本单位法人代表亲自署名。必要时还须加盖本单位公章。

(四) 感谢函

在人际交往中，感谢函是指专为感谢某人或某单位而写作的信函。一般而言，收到礼品、出席宴会、得到关照之后，均应寄出专门的感谢函。一封恰如其分的感谢函，往往可以显示写作者的教养。

写作感谢函，通常应注意以下四点：

1. 内容简练

一封感谢函，往往不必长篇大论、喋喋不休。只要在信中将自己的感谢之意表达清楚即可，有时即使只写三五句话亦可。

2. 面面俱到

很多时候，在感谢函中应当致谢的对象不止一人，那么就一定要向所有应予感谢者一一致谢，千万不要有所遗漏。

3. 务必手写

为了表示自己的真心实意，感谢函要尽量亲自动笔撰写，而不要打印。在任何时候，一封当事人的亲笔信，都会使人产生亲切感。

4. 尽早寄达

在一般情况下，感谢函时效性很强。它最好是在有关事件发生后 24 小时之内寄出，并应尽量使之早日寄达。

（五）推荐函

推荐函，在此是指专为向其他单位推荐某位人士而使用的信函。在求职应聘时，一封有力度的推荐函，往往有助于被推荐者脱颖而出。

写作推荐函，主要需要兼顾下述四个方面：

1. 介绍自身情况

在推荐函的开始部分，写信者应简述一下自己的情况，并对自己与被推荐者之间的关系略加说明。

2. 评价被推荐者

这部分，通常是推荐信的主要内容。在此，应当全面而客观地介绍被推荐者的基本情况，尤其是其能力、阅历与业绩。与此同时，还应对被推荐者作出自己的评价。

3. 感谢收信之人

在推荐函中，不应忽略对收信者的问候感谢。这一部分，绝对不可缺少。

4. 附有背景材料

为了便于用人单位及其负责人对被推荐者有进一步深入的了解，在推荐函之后一般还应附有被推荐者的简历、证书等个人背景材料。

（六）拒绝函

拒绝函，在此是指为拒绝外人或外单位的某项请求而使用的信函。在所有的应用性信函里，拒绝函大概算是最难写作的一种。它的难以把握之处在于：既要正式拒绝对方，又要保证不会因此而损害双方关系。

写作拒绝函，大致包括下列四点注意事项：

1. 当机立断

使用拒绝函，一般非常讲究时效。若无特殊原因，应当机立断，尽早拒绝对方。一拖再拖，往往会令对方产生其他想法。

2. 具体说明

在拒绝函里，应当对拒绝的具体事项予以明确。不要一概而论、含糊不清、模棱两可，那样搞不好会耽误事情。

3. 阐明原因

对于拒绝对方的具体原因，最好在拒绝函里认真地进行说明，以便使对方心服口服，不会为此而影响双方的关系。

4. 表达歉意

必要的话，在拒绝函里应向被拒绝者表达己方的歉意。此外，还应恳请对方今后继续与自己保持联络。

礼仪模拟

（1）公司要组织一次大型的商务研讨会，需要进行发送确认函来同与会单位进行确认，如果是你负责撰写确认函的话，你认为应该确认哪些内容，该遵循哪些规范呢？

要求：全班分小组进行讨论，并确定最终的规范要求，模拟撰写一份确认函。

（2）公司组织完成一场盛大的经济洽谈会后，公司让你根据本次洽谈会的举办情况给一些公司发感谢函，你认为应该如何写这封感谢函？

要求：全班分小组进行讨论，并确定最终的规范要求，模拟撰写一份感谢函。

拓展阅读

如何正确写电子邮件

写 E－mail 就能看出其人为人处世的态度。你作为发信人写每封 E－mail 的时候，要想到收信人会怎样看这封 E－mail，时刻站在对方立场考虑，将心比心。同时勿对别人的回答过度期望，当然更不应对别人的回答不屑一顾。

1. 关于主题

主题是接收者了解邮件的第一信息，因此要提纲挈领，使用有意义的主题行，可以让收件人迅速了解邮件内容并判断其重要性。写主题时要注意以下几点：

（1）一定不要空白标题，这是最失礼的。

（2）标题要简短，不宜冗长，不要让 Outlook 用…才能显示完你的标题。

（3）标题要能真实反映文章的内容和重要性，切忌使用含义不清的标题，如“王先生收”。

（4）一封信尽可能只针对一个主题，不在一封信内谈及多件事情，以便于日后整理。

（5）可适当使用大写字母或特殊字符（如“*”“！”等）来突出标题，引起收件人注意，但应适度，特别是不要随便就用“紧急”之类的字眼。

（6）回复对方邮件时，可以根据回复内容需要更改标题，不要“Re：Re…”一大串。

2. 关于称呼与问候

（1）恰当地称呼收件者，拿捏尺度。

邮件的开头要称呼收件人。这既显得礼貌，也明确提醒某收件人，此邮件是面向他的，要求其给出必要的响应；在多个收件人的情况下可以称呼“大家”“ALL”。

如果对方有职务，应按职务尊称对方，如“×经理”；如果不清楚职务，则应按通常的“×先生”“×小姐”称呼，但要把性别先搞清楚。

不熟悉的人不宜直接称呼英文名，对级别高于自己的人也不宜称呼英文名。称呼全名也是不礼貌的，不要对谁都用“Dear ×××”，显得很熟络。

（2）E-mail 开头结尾最好要有问候语。

最简单的开头写一个“Hi”，中文的写个“你好”；结尾常见的写个 Best Regards，中文的写个“祝您顺利”之类的也就可以了。

俗话说得好，“礼多人不怪”，礼貌一些，总是好的，即便邮件中有些地方不妥，对方也能平静地看待。

3. 电子邮件正文

（1）E-mail 正文要简明扼要，行文通顺。

E-mail 正文应简明扼要地说清楚事情，如果具体内容确实很多，正文应只作摘要介绍，然后单独写个文件作为附件进行详细描述。

正文行文应通顺，多用简单词汇和短句，准确清晰地表达，不要出现让人晦涩难懂的语句。最好不要让人家拉滚动条才能看完你的邮件。

（2）注意 E-mail 的论述语气。

根据收件人与自己的熟络程度、等级关系，邮件是对内还是对外性质的不同，选择恰当的语气进行论述，以免引起对方不适。

尊重对方，“请”“谢谢”之类的语句要经常出现。

电子邮件可轻易地转给他人，因此对别人意见的评论必须谨慎而客观。

（3）E-mail 正文多用 1、2、3、4 之类的列表，以清晰明确。

如果事情复杂，最好用 1、2、3、4 列几个段落进行清晰明确的说明。保持你的每个段落简短不冗长，没人有时间仔细看你没分段的长篇大论。

（4）一次邮件交代完整信息。

最好在一次邮件中把相关信息全部说清楚，说准确。不要过两分钟之后再发一封什么“补充”或者“更正”之类的邮件，这会让人很反感。

（5）尽可能避免拼写错误和错别字，注意使用拼写检查。

这是对别人的尊重，也是自己态度的体现。如果是英文 E-mail，最好把拼写检查功能打开；如果是中文 E-mail，注意拼音输入法带给你的同音别字。

在邮件发送之前，务必自己仔细阅读一遍，检查行文是否通顺，拼写是否有错误。

（6）合理提示重要信息。

不要动不动就用大写字母、粗体斜体、颜色字体、加大字号等手段对一些信息进行提示。合理的提示是必要的，但过多的提示则会让人抓不住重点，影响阅读。

（7）合理利用图片、表格等形式来辅助阐述。

对于很多带有技术介绍或讨论性质的邮件，单纯以文字形式很难描述清楚。如果配合图表加以阐述，收件人一定会表扬你的体贴。

（8）不要动不动使用“:)”之类的笑脸字符，在商务信函里面这样显得比较轻佻。

Business E-mail 不是你的情书，所以“:)”之类的最好慎用。只用在某些你确实需要强调出一定的轻松气氛的场合。

4. 附件

写附件时应注意以下问题：

(1)如果邮件带有附件,应在正文里面提示收件人查看附件。

(2)附件文件应按有意义的名字命名,不可用外星人才看懂的文件名。

(3)正文中应对附件内容作简要说明,特别是带有多个附件时。

(4)附件数目不宜超过4个,数目较多时应打包压缩成一个文档。

(5)如果附件是特殊格式文件,应在正文中说明打开方式,以免影响使用。

(6)如果附件过大(不宜超过2MB),应分割成几个小档分别发送。

5. 语言的选择和汉字编码

(1)只在必要的时候才使用英文邮件。英文邮件只是交流的工具,而不是用来炫耀和锻炼英文水平的。如果收件人中有外籍人士,应该使用英文邮件交流;如果收件人是其他国家和地区的华人,也应采用英文交流,由于存在中文编码的问题,你的中文邮件在其他地区可能显示成为乱码天书。

(2)尊重对方的习惯,不主动发起英文邮件。如果对方与你的邮件往来是采用中文,请不要自作聪明的发送英文邮件给他;如果对方发英文邮件给你,也不要用中文回复。

(3)对于一些信息量丰富或重要的邮件,建议使用中文。你很难保证你的英文表达水平或收件人中某人的英文理解水平不存在问题,而影响邮件所涉及问题的解决。

(4)选择便于阅读的字号和字体。中文一般用宋体或新宋体,英文就用 Verdana 或 Arial 字体,字号用五号或四号字即可。这是经研究证明最适合在线阅读的字号和字体。不要用稀奇古怪的字体或斜体,最好不用背景信纸,特别是公务邮件。

6. 结尾签名

每封邮件在结尾都应签名,这样对方可以清楚地知道发件人信息。虽然你的朋友可能从发件人中认出你,但不要为你的朋友设计这样的工作。

(1)签名信息不宜过多。

电子邮件消息末尾加上签名文件是必要的。签名文件可包括姓名、职务、公司、电话、传真、地址等信息,但信息不宜行数过多,一般不超过4行。你只需将一些必要信息放在上面,对方如果需要更详细的信息,自然会与你联系。

引用一个短语作为你的签名的一部分是可行的,比如你的座右铭,或公司的宣传口号。但是要分清收件人对象与场合,切记一定要得体。

(2)不要只用一个签名档。

对内、对私、对熟悉的客户等群体的邮件往来,签名档应该进行简化。过于正式的签名档会显得与对方疏远。你可以在 Outlook 中设置多个签名档,灵活调用。

(3)签名文件文字应选择与正文文字匹配,简体、繁体或英文,以免出现乱码。字号一般应选择比正文字号小一些的。

7. 回复技巧

(1)及时回复 E-mail。

收到他人的重要电子邮件后,即刻回复对方一下,往往还是必不可少的,这是对他人的尊重。理想的回复时间是2小时内,特别是对一些紧急重要的邮件。

对每一份邮件都立即处理是很占用时间的,对于一些优先级低的邮件可集中在一特定时间处理,但一般不要超过24小时。

如果事情复杂，你无法及时确切回复，那至少应该及时地回复说“收到了，我们正在处理，一旦有结果就会及时回复。”等等。不要让对方苦苦等待，记住：及时作出响应，哪怕只是确认一下收到了。

如果你正在出差或休假，应该设定自动回复功能，提示发件人，以免影响工作。

（2）进行针对性回复。

当回件答复问题的时候，最好把相关的问题抄到回件中，然后附上答案。不要用简单的回复，那样太生硬了，应该进行必要的阐述，让对方一次性理解，避免再反复交流，浪费资源。

（3）回复不得少于10个字。

对方给你发来一大段邮件，你却只回复“是的”“对”“谢谢”“已知道”等字眼，这是非常不礼貌的。怎么着也要凑够10个字，显示出你的尊重。

（4）不要就同一问题多次回复并讨论。

如果收发双方就同一问题的交流回复超过3次，这只能说明交流不畅，说不清楚。此时应采用电话沟通等其他方式进行交流后再作判断。电子邮件有时并不是最好的交流方式。

对于较为复杂的问题，多个收件人频繁回复，发表看法，把邮件越Re（reply，回复）越高，这将导致邮件过于冗长笨拙而不可阅读。此时应及时对之前讨论的结果进行小结，删减瘦身，突出有用信息。

（5）要区分Reply和Reply All（区分单独回复和回复全体）。

如果只需要单独一个人知道的事，单独回复给他一个人就行了。

如果你对发件人提出的要求作出结论响应，应该Reply All，让大家都知道；不要让对方帮你完成这件事情。

如果你对发件人提出的问题不清楚，或有不同的意见，应该与发件人单独沟通，不要当着所有人的面，不停地Re（reply，回复）来Re去，与发件人讨论。你们讨论好了再告诉大家。不要向上司频繁发送没有确定结果的邮件。点击“回复全部”前，要三思而行！

（6）主动控制邮件的来往。

为避免无谓的回复，浪费资源，可在文中指定部分收件人给出回复，或在文末添上以下语句：“全部办妥”“无须行动”“仅供参考，无须回复”。

8. 正确使用发送、抄送、密送

要区分To和CC还有BCC（区分收件人、抄送人、秘送人）。

（1）To的人是要受理这封邮件所涉及的主要问题的，理应对邮件予以回复响应。

（2）而CC的人则只是需要知道这回事，CC的人没有义务对邮件予以响应，当然如果CC的人有建议，也可以回E-mail。

（3）而BCC是秘送，即收信人不知道你将邮件发给了BCC的人。这个可能用在非常规场合。

（4）TO、CC中的各收件人的排列应遵循一定的规则。比如按部门排列；按职位等级从高到低或从低到高都可以。适当的规则有助于提升你的形象。

（5）只给需要信息的人发送邮件，不要占用他人的资源。

（6）转发邮件要突出信息。

在你转发消息之前，首先确保所有收件人需要此消息。除此之外，转发敏感或者机密信息要小心谨慎,不要把内部消息转发给外部人员或者未经授权的接收人。

如果有需要还应对转发邮件的内容进行修改和整理,以突出信息。不要将 Re(reply,回复)了几十层的邮件发给他人,让人摸不着头脑。

思考练习

(1)英文书信的格式有哪些要求?

(2)应用信函共有几种?分别有什么特点?

(3)小张是单位的会计,因为其他原因想离职,辞职之前想把自己的好友小刘推荐给单位,接替自己的位置。为此小张向公司递交了一封推荐信。

谈谈小张的推荐信在撰写的时候应该遵循哪些规范?应该大体包括哪些内容?

任务二　电话礼仪

学习目标

(1)能够规范礼貌地接听或者拨打电话。

(2)能正确规范地使用移动电话。

任务情境

顾客李先生买的某品牌电脑出现了故障,可是忘记了该电脑的维修电话号码,于是只能拨打销售电话。公司的一位小姐接听电话后说:"怎么打到这里来了,这里是销售不管服务。"李先生稍作解释后,公司小姐不耐烦地说:"你等着,我帮你看一下维修电话。"谁知道一等就是几分钟,其间断续传来接电话小姐与同事聊天的声音,但就是没有人再来接听李先生的电话。

学习要求:同学们分组讨论,接电话小姐做的有什么不妥之处,应该如何礼貌地接听电话?确定几个方案,同学们上台模拟。

礼仪知识

电话是现代人之间进行交流和沟通的便捷工具,也已经成为现代人不可缺少的交际工具之一。但如何正确地利用电话,并不是每一个人都能做到的。要正确地利用电话,不只是要熟练地掌握使用电话的技巧,更重要的是要自觉维护自己的"电话形象"。

一、电话礼仪的基本要求

电话礼仪的主旨就是"电话形象",它的含义是:人们在使用电话时的种种表现,会使通话的对象"如见其人",能够给对方以及其他在场的人留下完整的、深刻的印象。它被视为个人形象的重要组成部分之一。社交礼仪中对电话礼仪有如下要求:

(一)表情要面带微笑

当你拿起电话的时候,你就应该面带微笑。因为微笑是可以用声音来感觉的,你的微笑以及愉悦的心情会传递给对方，并感染对方。因此你要面带微笑，就好像对方就在你面前一样。

（二）姿势要保持端正

在通话的过程中，应该保持身体姿势的端正，身体挺直，不要东倒西歪、驼背弯腰等。这样可以使声音自然、流畅和动听，反之则是懒散、无精打采的。因此在打电话的时候，尽量要注意自己的姿势。

（三）声音要清晰柔和

声音是人的第二外貌，悦耳的声音能够给对方留下深刻的印象。电话交谈就是一种无须见面的交谈，所以我们在打电话的时候，声音应该清晰悦耳、吐字准确、语速适中，语气亲切自然，不能装腔作势、矫揉造作。

（四）过程要专一

在打电话的时候，如果你中途离开或做其他事的时候，比如吃东西、和其他人说话、看书、听音乐等都是非常不礼貌的行为。如果你确实有非常重要的事情要去做，应该向对方道歉，说明原因并征求对方的意见，以最快的速度完成，不要让对方等太长时间。如果需要的时间比较长，应该另约时间再打过去。

二、拨打电话的礼仪

在使用电话的过程中，打电话的发起者被称为"发话人"，通常始终处于主动、支配的地位。作为打电话的发起者，如果要使自己所打的电话既能正确无误地传递信息、联络感情，又能为自己塑造完美的电话形象，就必须把握好拨打电话的礼仪。

（一）时间适宜

如果想成功地打好一次电话，首先要注意选择好适宜的时间，如果打电话的时候不考虑时间问题，往往就会造成不必要的失误。

1. 通话时机适宜

一般情况下，要选择对方方便的时间。不要在别人的休息时间内打电话，每天上午 7 点之前、晚上 10 点之后、午休和用餐时间都不宜打电话。打电话前要搞清地区时差以及各国工作时间的差异，不要在休息日打电话谈生意，以免影响别人休息。即使客户已将家中的电话号码告诉你，也尽量不要往家中打电话。打公务电话，不要占用别人的私人时间，尤其是节假日时间。避免在对方的通话高峰和业务繁忙的时间段内打电话；社交电话最好在工作时间拨打。

2. 通话长短适宜

通话时间一般应遵守"3 分钟原则"。所谓"3 分钟原则"是指：打电话时，应自觉地、有意识地将每次通话时间控制在 3 分钟内，尽量不要超过这个限定。对通话时间的基本要求是：以短为佳，宁短勿长，不是十分重要、紧急、烦琐的事务一般不宜超长。

（二）内容简练

在通话的时候，要求发话人内容简练，这不仅是礼仪上的规范，而且也是限制通话长度的

必要前提。要做到内容简练,需要注意以下几点:

1. 做好准备

通话之前,应做好充分准备。最好把对方的姓名、电话号码、通话要点等通话内容列出一张清单。这样可以避免在谈话时出现缺少条理、现说现想的问题。

2. 内容简明扼要

电话接通后,除了先问候对方外,别忘记自报单位、职务和姓名。请人转接电话,要向对方致谢。电话中讲话一定要务实,最忌讳吞吞吐吐、含糊不清。寒暄后,就应直奔主题。

3. 适可而止

作为发话人,应自觉控制通话的时间,要说的话已说完,就应果断终止通话。因此,不要话已讲完,依旧反复铺陈、絮叨。那样的话,会让对方觉得你做事拖拉,缺少素养。

礼仪点滴

使工作顺利的电话术

(1)迟到、请假由自己打电话。

(2)外出办事,随时与单位联系。

(3)外出办事应告知去处及电话。

(4)延误拜访时间应事先与对方联络。

(5)用传真机传送文件后,以电话联络。

(6)同事家中电话不要轻易告诉别人。

(7)借用别家单位电话应注意一般不要超过10分钟。遇特殊情况,非得长时间接打电话时,应先征求对方的同意和谅解。

三、接电话的礼仪

在通话过程中,虽然受话人在接听电话的时候处于被动的位置,但也不可因此而在礼仪规范方面得过且过。根据社交礼仪规范,接电话的礼仪,可以分为本人受话、代接电话以及录音电话等三种情况,以下对它们分别进行论述。

(一)本人受话

本人受话,就是自己亲自接听别人打给自己的电话。自己接听电话的时候,按照电话礼仪的要求,需要注意三个问题:

1. 接听及时

接听电话是不是及时,实质上也反映着一个人待人接物的真实态度。一般情况下应该保证在电话铃响三声之内接听电话。但要避免在电话刚刚响起就接电话,否则说不准会让对方吓一跳。当电话响第二声以后接电话是最合适的时间。如果因为其他原因在电话铃响三声之后才接起的话,在接起电话后首先要说声:“对不起,让您久等了!”

2. 应对谦和

拿起话筒后,首先就要问好,然后自报家门。向打电话的人问好,一是出于礼貌,二是为了说明有人在接听。严禁以“喂”字开头，因为“喂”表示是希望先知道对方是谁，在等着对方告诉你。而且，如果“喂”时语气不好，就极容易让人反感。所以，接电话时的问候应该是热情而亲切的“您好！”。如果对方首先问好，就要立即问候对方。

通话的时候，不应心不在焉，更不要把话筒放在一旁，任其“自言自语”。在通话过程中，对打电话的人的态度要谦恭友好，尤其是在打来业务电话咨询或有求于己的时候，更要表现得不卑不亢、热情亲切。

通话终止的时候，不要忘记向发话人说声“再见”。如通话因故暂时中断后，要等候对方再拨进来，不要扬长而去，也不要为此而责怪对方。

接到误拨的电话，需要耐心、简短地向对方说明。不要生气动怒，甚至出口伤人。

3. 主次分明

接听电话的时候，要暂时放下手中的工作，不要和其他人交谈，或做其他事情。如果正在和别人谈话，要示意自己要接电话，一会儿再说，并在接完电话后向对方道歉。同时也不要让打电话的人感到“电话打的不是时候”。但如果目前的工作非常重要，那么就要在接到电话后向来电者说明原因，表示歉意，并再约一个具体时间，到时候自己再主动打过去，当然要在通话的开始，再次向对方致歉。

（二）代接电话

每个人都会经常为同事代接、代转电话。代接、代转电话的时候，尤其需要注意礼尚往来、尊重隐私、准确记录、及时传达等四个方面的问题。

1. 礼尚往来

接电话的时候，假如对方所找的人不是你，不要表现出失望或不乐意的情绪，也不要拒绝对方代找别人的请求，尤其是不要对对方所要找的人口出微词。更不能因为个人感情就硬要说“没有这个人”。同事之间互相代接电话，也是互利互助的事情，所以要讲究礼尚往来。

2. 尊重隐私

代接电话，不要充当“包打听”的角色，不要向来电者询问对方和他所找之人的关系。当打电话的人有求于己，要求转达某事给某人的时候，要诚实守信、不曲解意思地转告，而且没必要对不相干的人提及。

当所要找的人就在附近，也不要大呼小叫而弄得尽人皆知。当别人来接电话的时候，不要进行“旁听”，更不要插嘴。

在没有授权的情况下，不要随便说出对方所要找的人的行踪、私人手机号码。

3. 准确记录

如果要找的人不在，要先向来电者说明，再问对方需不需要帮忙转达。对于来电者要求转达的具体内容，最好认真做好笔录。在对方讲完之后，还要重复一遍，以验证自己的记录是否正确无误。记录别人电话，要认真记下包括通话者单位、姓名、通话时间、通话要点、是否要求回电话、回电话时间等几项内容。

4. 及时传达

当接到寻找别人的电话时，先要弄明白“对方是谁”“现在找谁”这两个问题。如果对方不愿讲第一个问题，也不必勉强。如果对方要找的人不在，应该先以实相告，再询问对方有什么事情。如果要找的人就在旁边，要立即通知。如果答应替打电话者代为传话，就要尽快落实，不要置之脑后，或是存心拖延时间。

不到万不得已的时候，不要把代人转告的内容，再托付其他人转告。否则，既容易使内容走样，还容易耽误时间。

（三）录音电话

录音电话现在被越来越多的公司所使用。在使用录音电话时要注意以下两个方面。

1. 留言制作

使用录音电话，少不了要制作一段录音留言。留言的常规内容有：问候语、电话机主的单位或是姓名、致歉语、留言的原因、对来电者的要求以及道别语等。

2. 来电处理

不是十分必要的时候不要使用录音电话，如果使用就一定要做到“言必信，行必果”。在处理录音电话的时候要注意：

第一，尽量少用录音电话。尤其是座位上明明有人却用录音电话“挡驾”。

第二，对于录音电话上打进来的电话，要及时进行必要的处理。不可以一拖再拖，或者根本不理。

第三，不要以录音电话为借口推脱自己的疏忽和错误。

礼仪点滴

究竟该谁先挂电话呢

一般情况下，如果是主动打出的电话，应该自己先挂电话；如果是接的电话，可以让对方先挂电话。这两个情况下，都有一个基本的考虑，也就是让主动发话的人先挂电话，不仅是一种礼遇，更能有效避免对方因为话没说完而被你挂断。还有一种比较通行的借鉴方式，就是让尊者先挂电话。挂电话的方式，是先按下扣机键，然后再轻轻扣上电话机。

四、移动电话使用礼仪

在商界，人们往往风尘仆仆，来去匆匆。为适应商务人员工作繁忙，活动量大，时常“居无定所”，而又急需“随时随地传递信息”的特点，近年来移动通信业务已有长足的发展。其中，移动电话独领风骚，日益普及，成为广大商务人员随身必备、使用最为频繁的电子通信工具。

移动电话，也即手机，是一种小型化、智能化的无线式电话。它是一种实用性很强的通信工具。

商界人士在日常交往中使用手机时，大体上有如下五个方面的礼仪规范必须严守不怠。

第一，要置放到位。商务礼仪规定，手机的使用者，当将其置放在适当之处。大凡正式的场合，切不可有意识地将其展示于人。

道理其实很简单，手机就是手机，终究不过是通信工具罢了，而绝对不能视之为可以炫耀的装饰品。把它们握在手中，挂在衣服外面，放在自己身边，或有意当众对其进行摆弄，实在无聊之至，商界人士是切不可那么做的。

按照惯例，外出之际随身携带手机的最佳位置有二：一是公文包里；二是上衣口袋之内。穿套装、套裙之时，切勿将其挂在衣内的腰带上。否则撩衣服取用时，即使不会使自己与身旁之人“赤诚相见”，也会因此举而吓到对方。

第二，要遵守公德。使用手机，当然是为了方便自己。不过，这种方便是不能够建立在使他人不便之上的。换而言之，商务人员在有必要使用手机时，一定要讲究社会公德，切勿使自己的行为骚扰到其他人士。

商务礼仪规定：在公共场所活动时，商务人员尽量不要使用手机。当其处于待机状态时，应使之静音或转为振动。需要与他人通话时，应寻找无人之处，而切勿当众自说自话。公共场所乃是公有共享之处，在那里最得体的做法是人人都要自觉地保持肃静。显而易见，在公共场所里使用手机大喊喧哗，或是在那里与他人进行当众的通话，都是侵犯他人权利、不讲社会公德的表现。在参加宴会、舞会、音乐会，前往法院、图书馆，或是参观各类展览时，尤须切记此点。

在工作岗位之上，亦应注意不使自己的手机的使用有碍于工作、有碍于别人。商界人士在写字间里办公时，尽量不要在使用手机时大呼小叫。尤其是在开会、会客、上课、谈判、签约以及出席重要的仪式、活动时，必须要自觉地提前采取措施，令自己的手机噤声不响。在必要时，可暂时将其关机，或者委托他人代为保管。这样做，表明自己一心不可二用，因而也是对有关交往对象的一种尊重和对有关活动的一种重视。

第三，要保证畅通。使用手机，主要的目的是为了保证自己与外界的联络畅通无阻，商界人士对于此点不仅必须重视，而且还需为此而采取一切行之有效的措施。

告诉交往对象自己的手机号码时，务必力求准确无误。如系口头相告，应重复一两次，以便对方进行验证。若自己的手机改动号码，应及时通报给重要的交往对象，免得双方的联系一时中断。如有必要时，除手机号码外，不妨同时再告诉自己的交往对象其他几种联系方式，以有备无患。

看到手机上的未接来电后，一般应当及时与对方联络，没有极其特殊的原因，与对方进行联络的时间不应当在此后超过 5 分钟。拨打他人手机而未接通后，亦应保持耐心，一般应当等候对方 10 分钟左右。在此期间，不宜再同其他人进行联络，以防电话频频占线。不及时回复他人电话，拨打他人手机后迅速离去，或是转而接打他人的电话，都是不礼貌的。

万一因故暂时不方便使用手机时，可在语音信箱上留言，说明具体原因，告之来电、来话者自己的其他联系方式。有时，还可采用转移呼叫的方式与外界保持联系。

第四，要重视私密。通信自由，是受到法律保护的。在通信自由之中，私密性，即通信属于个人私事和个人秘密，是其重要内容之一。使用手机时，对此亦应予以重视。

一般而言，尤其是手机的号码，不宜随便告之于人。即便在名片上，也不宜包含此项内容。因此，不应当随便打探他人的手机号码，更不应当不负责任地将别人的手机号码转告他人，或是对外界广而告之。

出于自我保护和防止他人盗机、盗码等多方面的考虑，通常不宜随意将本人的手机借与他人使用,或是前往不正规的维修点对其进行检修。考虑到相同的原因,随意借用别人的手机也是不适当的。

第五,要注意安全。使用手机时,对于有关的安全事项绝对不可马虎大意。在任何时候,都不可在使用时有碍自己或他人的安全。

按照常规,在驾驶车辆时,不宜忙里偷闲,同时使用手机通话。弄不好的话,就极有可能导致交通事故。

乘坐客机时,必须自觉地关闭本人随身携带的手机。因为它们所发出的电子讯号,会干扰飞机的导航系统。

在加油站或是医院里停留期间,也不准开启手机。否则,就有可能酿成火灾,或影响医疗仪器设备的正常使用。此外,在标有文字或图示禁用手机的地方,均须遵守规定。

礼仪模拟

(1)会议室里,全公司正在召开重要会议,这时候,突然一阵手机铃声响起,小张拿起手机,一看是自己的同学打过来的,就悄悄地聊了起来。

要求:分组进行讨论,小张在这个情境中的做法有什么不妥?我们在使用手机时应该遵循哪些礼仪规范?

(2)小张替办公室的小李接听了一个电话,接电话的时候记得很清楚对方找小李的事由,但等小李回到办公室的时候,小张把有人给小李打电话的事情忘得一干二净了。

要求:分组进行讨论,小张在替别人接听电话的时候有哪些不妥?应该遵循哪些礼仪规范?

拓展阅读

电话礼仪中的5W1H通话要点

1. 理由(WHY)

WHY是指打电话的理由。通过此次电话需要达到什么目的?这个电话是不是非打不可?这些都是需要在打电话之前考虑清楚的问题,因为打电话也需要占用工作时间,能节省则尽量节省。

2. 内容(WHAT)

WHAT是指打电话所要传达的内容。为了使此次通话达到最大的绩效,工作人员应该事先准备好所要讲述的内容,并思考采用何种方式向接电话者传达信息,使之能够马上领会到打电话者的意图。要注意的是,电话的内容应该使客户产生宾至如归的感觉,为公司赢得良好的口碑。

3. 对象(WHO)

WHO是指打电话的对象。通话的对象可能是总经理,也可能是普通的公司职员,因此,在接通电话时需要确认一下接电话者是不是所要找寻的人。

针对接电话的对象不同,会涉及不同礼貌用语的使用。但不管接听对象是谁,在选择对方称呼时都应该注意尊重对方,以获得相应的回报。

4. 时间(WHEN)

WHEN 是要选择对方比较合适的时间进行通话。应该尽量避免在对方工作忙碌、例会、用餐、休息等时间段内打电话，这就需要在平时多注意收集详细的资料，建立客户档案，从而获得对方较高的认同度。

5. 场所(WHERE)

WHERE 是要确定与客户进行约会的具体地点。一般说来，由于很多公司只有一个电话线路，如果地点确定不下来，那么占线时间过久势必会影响公司的对外通话系统。因此，在打电话之前就应该大致选好约会的地点，通常可以选择在两公司之间的某个地方。

6. 方法(HOW)

HOW 所要考虑的是如何在电话中恰当表达的问题。如果原先约定是今天交货，但公司实在来不及的时候，就应该注意选择较妥善的说辞，让客户能够接纳；否则，简简单单的抱歉话语，很难让客户接受。

思考练习

(1)电话礼仪的基本要求有哪些？

(2)本人接听电话的时候要遵守哪些礼仪规范？

(3)李经理正在与一名重要客户进行交谈，这时候另一名重要客户来电话，如果你是李经理，你会怎么做？

任务三　馈赠礼仪

学习目标

(1)熟练掌握馈赠的礼仪。

(2)学会得体礼貌地受赠礼物及还礼。

任务情境

王静毕业已经五年多了，她想去拜访一下昔日的导师，然而她思考了半天也没有想好该带什么礼物。如果她的导师是女性，年龄在 50 岁左右，你认为应该送什么礼物呢？

学习要求：全班分小组进行讨论，确定最好的方案，并思考一下在赠送礼物的时候应该遵守哪些原则？

礼仪知识

在民间交往中，馈赠时有所见。所谓馈赠，是指为了向其他人表达某种个人意愿，而将某件物品不求报偿、毫无代价地送给对方。馈赠也叫做赠送。

交际场合里的馈赠，发生于赠送对象与受赠者双方之间。具体来说，学习馈赠礼仪，不仅要通晓赠礼的守则，而且要了解受赠须知。

一、赠礼的守则

馈赠的发起人，对于赠送对象的选择、礼品的准备以及面交受赠者的一系列活动都应当考虑周到，符合礼数，慎而又慎。

在一般情况下，选赠礼品时，务须兼顾礼品的选择、禁忌的回避、送礼的常规三大问题。以下对三者分别予以详述。

（一）礼品的选择

送礼之人，无人不想赠人之物受到对方的看重。但要真正做到这一点，却并非轻而易举。依照交际礼仪规范，在人际交往过程中受到欢迎的礼品，通常必须符合以下几条具体的标准：

1. 适应性

赠与他人的礼品，首先应符合对方的某种实际需要，或是有助于对方的工作、学习或生活，或是可以满足对方的兴趣、爱好。通俗地讲，就是所赠礼品应该投其所好。这就是礼品的适应性。例如，宝刀理应赠与猛士，鲜花自当送给佳人。若反其道而行之，使礼品找错对象，就很难使其适得其所。

2. 纪念性

在绝大多数情况下，尤其是在关系普通者之间，送人的礼品务必要着重突出其纪念意义，即一定要讲究千里送鹅毛，礼轻情义重，而无须过分强调其价值、价格。这就是所谓礼品的纪念性。不提倡动辄以大额的现金、高档的商品、名贵的珠宝赠送于人。那样的话，不仅会让受赠者处于受之不当、却之不恭的两难境地，而且还会给人以庸俗之感。

3. 独特性

送人礼品，与做其他许多事情一样，是非常忌讳千人一面的。选择礼品时应精心构思、匠心独运、富于创意，力争使之新、奇、特。这就是礼品的独特性。赠送具有独特性的礼品，往往可以令其耳目一新，使受赠者既兴奋又感动，因为这等于是特别的爱给特别的你。

4. 时尚性

礼品的时尚性，在此指的是送人的礼品，在符合以上几条标准的同时，还须符合时尚，尚未过时或落伍。送人的礼品，因个人能力所限，不一定十分前卫，但一定不要脱离时尚。否则，等于说明自己太落伍，而且还有对受赠者轻视或应付之嫌。

（二）禁忌的回避

在选择、准备礼品时，不能单凭个人意愿，理所当然地自作主张。在努力选择最佳礼品的时候，应当有意识地做到不送受赠者所不欢迎的礼品。也就是说，务必要自觉、主动地回避对方受礼的禁忌。

哪些礼品是受赠者难以接受的呢？根据一般规律，它们主要有下列七种物品：

1. 违法的物品

在现代国家里，法律体现着国民的意志，法律高于一切。在任何时候，选送礼品给别人时，都务必要首先树立法律意识，认真考虑一下，所赠礼品是否与我国现行法律相抵触。例如，具有严重政治问题，泄露国家秘密或本单位商业秘密，涉黄、涉毒、涉枪一类的物品，在任何时候都不可赠送于人。不然的话，就会既害人，又害己。赠送礼品给外国友人时，还应考虑到使之不违反对方所在国家的现行法律。

2. 犯规的物品

所谓犯规之物，这里指的是所赠礼品不符合赠送双方，尤其是受赠者一方的有关规定。赠送犯规的物品给人，是明知故犯，成心让对方为难，甚至有害于对方。例如，我国规定：公务员在执行公务时，不得以任何理由因公收受礼品，或变相收受礼品，否则，即有受贿之嫌。

3. 败俗的物品

挑选赠品时，特别是在为交往不深的对象、外地人士或外国人挑选赠品时，还应当有意识地使赠品不与对方所在地的风俗习惯相矛盾、相抵触。在任何情况下，都要坚决避免把对方认为属于伤风败俗的物品作为礼品相赠。这样做，是为了尊重交往对象。众所周知，在我国的绝大部分地区，老年人忌讳发音为终的钟，恋人们反感发音为散的伞。在阿拉伯地区，严禁饮酒。在西方，药品则不宜送人。

4. 犯忌的物品

在日常生活之中，人们由于种种原因，往往会对某些物品敬而远之，或者存在着强烈的反感和抵触情绪。举例来说，糖尿病患者不能吃含高糖的食品，失恋或丧偶之人绝不会喜欢配对使用的情侣用品，而把一本畅销的画册送给一位盲人也只能让其心有余而力不足。诸如此类的物品，就是所谓犯忌的物品，即受赠者本人的忌讳之物。将犯忌之物送人，不仅有可能令对方难堪，而且还会使自己促进双方关系的良好愿望适得其反。

5. 有害的物品

有一些东西，虽然不为法律、规章所禁止，但对人们的工作、学习、生活以及身体健康、家庭幸福不但无益，而且有害。这就是属于不宜送人之列的有害物品。平日，最常见的此类物品有：香烟、烈酒、赌具以及庸俗低级的书刊、音像制品。将此类物品送人，有些时候或许恰能投其所好，但却难脱存心害人之嫌。

6. 废弃的物品

赠送给他人的礼品，不一定非得价格高昂，让人叹为观止。但是，除古董、文物之外，在一般情况下，绝对不要把自家的旧物、废品、淘汰货，使用不完的东西，或是用了一半的东西相赠他人。把过时、无用之物送给别人，不能说明自己与对方不见外，而只能证明自己小瞧人。要不是那样的话，为何要将处理品送给人家呢？他人所送之物，一般也不宜再转送他人。

7. 广告类物品

广告，简单地讲，就是支付费用并借助于载体所进行的意在获利的宣传。了解了什么是广告，就应该懂得，在一般情况下，除家人之外，轻易不要把带有广告标志或广告语的物品赠送给别人。用广告物品送人，非但等于什么都没有送，而且还会使人产生利用对方替自己免费进行宣传的印象。

（三）送礼的常规

现场赠送礼品时，有一系列需要注意的具体事项。做好这些事情，既是交际礼仪的基本要求，又是使整个赠送行为取得成功的必不可少的重要环节。

1. 精心包装

送给他人的礼品，尤其是在正式场合赠送于人的礼品，在相赠之前，一般均应认真进行包装，即使用专门的纸张包裹礼品，或是把礼品装入特制的盒子、瓶子之内。礼品的包装，通常被看做礼品必不可缺的重要组成部分之一。它犹如礼品的外衣，穿上了外衣的礼品，方显得正式、高档，而且还会使受赠者感到自己备受重视。在国际交往中，此点尤须注意。

包装礼品时，既要量力而行，反对华而不实，又要尽量争取做得好一些。在进行包装时，要讲究其材料、色彩、图案及其捆扎、包裹的具体方式。若是不搞任何包装，或者包装档次过低、马马虎虎，就会导致礼品本身的价值被低估。

2. 表现大方

现场赠送礼品时，有关人士尤其是赠送者一定要神态自然、举止大方，千万不要表现得偷偷摸摸、小里小气。

赠送礼品，通常是为了表达自己的心意，所以自当光明正大、泰然自若。将礼品送给受赠者，一般应在见面之后进行。届时，应当郑重其事地起身站立，走近受赠者，双手将礼品递给对方。礼品通常应当递到对方的手中，而不宜放下后由对方自取。

若礼品过大，可由他人帮助递交，但赠送者本人最好还是要参与其事，并援之以手。

若同时向多人赠送礼品，最好先长辈后晚辈、先女士后男士、先上司后下级、先外宾后内宾，按照次序有条不紊地进行。

最好不要把送给他人的礼品乱掖、乱塞在对方的居所之内，或者悄悄放下，而不是直言相告。

3. 有所说明

亲自向他人赠送礼品时，一言不发、送上即罢，是最要不得的。在以礼赠人时，有必要辅以适当的、认真的说明。

赠送礼品时所要进行的说明，大体上可分为如下四类：

第一，因何而送礼。例如，可在说“祝您生日快乐！”之后再送上礼品，这自然等于表明送的是生日礼物了。

第二，自己的态度。送礼时切勿自我贬低，说什么“没有准备，临时才买的”“没有什么好东西，凑合着用吧”，而应当实事求是地说明自己的态度，例如，“这是我为你所精心挑选的”，“相信你一定会喜欢”。

第三，礼品的寓意。在送礼时，介绍礼品的寓意，多讲几句吉祥话，往往必不可少。

第四，礼品的用途。假如礼品较为新颖，则还有必要向受赠者说明其具体特点、用途、用法，让对方明了礼品的独特之处、作何之用以及如何使用。

4. 时机恰当

赠礼时机和场合的选择，是十分重要的。一般而论，在社会交往中，送礼的最佳时机和场合是节假日、对方重要的纪念日，常见的有对方的生日、婚礼、节日、升职、生病慰问、酬谢等。

通常情况下，只有礼轻情重的特殊礼物才适宜在大庭广众面前赠送。如一本特别的书，一份特别的纪念品等。当众只给一群人中的某一个人赠礼是不合适的。因为那会使受礼人有受贿和受愚弄之感，而且会使没有受礼的人觉得受到了冷落。特别贵重的礼物一般不宜在众人面前相赠。

二、受赠须知

作为受赠者，在接受礼品时，有一些注意事项必须了然于胸，并认真遵守。不可以对他人的礼品漠然无视，也不宜在接受礼品时行为失当。

（一）欣然笑纳

在一般情况下，对于他人所诚心相赠的礼品，是却之不恭的。倘若获赠的礼品并非违法犯规之物，那么最佳的表现应当是恭敬不如从命，大大方方地欣然接受为好。

接受他人赠品之时，对下列五个细节问题应予认真对待，而不要疏忽大意：

1. 神态专注

当他人口头上宣布有礼物相赠与己时，不论自己在做什么事，都应立即中止，起身站立，面向对方，以便有所准备。在对方取出礼品，预备赠送时，不应伸手去抢、开口相询，或者双眼盯住不放。此时此刻，最应当注意保持风度。神态既要专注、认真，更要显得稳重、大方。

2. 双手捧接

在赠送者递上礼品时，要尽可能地用双手前去迎接。通常不应只用一只手去接礼品，特别是不要单用左手去接礼品。在接受礼品时，勿忘面带微笑，双目注视对方的两眼。接过来的若是对方所提供的礼品单，则应立即从头至尾细读一遍。接下来需要继续说些应酬的话，可将礼品暂时放下。但不要信手乱丢，不到万不得已时不要把礼品直接放在地上。

3. 认真道谢

在双手接过他人礼品的同时，应恭恭敬敬、认认真真地向对方立即道谢。与此同时，有条件的话，还应该即刻与对方握一下手，以示感谢之意。不要在对方递上礼品时，无所表示。也不要虚情假意、反复推辞。

4. 当面启封

如果现场条件允许，那么在接过他人相赠的礼品之后，应当尽可能地当着对方的面，将礼品包装当场拆封。此种做法，在国际社会里是非常普遍的。它表示自己看重对方，同时也很看重所获赠的礼品。这种做法，比接受礼品后把它扔在一边的做法确有所长。要是当面启封礼品比较麻烦或容易产生误会的话，也可以不这样做。在启封时，动作要舒缓文明，不要乱扯、乱撕、乱丢包装用品。

5. 表示欣赏

当面拆开包装之后，如果有时间的话，要采用适当的动作和语言，显示自己对礼品的欣赏之意。例如，可将他人所送的鲜花捧在身前闻闻花香，随后再将其插入花瓶，并置于醒目之处。要是别人送围巾给自己，则可以马上把它围上，照一照镜子，并告诉赠送者及其他在场者：我很喜欢它的花色与式样，或是这条围巾真漂亮。切不可再三声明获赠之物不适合自己，或是对其吹毛求疵。

（二）拒绝有方

出于种种原因，有的时候不能够接受他人所赠送的礼品。拒绝他人的礼品时，一定要讲究方式、方法，处处依礼而行。要给对方留有退路，使其有台阶可下，而切忌令人难堪。

符合交际礼仪的拒收礼品方法有以下三种，在操作中可以酌情选择，并见机行事。

1. 婉言相告法

婉言相告法，即采用委婉的、不失礼貌的语言，向赠送者暗示自己难以接受对方的好意。例如，当对方向自己赠送手机时，可告之：我已经有一部手机了。当一位男士送舞票给一位小姐，而对方打算回绝时，则可以说：我男朋友也要请我跳舞，而且我们已经有约在先了。

2. 直言缘由法

直言缘由法，即直截了当而又所言不虚地向赠送者说明自己之所以难以接受礼品的原因。在公务交往中拒绝礼品时，此法尤其适用。例如，拒绝他人所赠的大额现金时，可以讲：我们单位有规定，接受现金要算受贿的。拒绝他人所赠的贵重礼品时，则可以说："按照有关规定，你送我的这件东西，必须登记上缴。"

3. 事后退还法

拒绝他人所送的礼品，若在大庭广众之下进行，往往会使受赠者有口难张，使赠送者尴尬异常。遇到这种情况，可采用事后退还法加以处理，即当时接受下来礼品，但不拆启其包装。事后，尽快地单独将礼品物归原主。需要强调的是，采取此方法时，退还礼品的时间不宜拖延过久，最好应于自接受礼品起的 24 小时之内付诸行动。此外，切勿将退还之物私下拆封，尤其是不宜用过之后才去退还。

（三）依礼还礼

古人常言：来而不往，非礼也。在人际交往中，礼尚往来，互赠礼品，也是人之常情。在许多时候，接受他人礼品之后，即应铭记在心，在适当的时刻，以适当的方式，向对方回赠礼品。这就是人们常说的还礼。

依照交际礼仪的规范，在人际交往中选择还礼时，还礼的时间与还礼的形式两个方面的问题都处理好了，还礼方算合理。

1. 还礼的时间

就还礼而言，在具体的时间上必须慎重思量。若还礼过早，好似等价交换，又好比划清界限，会使自己显得浅薄庸俗。但要是拖延过久、遥遥无期，则又跟无此打算没有什么不同。

选择还礼的时间，要讲后会有期。其最佳的选择有三：

第一，适逢与对方赠送自己时情况相同的时机还礼。

第二，在对方及其家人的某一喜庆活动中还礼。

第三，送礼者下次登门之时还礼。

需要强调的是：还礼并非还债，还礼应讲究自觉自愿。通常，还礼次数不必过多，完全没有必要再三再四地还礼，以致使其成为一种负担。

2. 还礼的形式

还礼是很讲究具体形式的。还礼的形式要是不对路数，则不如不还。

在考虑还礼时，下述几种具体形式都是合乎礼仪的，可以选择其一实施。

第一，可以以对方相赠之物的同类物品作为还礼。这里所说的同类，指的是大的种类。例如，你送我书刊，我可还之以影碟，因为它们均为文艺类礼品。但要注意，在具体品种上，还礼不要与赠礼完全相同。

第二，可以与对方相赠之物价格大体类似的物品作为还礼。一般来讲，还礼与赠礼的价格相仿即可，没有必要有过之而无不及。即使还礼在价格上较赠礼差一些，也未尝不可。

第三，可以以某种意在向对方表示尊重的方式来代替还礼。实际上，受礼以后，不必非要还礼不可。代之以其他形式，例如，在受礼之后，在口头上或书面上向对方致谢，或是在再见对方之时，使用对方的赠礼，以示不忘等等，同样是可行的好办法。

三、送花礼仪

（一）送花的形式

送花的形式，即应如何将鲜花送人的问题。具体而言，送花的形式既可以以人而区分，也可以以花来区分。

1. 以人区分

以人来区分送花的形式，通常可将送花形式分为本人亲送、亲友转送、雇人代送三种。它们又分别适用于不同的情景和场合。

第一，本人亲送。本人亲送鲜花，是送花的最基本形式。赠送者不但可以与受赠者一同分享当时的喜悦，而且还可以亲自现场解说自己送花的缘由与其具体含义，避免送花的行为没有正确传达含义。

第二，亲友转送。由亲友转送鲜花，一般是赠送者本人因故不能到场时所做的一种选择。在大多数情况下，它是不得已而为之的。尽管如此，由亲友转送鲜花有时也有其独到的好处。比如说，由于代送鲜花的亲友通常与受赠者并不陌生，所以他可一身二任，同时担任赠送者的最佳信使，细致周详地向受赠者传递有关信息，有时甚至能言赠送者所难言之事。

第三，雇人代送。有时自己难以分身，或是为了刻意制造一种气氛，可以按有关标准支付费用，委托鲜花店的花仙子、花仙女，或是邮政局的礼仪小姐、礼仪先生，代替自己上门送花。此种送花的形式，目前越来越受欢迎。

2. 以花区分

依照送人的鲜花或者其组合形式的不同，送花又可以分为送束花、篮花、盆花、插花、饰花、花环、花圈，等等。

需要强调的是，在绝大多数情况下，送人之花以鲜花为佳，尽可能不要将凋零、衰败、枯萎的鲜花送人。

第一，束花。束花，又叫花束。它是以新鲜的数支切花，捆扎成束，精心修剪或包装而成的一种鲜花组合。在以花区分的具体形式中，它是适用面最广、应用最多的一种。

第二，篮花。篮花，又叫花篮。它是指以形状各异的精编草篮，按一定的要求，盛放一定数量花大色艳的新鲜切花。与赠送束花相比较，赠送篮花显得更隆重、更高档。其最适宜的场合，有开业、开展、演出、祝寿等。

第三，盆花。盆花，即栽种在专门的花盆里，主要用做观赏的花草。送人的盆花，可以是自养的心爱之物，也可以是特意买来的珍稀品种。送盆花的最佳时机有登门拜年、祝贺乔迁以及至交互访，等等。赠送的对象最好是老年人、爱花之人以及兼具养花条件者。

第四，插花。插花，指的是采用一定的技巧，将各种供观赏的鲜花在精心修剪之后，经过认真搭配,然后插放在花瓶、花篮、花插之中。将插花放置于室内案头,使屋内花香弥漫、花色宜人。插花主要适用于装饰居室、布置客厅、会议室,同时也可以赠与亲朋好友。

第五,饰花。在日常生活里,往往可以以单枝的鲜花进行装饰,这就是所谓饰花。按其装饰部位的不同,最常见的饰花有襟花、头花等。在二者之中,襟花可使用于各类交际场合,而头花则仅限于非正式场合使用。除亲朋好友外,饰花一般不宜送人。但是,襟花在某些庆典、仪式中,则可以统一发放。

第六,花环。花环,此处所指的是用新鲜的切花编扎而成的环状物,可以手持,也可以佩戴于脖颈、头顶或手腕上。它多用于自我装饰、表演舞蹈、迎送贵宾,有时亦可以之赠人。其受赠对象,通常是贵宾或友好人士。

第七,花圈。花圈,指的是用鲜花或纸花扎成的固定的圆状祭奠物。它仅能用在悼念、缅怀逝者的场合,例如,参加追悼会、扫墓、谒陵等。

(二)送花的时机

在人际交往中,适合以花相赠的机会不少。在下述时机赠人以鲜花,往往更容易大见成效:

1. 例行的时机

在人际交往中,在以下场合以花赠人,早已成为被很多人采用的方式:

第一,喜礼。碰上亲朋好友结婚、生子、做寿、乔迁、升学、晋职、出国等诸般喜事,可赠送鲜花作为喜礼,去恭喜对方。

第二,贺礼。参与某些应表祝贺之意的活动,例如,企业开张、展览开幕、大厦奠基、新船下水、周年庆典、演出成功等,可赠送鲜花作为贺礼。

第三,节庆礼。逢年过节,遇到诸如春节、中秋节、国庆节、老人节、母亲节、父亲节、妇女节、情人节、教师节、护士节、青年节之类的良辰吉日,可向亲友赠送鲜花作为节庆礼。

第四,嘉奖礼。对于先进、模范、英雄、义士以及各类比赛中的获胜者,或者为国家、为单位赢得荣誉者,可赠送鲜花表示嘉奖鼓励。

第五,慰问礼。当亲友、邻里、同事、同学、同乡或其家人碰到不幸、挫折时,例如,失学、失业、失恋、生病,或是遭到其他一些天灾人祸时,应前去慰问,并赠以鲜花。

第六,丧葬礼。当关系密切者,或者其家人亲属举办丧事、葬仪时,可送以鲜花,以寄托哀思。

第七,祭奠礼。当自己为他人祭祀、扫墓时,可以花为礼,追思、缅怀故人,或表示自己的一番敬意。

2. 巧用的时机

在如下一些情况下,用鲜花赠送于人,不仅独出心裁、富有创意,令人耳目一新,而且往往会有助于赠送者与受赠者双方之间关系的发展或者改善。

第一,做客。前往他人居所做客时,选择何种礼品经常让人颇费心思。其实,此时假若以鲜花为礼,是既脱俗又不至于让对方为难或产生猜忌的。

第二,迎送。当关系密切者即将远行,或者远道归来之际,向其赠送一束鲜花,可以巧妙地向对方委婉地表达自己的亲情、友情、爱情,而不会令其无所适从。

第三，纪念。每逢重要的私人纪念日，例如，与恋人初识之时、与配偶定情之日，以及对方生辰和双方结婚日时，送花给对方，可略表寸心，显示自己我心依旧地珍爱对方，并一如既往。

第四，示爱。向自己的意中人吐露自己的爱慕之意，对不少人都是一桩心思好动口难开的难事。此时，不妨以花为媒，借花开道，通过向对方献花来袒露自己的心扉。

第五，拒绝。拒绝别人，往往是一大难题。有时，直截了当地以实言相告是不行的，而且也难于开口。例如，拒绝他人求爱、打算中止双方关系时，就是如此。遇上这类情况，可以试一试用约定俗成的、对方知晓的送花的方式去回绝对方。没准儿能够化险为夷，渡过难关。

第六，致歉。有些时候，因为阴差阳错，而与其他人产生了矛盾、误解甚至严重的隔阂，可后来才知道责任在自己一方。如果不想将错就错，彻底失去对方的话，比较可行的一个办法，是赠送鲜花给对方，以花致歉。必要时，还可附以道歉卡。这时，鲜花就会充当自己的和平使者，忠实地替自己言难言之事，犹如自己当面向对方负荆请罪一般。

礼仪模拟

（1）单位同事小张是刚刚毕业的女大学生，过几天要过生日，我们几个都张罗着给她送点礼物，你认为应该送些什么礼物？

要求：全班进行讨论，应该选择什么礼物给小张比较合适？应遵循哪些原则？

（2）小王今天上午接到同事小李送来的一件漂亮的围巾，下午的时候她也买了一条漂亮的围巾赠送给了小李。

要求：全班讨论，小王的行为是否妥当？为什么？在还礼的过程中应该遵循哪些原则？

拓展阅读

鲜花的寓意

鲜花在常人眼里之所以美丽可爱，除了它自身的先天条件比较优越之外，一个重要的因素，是因为人们往往借物抒怀，在鲜花身上附加了种种美好的寓意。

鲜花的寓意，是送花予人时非要正视不可的一个问题，是指按照人们的一般看法，某一种鲜花依其品种、色彩、数目、搭配的不同，而表示不同的寓意。假如事先不了解鲜花的寓意，或者在选择鲜花时不顾及这一点，那么送人鲜花往往就会出现差错而有违初衷。

就送花而言，内容与形式相互关联、相互作用，二者都是非常重要的。送花的内容主要涉及鲜花的通用寓意和鲜花的民俗寓意。

1. 通用寓意

在世界上，有一些鲜花的寓意是相传已久、广为沿用的。这就是所谓鲜花的通用寓意。在许多情况下，人们习惯把鲜花的通用寓意叫作花语。准确地说，所谓花语，乃指借用花卉来表达的人类某种情感、愿望或象征的语言。简言之，花语，就是借花所传之意，以花类比之情。

根据礼仪规范，花语一旦形成，并被众人接受之后，便流传开来。对此须人人了解，个个遵守。不能自造花语,也不要篡改花语。在国外,花语相当普及。

人世间鲜花无数,花语也因此成千上万。事实上,任何人没有必要,也不太可能对全部花语一清二楚、熟练掌握。不过,对常用的花语,特别是下述三类花语,却有必要人人做到基本精通。在国际社会里,它们尤受重视。

第一,表示情感。在全部花语之中,有相当数量的是被用来寓情于景,表达人之常情的。

例如,玫瑰表示爱情、橄榄表示和平、百合表示纯洁、石竹表示拒绝,等等。

有时,还可以将几种花语相近的鲜花搭配在一起送人。那些搭配、组合相对比较固定的鲜花,往往又共同形成了新的花语。

例如,用表示勤勉的红丁香、表示谨慎的鸟不宿和表示战胜困难的菟丝子所组合而成的花束赠与友人,可表示:君如奋斗,必将成功!

第二,表示国家。有一些国家目前已拥有各自的国花。所谓国花,指的是用以表示国家,作为国家的标志和象征的某种特定的鲜花。

确定国花,有些国家采用的是由议会立法决定的方式,另外一些国家则是依据本国文化传统和绝大多数人的意愿协商选定的。还有一些国家,为慎重起见,迄今尚未明确选定国花。

在正常情况下,各国的国花大都具有下列三个特点:

一是一个国家只有一种国花;二是各国国花都是本国人民最喜爱的花;三是国花通常代表国家形象,人人对它必须尊重、爱护。既不宜滥用国花,也不可失敬于国花。在国际交往中,这一点尤其重要。

第三,表示城市。与许多国家拥有国花一样,世界上的许多城市也拥有自己的市花。所谓市花,指的是用来代表本市,作为本市标志或象征的某一种或几种鲜花。

我国的许多城市都有自己的市花。例如,北京市的市花是月季和菊花,上海市的市花是白玉兰,天津市的市花是月季,重庆市的市花则是山茶花。

在我国香港特别行政区和澳门特别行政区的区旗里,则分别以紫荆花和荷花作为其主要图案。

根据常规,凡属市花均具有下列五个特点:

一是全市人民对它最为喜爱;二是它在本市易于生长,并且兼具城市特色;三是它由全市人民公开选定;四是它被作为本市标志,在美化城市和城市之间的交往中被广泛使用;五是它作为本市化身,对其只能倍加尊重,绝不可予以轻视或损坏。

2. 民俗寓意

同一品种的鲜花,在不同的国家和地区,往往会被赋予大不相同的含义。这在多半情况下是民俗不同使然,故可称之为鲜花的民俗寓意。如果说鲜花的通用寓意指的是鲜花寓意的共性问题,那么鲜花的民俗寓意指的则是鲜花寓意的个性问题。在任何情况下,事物的共性与个性都是相辅而行的。共性寓于个性之中,没有个性就没有共性可言。研究个性,将有助于更加充分地认识共性。

在选送鲜花时,尤其是在跨地区、跨国家的人际交往中欲以鲜花赠人时,不但要看其通用寓意,而且也要看其民俗寓意,二者应当综合考虑。

就选送鲜花而言,应注意的是鲜花的民俗寓意主要体现在鲜花的品种、色彩、数量三个问题上。

第一，品种。在不同的风俗习惯里，同一品种的鲜花往往在寓意上大为不同。不懂的话，难免就要犯忌。

例如，中国人所普遍喜爱的菊花，送给西方人是万万要不得的。在西方，菊花通常代表死亡，仅供丧葬活动使用。

中国人赞赏荷花，是因其出淤泥而不染，濯清涟而不妖。可是到了日本，平白无故是不能用它来送人的。因为荷花在日本象征着死亡。

在我国的广东、海南、港澳地区，送人金橘、桃花，会令对方笑逐颜开。而以梅花、茉莉送人，则必定会招人反感。原来，在那里的人们爱讨口彩。金橘有吉、桃花红火，所以让人来者不拒。而梅花、茉莉则音同霉、没利，故而令人避之不及。

第二，色彩。鲜花的一大特点，是其万紫千红、色彩缤纷。但是，在不同的习俗里，对于鲜花的色彩却有着不同的理解。

举例而言，在国内人们最喜爱红色的鲜花。因为在中国民俗里，红色象征大吉大利、兴旺发达。新人成婚时，赠以红色鲜花，方为得当。但在西方人眼里，白色鲜花象征着纯洁无瑕，将其送予新娘，将是对她的至高奖赏。然而西方人未必知道，在老一辈的中国人来看，送给新人白色鲜花则是不吉利的。

再如，在很多国家，人们送花时多以多色鲜花相组合，很少会送人清一色的红花或黄花。原来，在那里以纯红色的鲜花送人意味着向对方求爱，而以纯黄色的鲜花送人则暗示决定分道扬镳。

第三，数量。送花的具体数量，在不同国家、地区的民俗中，也是大有讲究的。

在中国，在喜庆活动中送花要送双数，意即好事成双；在丧葬仪式上送花则要送单数，以免祸不单行。

在西方国家，送人的鲜花则通常讲究是单数。例如，送 1 枝鲜花表示一见钟情，送 11 枝鲜花则表示一心一意。只有作为凶兆的 13 是个例外。

有些数字，由于读音或其他原因，在送花时也是忌讳出现的。例如，中国的广东、海南、香港、澳门、台湾等地，送 4 枝鲜花给人，往往会招人白眼，因其发音与死相近。

思考练习

（1）在赠送礼品的时候应该遵守哪些原则？

（2）如果想拒绝收取对方赠送的礼品，该如何做？

（3）小李打开小王赠送的礼品时，发现里面是自己最讨厌的一种颜色的发卡，这时候她应该如何做？在接受馈赠的时候应该遵守哪些礼仪？

任务四　网络社交礼仪

学习目标

（1）学习网络礼仪，能够礼貌得体的与人在网络上沟通。

（2）通过学习，能在网络上保护自己的隐私和安全。

任务情境

眼下，公众人物网络“骂战”有愈演愈烈之势。有演艺明星因为纠纷在网上互骂，引来双方的“粉丝”围观，并且为了力挺自己的偶像而加入互骂行列；有知名导演动辄骂人，发泄不满，毫无顾忌；有美女作家因被人质疑文化水平低而发飙，与网友互骂；有知名学府的教授因对某些现象不满，在网上频频爆粗口……骂来骂去好不热闹，文明修养成了“一地鸡毛”。

学习要求：全班分小组进行讨论，分析为什么网络上有这么多骂战？如何在网络上进行文明交流？

礼仪知识

网络礼仪是互联网使用者在网上对其他人应有的礼仪。在真实世界中，人与人之间的社交活动有不少约定俗成的礼仪，在互联网虚拟世界中，也同样有一套不成文的规定及礼仪，即网络礼仪，供互联网使用者遵守。维护网络文明，创造良好的交流环境是每个人的责任，忽视网络礼仪的后果，可能会对他人造成骚扰，甚或引发网上骂战或抵制等事件，虽然不会像真实世界动武般造成损伤，但对当事人也不会是一种愉快的体验。遵守网络礼仪，有助于我们使用互联网的经历尽可能一帆风顺。

一、网络社交工具的类型

目前在国内，最流行的网络社交工具主要包括四类。

1. 即时通信平台

如 QQ、微信等都是即时聊天工具，非常多的人在工作或日常生活都借助这两个工具进行信息交流。在 QQ 和微信里面，不仅能文字交流，还能进行语音通话及视频交流。

2. 社交网络平台

如微博、博客等，都是一种通过关注机制分享简短实时信息的广播式的社交网络平台。

3. 网络购物平台

如淘宝、京东等，支持买家在平台中进行购物和交流分享购物经验。

4. 网络游戏平台

网络游戏平台，是专门为众多玩家提供交流、互动的平台。里面还包含为网络游戏提供相关交易服务的电子商务平台，包括网络游戏账号交易、游戏币交易、代练、寄售担保等综合性业务。

二、基本的网络交往规范

（一）谨言慎行，宽以待人

无论是在真实世界还是在网络虚拟世界，我们都需要谨记祸从口出，在日常交流中，谨言慎行、宽以待人能帮助我们更好地拉近与交流方的距离。主要包括以下几个方面。

（1）不可利用网络伤害他人。

（2）不可干扰网络的正常运行。

(3)不可窥探他人的网络文件。
(4)不可借助网络进行盗窃。
(5)不可未经许可使用他人的网络资源。
(6)不可盗用他人的网络成果。
(7)要知道网络是大家共享的,不可影响别人的使用。
(8)在网上进行讨论时要心平气和,不可口出脏话。
(9)对网友要予以应有的尊重。

(二)很好地控制上网时间

要正确把握上网的时机,同时要适度上网,不能妨碍别人和自己的正常生活和工作,也不要损害自己的身体健康。

(三)确保网络安全

在上网的同时要注意严格保守个人机密或商业秘密,不可任意传播他人的个人隐私或商业秘密,对计算机中重要的资料应采取加密措施;同时在使用网络时,一定要防止“黑客”的入侵。主要可以从以下几个方面注意。

1. 保证账户及密码设置安全,谨防被盗

大部分网络社交工具都需要注册用户和设置密码,有些人可能是怕麻烦或者方便自己记忆,把账户密码设置的很简单。这么做是很不安全的,有人会恶意盗取别人的账户和密码,借此牟利。比如通过盗取 QQ 号,向 QQ 号中的好友借钱,或者将绑定的银行卡里面的钱财转出去。

2. 不要轻易同意陌生人的添加好友

这种情况发生较多的是在 QQ 和微信里面,会有人通过搜索添加你为好友,借此推广自己的产品。或者先与你交流搞好关系,然后逐步开始进行诈骗骗局,有很多这样的案例发生,最后受害人损失大笔钱财,即使报案,却因为无法获取诈骗人的真实信息,无法追回损失。

3. 不要在网上过多泄露个人真实信息

个人的真实信息,比如真实姓名、家庭住址、手机号、身份证号等。这些真实信息的泄露,一旦被不法分子获取,很可能造成严重的后果。

4. 不要随意点开不明网络链接

现在有些恶意病毒通过链接进行网络传播,不明真相的人点开后,可能会导致电脑或手机中毒,或者被盗取个人信息。

三、遵循网络礼仪的注意事项

网络交流其实与现实交流并没有本质差异,只是交流媒介的不同。如何有效地与人交流沟通,提高会话效率,传递和营造良好的交流环境,是一门很深的学问。在日常交流中,有以下几点需要注意。

1. 要彬彬有礼

有人认为在互联网上就意味着自己是匿名的,因而在聊天室和信息栏中表现得粗暴无理和滋事捣乱是不会被发觉的。这个想法是错误的，因为大多数网站有跟踪功能，所以他们可以判定谁曾登录过他们的网站。如果你制造麻烦，结果就有可能会被阻拦在该网站之外。

2. 要尊重别人

互联网是一个全球性的社会，而其他人的价值观和人生观可能会跟你的大相径庭。一个国家的俚语或习语未必能够被另一个国家的人理解，所以对它们的使用要容忍和慎重。

3. 邮件大小事关重大

应确保电子邮件的规模相当小，从而不会使接收者下载你的附件时被卡住。发送文件应保持在50千字节到100千字节左右。

4. 将你的电子邮件清理干净

你也许想转发曾经收到的有趣邮件，然而该邮件含有数百个网址和字节（因为在到达你的电子邮箱之前它已经过许多人的邮箱），如果不把其精髓部分整理出来就转发出去是严重有失网络礼节的。

5. 勿制造电子垃圾

绝不要未经他人许可就发送大容量的商务电子邮件来招揽生意。这种做法（被称为“制造电子垃圾”）被认为是对网络礼节的最大破坏。

6. 用形象化表情

现在聊天工具有很多表情包功能，善于使用表情功能能很好地表达你的感受。由于人们无法从互联网上捕捉到你的表情，所以你可以通过简单地加上表情图符表示开心或难过。

7. 潜伏和学习

在参与你想加入的聊天、网络论坛等之前，一个值得推荐的做法是先四下查看一下。观察将帮助你了解这些事情是如何进行的。正像真实生活中那样，网络社会经常有一个长幼尊卑的秩序，最好是对其亲身体验一下。

8. 要谦虚谨慎

在网上跟其他网友互动，无论是打游戏或者是聊天互动，都要谦虚谨慎，不过分夸耀标榜自己。同时不要忘了给予对方积极的肯定和鼓励，这样才能大大改善我们的交流环境。

9. 尊重权威

大多数聊天和论坛都有仲裁员和操作人员监督人们的谈话，以确保访客能够遵守该网站或聊天室的条例和规定。如果你对他们的做法不认同，要私下询问他们为什么那样做，或者转到一家新网站。绝不要对此事进行大规模的公开表白，因为这样将非常有可能使你被禁止参加那项活动。

10. 保护儿童

记住，互联网的内容是无约束的，需由你来决定你和孩子们在网上看什么。你可以使用专门的软件来阻止孩子访问某些网站。如果你着手发恶言中伤的电子邮件或者在某一网站上粘贴你的反对意见，结果你可能会收到那家网站的人给你发回的非友好信息。

11. 扑灭火焰

避免卷入“硝烟弥漫的战争”。它本质上是聊天室或论坛中的一场辩论由智慧交锋降格为人身攻击。当你发现自己确实置身于战争之中时，干脆不予理睬并转入其他话题。

12. 鼓励网络新手

一旦你对互联网的使用游刃有余并积累了丰富的经验，你就很可能碰上一个打破某些网络礼节规范的新手。切不可对他们粗暴无礼或勃然大怒。记住你曾经和他们一样是个新手，所以应客气地指出他们的不当之处，并和蔼地予以纠正。

礼仪点滴

为人处事的说话技巧

说话是一门学问，会说话的人会让交谈者更愉快，有利于促进关系的拉近和事情的办成。在网络上，主要的交流沟通都是通过语言和文字表现出来的，所以会说话就变得更加重要。掌握为人处事的说话技巧并灵活地运用，能大大提高与人沟通的效率。为人处事的说话技巧包括以下20种。

（1）急事，慢慢地说。

（2）大事，清楚地说。

（3）小事，幽默地说。

（4）没把握的事，谨慎地说。

（5）没发生的事，不要胡说。

（6）做不到的事，别乱说。

（7）伤害人的事，不能说。

（8）讨厌的事，对事不对人的说。

（9）开心的事，看场合说。

（10）伤心的事，不要见人就说。

（11）别人的事，小心地说。

（12）自己的事，听听自己的心怎么说。

（13）现在的事，做了再说。

（14）未来的事，未来再说。

（15）知人不必言尽，留三分余地与人，留些口德与己。

（16）责人不必苛尽，留三分余地与人，留些肚量与己。

（17）才能不必傲尽，留三分余地与人，留些内涵与己。

（18）锋芒不必露尽，留三分余地与人，留些深敛与己。

（19）有功不必邀尽，留三分余地与人，留些谦让与己。

（20）得理不必抢尽，留三分余地与人，留些宽和与己。

礼仪模拟

（1）小杨是一名在校大学生，平时非常喜欢使用微博与网友互动讨论，一言不合就与人争执，最后演变成吵架。小杨觉得网上反正没人认识他，说什么做什么都没有人约束，就要把自己想说的全部都说出来，不藏着掖着。

要求：全班讨论，小杨的做法有哪些不妥之处？小杨应该怎么做？

(2)美美是一个爱追星的女孩子。她非常喜欢自己的偶像，每天都关注自己偶像的微博动态，觉得偶像说的做的都对，积极回复每一条动态。最近她看到有人在她偶像微博下面留言说偶像的不好，非常的气愤，于是找人“人肉”了那个人，把他的个人信息、手机号、家庭住址都在网上发出来，并注册了很多个小号，加上他的账号对他进行辱骂。

要求：全班讨论，美美的做法有哪些不妥之处？美美应该怎么做？

拓展阅读

互联网十条戒律

美国计算机伦理协会为计算机伦理学所制定的十条戒律。

(1)你不应用计算机去伤害别人。

(2)你不应干扰别人的计算机工作。

(3)你不应窥探别人的文件。

(4)你不应用计算机进行偷窃。

(5)你不应用计算机作伪证。

(6)你不应使用或拷贝你没有付钱的软件。

(7)你不应未经许可而使用别人的计算机资源。

(8)你不应盗用别人的智力成果。

(9)你应该考虑你所编的程序的社会后果。

(10)你应该以深思熟虑和慎重的方式来使用计算机。

思考练习

(1)凌晨一点钟，小王因为一直在玩手机刷微博，睡不着，想找人聊天，就在一个QQ群里面发消息，喊人出来聊天。没人回复，小王就一直在刷屏，终于有个人回复并斥责了小王的行为，认为其干扰了别人的正常休息。由此展开一场骂战。请问，小王的做法正确吗？骂人者的做法是否正确？如何正确使用网络社交工具？

(2)如何正确地使用社交工具，保障自己的个人隐私和安全？

项目四　拜访接待礼仪

拜访与接待是人们在日常生活和工作中经常遇到的事情。拜访他人时,在时间的选择、衣帽修饰、言行举止等各方面都应注意礼仪规范。而做好接待工作,不仅能塑造个人的良好形象,而且能提升公司的知名度和美誉度。本项目将从拜访礼仪和接待礼仪两方面进行阐述,为学生在拜访和接待中提供参考。

任务一　拜 访 礼 仪

学习目标

(1)能够礼貌得体规范地进行私人拜会。

(2)能够得体规范地进行商务拜访。

任务情境

小王是刚毕业不久的大学生,在某公司做业务员。今天准备去拜访某公司李经理,由于事先没有李经理电话,所以小王没有预约直接去了李经理公司。小王还没有公司的制服,他选择休闲运动装扮。到了李经理办公室,正好李经理在接电话,示意他坐下等。小王往沙发上一坐,跷起了二郎腿,一边吸烟一边悠闲地环视着李经理的办公室。在等待的时间,不时地看着手表,并从沙发上站起,来回走动,随意地翻阅茶几上放的一些资料。

学习要求:小王在拜访中的表现如何? 如果你认为不妥,你觉得他哪些方面做的失礼?

礼仪知识

拜访是一项礼仪性很强的社交活动。拜访一般是指前往他人的工作地点或者私人居所会晤对方、探望对方或者是与之进行的接触。国际上一般称"拜会"。不论在公务交往还是私人交往中,拜访都是人们习以为常的一种社交方式。

一、拜访的礼仪

拜访又可以称之为"做客",是正常的人际交往中不可缺少的应酬,但如果不了解做客之道,则难免会使拜访不尽如人意。就拜访的礼仪来说,主要有如下几个方面。

(一)事先预约

拜访他人的时候,事先预约是拜访礼仪中最重要的一条,它的基本含义是:拜访他人的时候,一般情况下都要事先预约,以便对方安排日程。不宜随意进行拜访,尤其是对待地位比较高或者长者的时候。在预约拜访的时候,主要约定以下几个问题:

1. 约定时间

约定拜访的时候,一定要在双方都同意的情况下,约定在双方特别是对方合适和方便的时候,并协商决定做客的具体时间和大概的持续时间。如果由自己提议见面时间,也必须考虑对方的时间安排,并同时提供几个时间段供对方选择。拜访长辈或地位较高人士时,可先请人递上一张名片,以作通报,让对方考虑安排见面时间。

在一般情况下,要避免对方认为不合适或者比较繁忙的工作时间。繁忙的工作时间一般是指每个月月初和月末,每周的周一上午和周五下午等。节假日、凌晨与深夜、常规的用餐时间和午休时间,都不宜作为拜访时间。

2. 约定人数

在预约的时候,宾主双方都要事先向对方通报届时到场的具体人数及其各自的身份。宾主双方都要尽量避免在拜访中安排对方不喜欢甚至极为反感的人。

一般情况下,双方参与拜访的人员及其数目一经约定,便不宜随意变更。做客的一方要特别注意,切勿在没有告知主人的情况下随意增加拜访的人员,以避免给主人已有的安排计划造成不必要的干扰,影响拜访的效果。

3. 准时赴约

拜访要严格遵守约定的时间。如果确实出现特殊情况需要推迟或者取消拜访,必须尽快通知对方并表示歉意。当再次和对方会面的时候,还应该对上次的失约再次表示歉意,并具体说明原因。此外,登门拜访尽量准时到,不要提前到,让对方措手不及,出现令双方尴尬的局面。也不可迟到,让对方等待的时间过长。

(二)登门有礼

在登门拜访的时候,有以下几条礼仪规范必须要注意。

1. 注意着装

要根据场合选择服装,着装要整洁、大方、庄重,避免穿着过于随意或是与所在场合不相称的服装。在进行私人拜访的时候,衣着可以适当随意,但是不可过于随意。

另外,拜访时务必要关注着装的某些重要细节,例如,袜子一定要没有洞、没有异味。不然进门后一旦需要更换拖鞋,可能就要当众出丑。进门之后,按照常规,应自动地脱下外套,摘下帽子、墨镜、手套,并将其暂时放于适当之处。

2. 提前通报

到达拜访对象的办公室或私人住所门外后,不管和主人关系多么密切,也不能不打任何招呼就直接进入。即使门没有关,也不能冒失进入,应该在门口打招呼等到主人同意进入后再进门。

一般来讲,提前通报可以请其秘书或家人转告,也可以敲门或按门铃。敲门的时候,以食指轻叩两三下就行,按门铃的时候,让铃响两三下就可以。如果室内没有反应,可以稍过一会儿再重复一次。不要在暂时没有应答时就显得不耐烦,并用拳头砸门,用脚踢门或者把门铃按个不休,在门外大呼小叫。

3. 问候致意

如果和主人是初次见面,应该先作自我介绍,向对方主动问好,并和对方握手为礼。如果主人的同事或亲属也在场，要主动与其打招呼、问好，以示诚意，不宜旁若无人或爱答不理。

前往拜访对象的办公地拜访，一般不必携带礼品。但如果是私人居所，可以适当准备一些小礼物，如鲜花、水果、糖果、书籍等。在进门之后，应立刻向主人奉上自己的礼物，不要等到告辞时再说。如果携带了大一点的手提袋，可在就座后将其放在右手下面的地板上。若将其置于桌椅上，则是不适宜的。

4. 应邀就座

被主人邀请进入室内时，应主动随行于主人身后，切勿抢先一步，随意前行。在一般情况下，进入室内就座的时候，最好和其他人，特别是主人一起落座，切忌自己找座或者是抢先入座。

有的时候，拜访他人的时候没有被主人相邀入室，则表明自己来的不合时宜。知难而退是此刻最好的选择。切忌不邀而入或者探头探脑向室内进行窥视，更不可强行入内。而应该再约时间拜访或者在门口等待片刻。

5. 举止稳重

做客的时候，要彬彬有礼，举止稳重大方，不能随随便便，但也不必过于拘谨。主人端上饮料，要站起来双手接过，并致谢。当主人让烟或经过主人的同意时，才可以吸烟。要保持主人屋内的清洁，不乱弹烟灰或乱扔果皮，更不能随便动主人的私人物品或翻动主人的抽屉或橱柜。

（三）为客有方

在他人的办公室或者是私人居所做客期间，一定要注意围绕主题、限定范围、适时告退三个要素。

1. 围绕主题

任何一次登门拜访，都必然有其特定的目的。既然如此，那么在拜访的时候，就应该限定交谈的范围，应该使自己的所作所为紧密地围绕着自己进行拜访的目的进行，绝对不可以“跑题”。这一方面是为了控制时间，另一方面也是对主人的尊重。当然，为了适当调节气氛，说点轻松愉快的、时尚流行的话题还是可以的。

2. 限定范围

要想使拜访能够限定交谈的内容，围绕一个拜访主题进行，一个重要的要求就是客人应自觉地限定个人的交际范围。

限定交际的范围就是在拜访他人时，你的交际对象就是你的拜访对象，亦即你的交际范围。对拜访对象的其他家人或主人家的其他客人，可以适当打招呼或者问候两句。不可对主人之外其他的人表达出过多的兴趣，比如，询问对方与主人的私人关系，就未必合适。

限定交际的空间就是要求客人尊重主人的个人隐私，一般活动范围以客厅为主，未经主人许可，不能随意乱去他处，即便上卫生间，也要问主人一声，然后再去人家指定的厕所。切勿随便乱动、乱拿或者乱翻主人的个人物品。

3. 适时告退

在拜访的时候，务必要注意适可而止。如果客人和主人双方对会见的时间长度早已经有约在先，则客人务必要掌握时间，并认真遵守。假如双方没有约定会见的时间，一般拜访的时间控制在一刻钟至半小时之间为佳。初次拜访的时候，不宜超过半小时。如果在拜访期间，主人临时有点事或另有客人来访的话，应主动离开或者适当缩减停留时间，不要妨碍主人，更不可去找来宾攀谈一番。

一旦提出告辞，便要“言必信，行必果。”任凭主人百般挽留，都要坚决地告辞，不要一而再再而三地拖延时间，迟迟不肯离去。离开的时候要向在场的所有人道别。并与主人握手告别，并对其表示感谢。不要让主人送出距离太远或者长时间在门外与主人恋恋不舍，告别时间过长。

最后一点要注意的是：远道而来的客人或者是晚上离去的客人，回家之后要主动向主人报一个平安，尤其是晚辈对长辈更应如此，在回报平安时，别忘记向主人表示一声感谢。

二、陪同拜访时的礼仪

陪同上司或者其他人员作商务拜访，是商务秘书或助理常做的一项工作。为了实现与客户沟通的目的，应该注意以下事项。

（一）塑造良好的风貌

陪同上司参与商务活动，陪同人员的风度如何，直接关系到企业形象。在日常工作和生活中，陪同人员就要时刻留意自己的仪表，出门做商务拜访更要注意形象，一个好的陪同人员应当具有豁达开朗的气质和大方自然的风度，给人留下谦恭和蔼、坦荡潇洒、淳朴热情的印象。

（二）摆正自己的身份地位

不论是代表公司出访，还是陪同上司出访，陪同人员都会受到其他公司的热情接待。这时陪同人员应该注意自身的言谈举止，不能得意忘形，认为自己高高在上，做出有违自己身份的事情，给公司形象抹黑。当然这并不意味着陪同人员完全变成上司的跟班，或是只是传达旨意的木偶。企业秘书在与外界交往的过程中，也是展示自己，推销自己的一个大好机会。

（三）做恰当的介绍

陪同上司出访，陪同人员少不了要经常对人或事物作介绍。给随时遇到的人作介绍，是陪同人员第一要掌握的学问。

礼仪模拟

（1）马上就要过年了，公司委派李明到腾达公司送点过节的礼物，李明觉得给腾达公司送东西是公司对腾达公司的器重。到腾达公司之后，李明顾不上整理已经皱皱巴巴的衣服，就开始颐指气使地指挥腾达公司的员工到车上搬东西，腾达公司总经理很不悦。

要求：全班分小组进行讨论，李明这次商务拜访腾达公司有哪些地方做得不妥？他应该怎么做？

（2）王良想和行政主管谈一下自己最近的工作状况，于是他就登门拜访，结果到访的时候，行政主管全家正在用餐，于是王良只好坐在沙发上等着，直到行政主管全家吃完晚饭。

要求：全班分小组进行讨论，王良在此次登门拜访中有哪些地方做得不妥？为什么？他应该如何做？

拓展阅读

电话拜访的礼仪

1. 适当的心理调适

(1)一般人对于电话拜访，不是认为它是一件最不起眼的工作，便是认为它是一件简单得不得了的工作，但事实上并非如此，要真正做好电话拜访是一件相当不简单的事，所以不妨告诉您自己做了一件伟大的工作。

(2)电话拜访所获得的成就感及满足感，并不像一般工作付出同等努力，便可得到同等值的掌声，而是付出十分努力可能只得到一分掌声。但不要灰心，只要努力不懈，说不定这一分的掌声所带来的是更高的成就感及满足感。成功的电话拜访员在未成功前所忍受的挫折感是相当大的，所花的时间之多也是无法想象的。

(3)许多公司会通过电话拜访来筛选潜在客户，而电话拜访员的素质不一常会造成一些困扰。如受访对象一听是要做电访，不是把电话挂掉便是推说没空。电访人员不可因被挂掉多少电话而沮丧，因为一位成功的电话拜访员，他在成功前不知被挂掉了多少电话，即使在成功后仍有可能被挂掉电话。

(4)如果碰到受访者语气不好时，更应保持自己的好语气，不要受到这种情绪波动的影响，礼貌性地将电话挂掉，并重新拟定下一次电访日。

(5)遇到滔滔不绝讲个不停的受访者时，切记不要与对方长谈，应尽快切入访谈重点，婉转暗示对方此次电话拜访的目的，并适时将电话结束。因为这有拒绝访谈之意，可千万别中计了！

(6)如果遇到一位不肯开金口的受访者时，就要施展耐力战，而且使对方在不知不觉中说出我们所要获得的资讯。

(7)不要一开始就抱着太高的成功期望，也不需要抱着一定失败的心，二者应各占50%。太阳底下没有一件事是绝对的，凡事都有变数。期望太高，失败较不易复原；期望太低，也不易品尝到成功的果实。

(8)电访人员应将被挂断电话或被对方拒绝，当做是一种磨炼，进而做到自我的提升。如此您的技巧才会有所进步。

(9)如何才算成功，这是很难下定义的。不妨给自己一段时间完成自己心中所欲达成的目标，量力而为，做起来才会愉快，切记！不要为获得一份薪水而委屈自己。

(10)有很多事只能靠自己的经验去琢磨，而无法以言语相交流，希望您能以最短的时间成为一位最杰出的电话拜访人员。

2. 电话拜访的礼仪要求

(1)首先要克服自己对电话拜访的恐惧或排斥及心理障碍，勇敢地跨出第一步，一切就会好转。心理的建设并不是人人都能做的，除具备专业知识及素养外还需具有超人的耐力及敏锐的观察力——事在人为。

(2)切记电话拜访时，对方看不见您的表情及态度，但可从您的声音作出第一印象的判断。所以，保持愉快的心情才能有悦耳的音调，同时也可使对方减低排斥感，如此便能做到亲和力的第一步——将心比心。

(3)适当的问候语能拉近彼此的距离感，使对方认为我们是朋友，而非只是电话拜访员。通常在电话拜访时应注意下列几点：①在一周的开始，通常每个公司都会很忙，且上班族最不喜欢的也是这一时间，所以不要太早做电话拜访，以免花许多时间却得不到理想的成绩。②依不同行业调整电话拜访时间。③在电话拜访时应对此行业有初步的认知；何时忙，何时可电话拜访。④若已知对方职称时，应直接称呼对方职称，会使对方有被重视感。⑤访问结束时，应表达感谢之意，并说声"对不起，耽误您不少时间"。

(4)如何开口说第一句话。常会遇到的状况分述如下：

总机不愿转接：先说声谢谢并挂掉电话，等整个拜访计划完成之后再重新打一次，因为有可能之前是接线员正在忙或心情不好。

对方表示已有专人负责，故不愿转接：婉转询问对方状况，并研判是否另找时间再度电话拜访。

对方表示无专人负责：将对方基本资料询问完整，以利日后再度电话拜访。

专人不在：请对方告知负责人之全名及职称，通常何时会在。

拨不通或无人接：应通过查询台(如114)查询对方电话是否有误或故障。

不愿多谈即将电话挂掉：另找时间电话拜访，并检讨自己的表达方式或是时机不对。

(5)顺利通过第一关后应可顺利完成访谈，因为，成功的第一步已踏出，接下来是该如何完成一份完整的客户资料卡。应保持客户资料卡书写的工整，以免增加自己无谓的困扰。将访谈重点摘录出来。

(6)填完客户资料卡后应加注电话拜访日期及电话拜访人员姓名。

(7)询问对方主要销售或制造产品内容及行业类别。

(8)若有可能则进一步询问对方公司状况、产品的需求及对其他配合厂商的印象。

(9)电话拜访的大致流程：收到电话拜访资料先大致整理→准备好工具及调适心情→开始电话拜访→每拜访完一家客户即填写一张客户资料卡。

思考练习

(1)在拜访前，拜访者与受访者应该事先约定哪些内容？

(2)在拜访的过程中，作为拜访者应该遵守哪些礼仪规范？

(3)张敏随张经理到一个重要客户的办公室拜访，在拜访过程中，张敏极尽所能主动和这个客户进行攀谈，两人谈得很好，张敏为自己能够在张经理的面前表现一番感觉非常满意。

试论述作为拜访的陪同人员，应该遵守哪些礼仪规范？

任务二　接待礼仪

学习目标

(1)能对不同来访的客人，礼貌规范地进行接待。

(2)能针对不同的接待类型,规范得体地进行接待。

任务情境

瑞康药业新上了一条世界最先进的输液管生产线,受到业内各界的好评。牡丹制药集团公司准备去瑞康药业的生产厂房进行取经学习。瑞康药业应该如何安排这次接待工作?

学习要求:全班同学分组进行讨论,并汇总意见,总结出办公室接待的一般程序和注意事项。

礼仪知识

接待是人们日常生活与工作中经常遇到的事情,只有掌握相关的礼仪知识,才能让客户满意,才能在工作中不出现纰漏。这样既可以塑造自己的良好形象,又可以提升组织的知名度。因此,熟知相关接待礼仪知识是接待人员必不可少的一项技能。

一、接待的原则

无论是单位还是个人在接待来访者时,都希望客人能乘兴而来,满意而归。为达到这一目的,在接待过程中要坚持以下几条原则。

1. 以礼相待

无论来访者是何事由、是何人等,均是单位的客人,应一律以礼相待,切忌“以衣帽取人”“以事由取人”。起立、问好、迎送、请坐、倒水是最起码的礼节。

2. 热情接待

无论对方是来了解情况的,还是联系工作的,或者是来致谢的,或者是来投诉的,都应热情、友好地予以接待。对其所欲了解的问题,应不厌其烦地讲清楚。对联系工作的应予以记录,对所提问题,尽可能予以答复。对致谢的热情接待并不难,对投诉的要热情接待就困难些。这时应从公共关系工作大局出发,考虑到投诉者的心情和怒气,不能火上浇油,而应以平息怒气为主,应说明原因,不能一推了之。

3. 真诚相待

由于种种原因,不可能对来访者的问题有问必答,有求必应。但是,对其不应拒绝接待和会见,不回避其难题,并委婉地说明难处。对已发生的事故最好不要隐瞒真相,要明确表示组织知错必改和敢于承担责任的态度。

4. 平等相待

不论单位大小、级别高低,不论朋友远近、地位异同,都应一视同仁,以礼相待,热情友善,这样才能赢得来访者的尊敬和爱戴,达到沟通信息、交流感情、广交朋友的目的。

二、接待礼仪

按照不同的标准,接待可以分为私人接待和公务接待两种不同的类型。下面就两种接待礼仪进行简单阐述。

(一)私人接待礼仪

在私人接待中,作为主人,不可不熟悉待客之道,待客之道的核心在于主随客便,待客以礼,这一指导思想主要落实于以下两个具体方面。

1. 细心安排

与来访者约定拜访之后,主人应该立即着手从事必要的准备工作,以便令客人到访时产生宾至如归之感。主人先期需要准备安排的,主要有以下四项工作。

(1)环境卫生。在客人到来之前,往往需要专门进行一次清洁卫生工作,以便创造出良好的待客环境,并体现出对来客的重视。进行清洁卫生工作的重点,应是门厅、走廊、客厅、餐厅、阳台、卫生间等来客必经的地方。此外,对门外、楼梯等公众共享空间的卫生同样需要加以注意。

(2)待客用品。一般情况下,在客人来访之前,需要准备好必要的待客用品,以应客人之需。通常,必不可少的待客用品有以下四类。

第一,饮料、糖果、水果和点心。它们被人们戏称为中国人款待来宾的“四大名旦”,在待客的时候必须做到有备无患。

第二,香烟。鉴于吸烟有害健康,在待客的时候可备有香烟,并相让于人,但不要勉强对方。

第三,报刊、图书、玩具。这些物品可供客人,尤其是随其而来的孩子使用。

第四,娱乐用品。有时间的话,宾主可一起进行娱乐活动,共享欢乐。

(3)膳食住宿。在一般情况下,接待来客的时候,应该为其预先准备好膳食,并在会面之初向对方表明留饭之意。千万不要忽略此事,尤其是不要只顾自已用餐,而忽略了招待来宾,让对方空腹而归。假如客人是从外地来的,或者来访时间已经很晚,应该为其安排住宿。家中如果不具备留宿的条件,事先应该向对方说明情况,另外为其安排住处。

(4)交通问题。接待远道而来的客人的时候,一定要事先考虑其交通问题。如果力所能及,则最好主动为其安排或提供交通工具。为来宾安排交通工具应该讲究善始善终:不但来的时候要给予安排,而且走的时候也要管。这样做,不仅是为客人排忧解难,而且也能体现主人的待客之诚和善解人意。

2. 迎接礼让

客人到来的时候,主人对其欢迎与否,客人是能够感受到的。因此客人抵达之后,主人所需要做的第一件事情就是要向对方表示热烈欢迎。当客人告辞的时候,也要热情相送。

(1)迎接。对重要的客人或者是初次来访的客人,主人在必要的时候要亲自或派人前去迎候。迎接远道来访的客人,可恭候于其抵达的本地的机场、港口、车站或其下榻之处,并要事先告知对方。

迎接本地的客人,宜在大门口、楼下或居所的门外,以及双方事先约定的地方。

对经常来往的客人,虽然不必事先恭候于门外,但一旦得知对方抵达,即应该立即起身,相迎于室外。

(2)致意。与来客相见之初,不论彼此熟悉与否,均应面带微笑,与对方热情握手。与此同时,还应对客人真诚地表示欢迎,并致以亲切的问候。一般情况下,迎接客人时候的握手、问候和表示欢迎,被视为迎接过程中必不可少的“迎宾三部曲”。假如客人到来的时候,自己家里还有其他亲属或朋友在场,则主人有义务为其进行相互介绍。

(3)让座。如约而来的客人到来之后,主人应该尽快将其让人室内,并安排其就座。若把客人拦在门外谈个没完，主人等于是暗示客人其不受欢迎。在待客的时候，应该将“上座”让给来宾坐。另外，在就座的时候，为了表示对客人的敬意，主人应该请客人先行入座，千万不要不让座或者是让错座。

礼仪点滴

所谓的“上座”，在待客的时候通常是指：宾主并排就座时的右座；距离房门较远的位置；宾主面对面就座时的面对正门的位置；或者是以进门者面向为准，位于其右侧的位置。此外，较高的座位或者较为舒适的座位，往往也被视为“上座”。

（4）交谈。在宾主相处之际，相互之间自然要进行必要的交谈，以便沟通和交流。宾主进行交谈之时，主人不仅要准确无误地表达和接收信息，而且还要扮演一个称职的主持人和最佳的听众。作为主持人，主人需要为宾主之间的交谈引出话题，寻找话题，而不使大家面面相觑、无话可说。万一客人之间的交谈不甚融洽时，主人还需要出面转移话题。作为听众，主人需要在客人讲话的时候洗耳恭听，并对此抱有浓厚的兴趣，令对方兴趣剧增。无论如何，主人都不宜使宾主之间的交谈冷场，或对客人的谈吐明显地表现出毫无兴致。

面对客人的时候，爱答不理，闭目养神，大打哈欠，看书看报，听广播、看电视、发短信，忙于处理家务，打起电话没完没了，与家人聊天，甚至抛下客人扬长而去，这些都是在待客过程中最忌讳的事情。

（二）公务接待礼仪

在接待工作的具体过程中，始者，来宾之迎送也。迎送来宾作为接待工作的具体起点，不仅理应为接待方所重视，而且亦为接待对象所关注。

在接待过程中，迎送来宾不仅反映着接待方的接待水准，体现接待方的礼宾规格，而且意味着双方关系发展的程度，暗示着接待方对接待对象重视与否，同时还事关接待对象对接待方接待工作的第一印象。因此，无论对接待方还是被接待方而言，接待工作中的迎送来宾就理所当然地被视为一桩礼仪大事。

具体而言，接待过程之中的迎送来宾，在礼仪上有掌握详情、确定“时空”、关注细节、熟知程序、礼宾次序等问题需要注意。

1. 掌握详情

本着“知己知彼”的原则，从事迎送来宾的接待人员，有必要对有关状况掌握得详尽具体，细致入微。在这一方面倘若稍有不足之处，就有可能产生连锁反应，影响全部迎送活动乃至整个接待工作的顺利进行。

（1）掌握对方状况。要将迎送来宾工作进行得圆满顺利，达到双方都满意的效果，接待方有关人员首先应对来访人员的具体状况予以充分掌握，这是接待人员做好迎送工作的基本保证。

第一，主宾的个人简况。对于对方主宾的简况，如姓名、性别、年龄、籍贯、民族、单位、职务、职称、党派以及文化程度、宗教信仰、生活习惯、家庭状况、政治倾向、业务能力、社会评价等，均应一清二楚。对对方其他来宾的情况，亦应尽可能地有所了解。

第二，来宾的总体情况。在迎送活动中，一些有关来宾的总体情况，如具体人数、性别概况、组团情况以及负责人等，接待人员也应予以关注。

第三，来宾的整体计划。接待对象在来访之前，必定会制订其具体访问计划。对其来访计划，特别是访问目的、指导方针、大致安排等，接待人员应有一定程度的了解。

第四，来宾的具体要求。在迎送活动开始前，以及在其具体进行中，接待人员对于对方所提出的要求或者意见、建议，应认真听取，予以充分考虑。

第五，来宾的抵达时间。对于来宾正式抵达时间，如具体日期、具体时间及其相关的航次、车次、地点，接待人员应当掌握充分，并且予以再三核对，以免在具体工作中出现重大差错。

(2)了解己方要求。从事迎送工作的接待人员，尤其是其中的负责者，一定要对本单位的相关要求有全面了解。

第一，本单位的接待方针。它具体涉及己方有关整个接待工作的基本要求。

第二，本单位的礼宾规格。它是己方所给予来宾具体礼遇的最明显的体现。

第三，本单位的操作重点。对于迎送来宾过程之中的某些重点环节，有关人员必须重视。

第四，本单位的有关预案。对于用以防止某些临时变故的预备方案，有关人员必须清楚，不允许一知半解。

2. 确定“时空”

在正式的接待过程中，宾主双方均对迎送来宾的具体时间与空间十分重视。因为它不仅限定了迎送活动的具体范围，而且在一定程度上直接影响着迎送活动的效果。

具体而言，在礼仪上，与接待中迎送来宾活动的具体时空条件有关的规范，主要包括如下两方面：

(1)活动的时间。在具体从事迎送工作时，对于时间问题理应高度重视。其有关的礼仪规范，主要涉及以下三点。

第一，须双方商定时间。在任何情况下，有关正式迎送来宾的具体时间，均应由宾主双方事先正式商定，达成一致。各方对此都可以提出意见或建议，但同时也必须耐心地听取对方的意见或建议。

第二，时间约定要精确。对于有关迎送活动的具体时间约定，不仅应该详尽，而且应当精确。在一般情况下，每次活动的具体时间应标明年、月、日，采用24小时制计时，并且应当精确到以分钟为计时单位。对于每次活动的时间，既要规定其起始时间，又要规定其终止时间，即必须规定每次活动的具体时间长度。

第三，须反复予以确认。接待人员在具体操办来宾迎送活动的过程中，应养成在必要时再度与对方确认相关时间规定的良好习惯。在下述情况下，对有关具体时间的规定尤须不厌其烦地与对方再度进行确认：在来宾正式出发之前；在来宾即将抵达之前；在迎送时间小作调整之后。

(2)活动的空间。在规范迎送活动具体时间的同时，对于其具体空间亦应有所规范。所谓迎送活动的具体空间，通常是指用以进行迎送活动的具体地点。其有关的礼仪规范，一般包括下述两点：

第一，主方专断。通常，有关迎送来宾的具体地点，均由东道主一方自行定夺。对于被接待方，东道主仅仅需要进行通报而已，而不必过多地考虑对方的想法。

第二，环境良好。为了使迎送活动给来宾留下美好印象，在力所能及的前提下，一定要充分考虑活动地点环境的好坏。应当强调的是，在考虑迎送地点的环境问题时，不仅应当注意其活动现场具体环境的好坏，同时还应当注意其活动现场周边环境的好坏。

3. 关注细节

在迎送来宾的具体活动中，接待人员既要事事从大局着眼，明辨大是大非，又要处处从小事着手，关注具体的细节问题，以防止因小失大。

古人认为，要做好一件事情，通常需要“天时、地利、人和”。与之相对应，在迎送活动之中的“天时、地利、人和”，体现在气象、交通、安全三大细节方面。

（1）气象状况。在任何时候，气象条件的变化都会对人类的正常活动产生一定的影响。对迎送来宾的具体活动而言，气象情况更是不可不察。在这一问题上，主要应当注意两点：

第一，掌握当地的气候变化规律。在具体安排迎送活动时，务必要充分了解当地的气候变化规律，在任何时候，都不应使迎送活动“逆风而动”，草率行事。

第二，制订气象突变的应对措施。俗话说“天有不测风云”，在制订迎送来宾的具体计划时，一定要对有可能变化的气象状况有所考虑，并为此而制订应急方案。

（2）交通状况。不论举行何种形式的迎送活动，交通状况都不容回避。倘若交通方面存在隐患，必将影响迎送活动的顺利进行。在交通问题上，通常有两点注意事项：

第一，安排适量的交通工具。在一般情况下，迎送活动中所使用的交通工具由接待方负责。首先要保证其数量满足需求，其次应准备一定的机动车辆。

第二，事先向交通管理部门通报。在举行正式的来宾迎送活动之前，一定要向当地交通管理部门进行例行的情况通报。此种做法，既是对交管部门工作的一种尊重，同时也是为了取得交管部门的支持与合作。

（3）安全状况。由于许多迎送活动往往公开举行，因此，有关部门和有关人员一定要对迎送活动的安全状况高度重视，并且牢固树立“安全第一”的观念。在这一重要问题上，除了要注意迎送过程中车辆行驶的安全外，还要根据情况采取必要的安全措施。比如，应对活动参与者提出要求，并进行审查。在其抵达现场后，往往还可进行例行的安全检查。举行重大的迎送活动时，通常还应当采取一定的保密措施，并调动保安人员到场。

4. 熟知程序

就礼仪而言，凡属重大活动，皆应规定必要的程序，届时循序而行。因此，在一般情况下，每一名具体从事迎送来宾的工作人员，都应当熟知制定程序、规范程序、简化程序、执行程序四个与迎送活动密切相关的程序问题。

（1）制定程序。一般的迎送活动，特别是需要举行专门仪式的迎送活动，都必须事先制定活动程序，以保证迎送活动循序而行，井井有条。所谓程序，通常是指某项活动进行的基本步骤与先后顺序。所谓迎送的程序，显然指的就是迎送活动的主要环节与操作流程。对有关迎送活动的程序制定，主要有两方面的要求：

第一，必须制定程序。任何正式的迎送活动，不论其是否举行仪式，都一定要事先制定必要的程序。

第二,程序必须详尽。既然迎送程序事关迎送活动的操作流程与进行步骤,那么就应当在制定有关程序时力求其详细、具体、全面。

(2)规范程序。从标准化、正规化的角度来讲,迎送活动不仅需要制定必要的程序,而且还需要对有关程序进行必要的规范。一般而言,用以迎送对方来宾的具体程序大致上可分为正式程序与非正式程序两种。

第一,正式程序。正式程序一般用于举行正规的迎送仪式,多用于外事接待中,特别是迎送国宾之时。目前,我国最为正式的欢迎来宾程序,首推外国国宾的欢迎仪式,其具体程序大致为:当其抵达北京时,由我国政府陪同团团长前往首都机场迎接,并陪车将其送至钓鱼台国宾馆下榻。然后在当天或次日,在天安门广场人民大会堂东门外为其举行隆重而正式的欢迎仪式。届时,欢迎仪式将由引见、献花、鸣炮、奏乐、检阅以及随后在人民大会堂内举行国宴等一系列规范化的程序组成。倘若天气不佳时,欢迎仪式一般改在人民大会堂内中央大厅举行。

第二,非正式程序。在内宾接待活动中,迎送仪式通常不必举行,但迎送活动往往还是不可缺少的。那些非仪式性的迎送活动的具体程序,即为非正式程序。

在一般情况下,迎送来宾的活动应由邀请单位的负责人或者其正式代表出面组织。它的程序,通常应当包括迎送、陪车、会见、合影、宴请等,群众队伍一般不予以安排。这些具体程序,亦应由有关单位按照惯例与来宾要求,进行必要的规范。

若宾主双方关系较为密切,彼此相熟,常来常往甚至十分友好,则亦可视具体情况的不同,以其他表达亲切、友好、尊重、敬意的形式,来表达我方迎宾时的喜悦与送宾时的祝福,而不必过分拘泥于普通的迎送活动程序。

(3)简化程序。程序从简,是目前我国来宾迎送活动的一大趋势。在具体拟订来宾迎送活动程序时,接待方亦应在不失礼、不影响活动效果的前提下,对其进行必要的简化。在迎送活动中,通常不举行专门仪式,而且要尽量减少活动的环节。只有这样,迎送程序才有可能被简化。同时,还要努力控制活动的规模。对于参与活动的人数、到场领导的级别、参与陪同的人员、活动举行的时间及其具体的经费支出,均应从简。

(4)执行程序。不论是制定迎送活动程序,还是规范、简化迎送活动程序,都是为了追求其执行效果的最佳化。要做到这一点,有两方面必须注意:

第一,必须认真执行既定程序。迎送活动的程序一旦制定,有关人员即应无条件地、自觉地予以执行。

第二,必须灵活机动地执行程序。在执行既定程序之时,必须既坚持原则,又善于机动灵活,随机应变,具有应对突发事件的能力。

5. 礼宾次序

所谓礼宾次序,亦称礼宾序列、礼宾排列或名次安排。它所指的是东道主一方在同一时间或同一地点接待来自不同国家、不同地区、不同团体、不同单位、不同部门、不同身份的多方来宾时,依照约定俗成的方式,视其职位高低、先后的具体顺序或位次所进行的具体排列。

在多边接待的具体实践中,礼宾次序具有一些常规的排序方式。目前,在我国的实践中,礼宾次序的常规排序方式主要有六种。对于这六种不同的常规排序方式，有时可以仅用其中的某一种方式，有时则可以几种方式兼用。下面逐一介绍这六种排序方式：

(1)职务次序。在正式场合接待多方来宾时，往往会依据来宾具体的行政职务的高低进行排列。大凡进行正式的官方交往时，如进行正规的政务活动、商务活动、学术活动乃至军务活动时，均应采取此种方式进行礼宾次序排列，在这种情况下，礼宾次序排列只讲具体人员行政职务的高低，并不需要考虑其男女、长幼之别。

在接待不再担任现职的来访人士时，一般可根据其所担任的最高或最后的行政职务作为排序的依据。但若该人士与担任现职的人士同时到场的话，则应位列对方之后，以示“现任高于原任”，因为现任毕竟是在实际工作中负主要责任的。若需要同时排列多位曾原任同一职务者时，一般应以对方任职时间的早晚为序，将任职较早者排列在前。

在接待多方团队来宾时，一般不注重其人数的多少，而是按其团长或领队的行政职务的高低排序。

(2)字母排列。一般而言，在国际组织进行活动，或者举行国际会议、进行体育比赛时，进行礼宾次序排列时的最佳方法就是依照各方来宾所在国家、地区、组织或者所在单位的名称拼写字母的先后顺序进行排列。在此需要就如下两点进行必要的说明：一是按照国际惯例，此处所说的字母顺序通常是指拉丁字母顺序，而非某国法定文字的字母顺序。这样做，是为了维护国与国之间的平等。二是如果进行排序的两个或者两个以上的国家、地区、组织、单位名称的字母相同，则应以其第二个字母作为排列依据。若其第二个字母依旧相同，则应以其第三个字母作为排列依据，依次类推。

(3)抵达早晚。对于驻外机构的负责人或是各类非正式活动的参加者，可以依照各方来宾正式抵达活动现场的具体时间的早晚顺序进行排列。这种排列方式，通常称为“以先来后到为序”。它主要用于一些特定场合或非正式场合，以及上述两种排列方式难以运用的场合。

(4)报名先后。当举办大型招商会、展示会、博览会等商贸类活动，或者是上述几种方式难以采用时，也可以依据来宾正式报名参加活动的早晚进行排列。这种排列方式，俗称“以报名早晚为序”。

(5)地位排序。在多边的外事接待中，除主办方之外，难免会有国内其他组织或单位的人士到场。此时，亦可以依照宾主双方或宾或主的具体地位的不同顺序进行排列。来访者一方应当居前，东道主一方应当居后，此亦称为“先宾后主”。具体而言，境外人士应当排在境内人士之前，国内其他单位的人士则应当排在主办单位的人士之前。

(6)不做排列。不进行任何正式的顺序排列，一般也称为“不排列”或者“不排序”。实际上，它也是一种特殊形式的排序。在多边接待中，此种排列顺序主要适用于如下两种情况：一是没有必要进行排序；二是实在难以进行任何方式的排列。

三、送别礼仪

送别客人是接待工作最后的也是非常重要的一个环节。要想真正做好接待工作，使接待工作有始有终，善始善终，就应该对待送别像对待迎宾一样，予以高度的重视。

送别主要有道别、话别、饯别、送行等形式。应按照不同的送别形式遵循不同的礼仪规范。

（一）道别

道别，是指来宾离去，出于礼貌而陪同对方一同行走一段路程，或者特意前往来宾启程返还之处与之告别，并且目送对方离去。

在接待工作中，遇到最多的是与登门拜访的客人的道别。因此，要讲究道别的方法，注意分寸。

1. 道别提出

道别应由来宾率先提出。假如主人首先提出与来宾道别，会给人一种厌客、逐客的感觉。

2. 道别用语

宾主道别时，彼此双方都会在此刻采用一些专门的礼貌用语与对方作别，或是借以表达对于对方的惜别之情。在道别时，来宾往往会说："就此告别""后会有期"。而此刻主人应说："一路顺风""旅途平安"。有时，宾主双方还会向对方互道"再见"，叮嘱对方"多保重"等。

礼仪点滴

道别应注意以下细节。

(1) 加以挽留。当来宾提出告辞时，主人应当加以挽留。不应顺水推舟、不作任何表示。

(2) 起身在后。在来宾告辞时，主人应在对方站起来后再起身，不宜抢先起身。

(3) 伸手在后。在宾主双方握手作别时，一般应由来宾首先伸手，主人随后伸手。

(4) 相送一程。在来宾离去时，主人应当相送一程。通常应将其送至门口、电梯或楼梯旁、大楼底下、大院门外。如果对方是初次来访的贵宾，则还可陪伴对方走得更远一些。主人若当时难以抽身，还可以委托他人代为相送。

（二）话别

话别，一般是在远道而来的客人离去之前，主人专程前去探望对方，并且与对方聚谈一番。在正式的接待工作中，尤其是在规格较高的接待工作中，话别通常是不可不做的一项重要工作。

1. 话别时间

与来宾话别的时间，要讲究主随客便，注意预先相告。在正常情况下，来宾临行的前一天，来宾离开下榻之处前夕，都可选择话别时间。在确定话别时间时，不要因此而打乱对方的安排，影响对方的休息，或者有碍对方的行程。

2. 话别地点

与来宾话别，应当选择适当的地点。最佳的话别地点，是来宾的临时下榻之处。除此之外，在接待的会客厅、贵宾室里，或是在专门为来宾饯行的宴会上，亦可与来宾话别。

3. 话别人员

参加话别的主要人员，应为宾主双方身份、职位大致相似者，对口部门的工作人员，接待人员等。按惯例，在贵宾离去之前，东道主一方的主要负责人或者其代表，应专程前去与对方话别。

4. 话别内容

话别的主要内容：一是表达惜别之意；二是听取来宾的意见或建议；三是了解来宾有无需要帮忙代劳之事；四是向来宾赠送纪念性礼品。

（三）饯别

饯别又称饯行。它是指在来宾离别之前，东道主一方专门为来宾举行一次宴会，以便郑重其事地为对方送别。

在各级国家行政机关的接待工作中，通常不宜在送别时为来宾安排专门的饯别宴会。即使有必要为来宾安排饯行时，也应注意限定规模，节省开支，反对大吃大喝，铺张浪费。

（四）送行

送行，是指客人离开本地时，特地委派专人前往来宾的起程之处，与对方亲切告别，并目送对方渐渐离去。

在送行活动时，一般有必要对送行的需要、送行的时间、送行的地点、送行的人员等问题予以考虑，遵守送行的礼仪规范。

1. 送行的需要

在接待工作中需要安排送行的对象主要有：正式来访的外国贵宾、远道而来的重要客人、关系密切的协作单位的负责人、重要合作单位的有关人员、年老体弱的来访者，等等。当来宾要求主人为之送行时，一般应满足对方的请求。接待方决定为来宾送行时，应向对方通报。若对方真心予以拒绝，可不必勉强。

2. 送行的时间

在安排为来宾送行时，应兼顾两点：一是切勿耽误来宾的行程；二是切勿干扰来宾的计划。在时间上要有一定的提前量。

3. 送行的地点

为来宾正式送行的常规地点，通常应当是来宾的起程之处。例如，机场、码头、火车站、长途汽车站等。倘如来宾自带车辆，亦可以把来宾临时下榻之处作为送行地点，例如，宾馆、饭店、旅馆等。

4. 送行的人员

安排送行人员时，一是要注意其身份。送行人员与送行对象在职务身份上要大体相同。二是要控制其数量。为一般的来宾送行时，东道主一方的主要领导不必亲自到场，而有数量适当的接待人员，办公室工作人员或者与来宾专业、部门对口的人员出面即可。只有为重要来宾送行时，才有必要由东道主一方的主要领导出面。

礼仪点滴

送行应注意以下细节。

(1)要与来宾亲切交谈。在来宾临行前,如果时间允许,送行人员应与来宾进行亲切而友好的交谈。畅谈双方的友谊,展望合作的前景,预祝对方一帆风顺,等等。

(2)要与来宾握手作别。在来宾正式登上其返程时乘坐的交通工具之前,送行人员应当同来宾一一握手作别。

(3)要向来宾挥手致意。在来宾登上交通工具之时,以及对方所乘坐的交通工具驶离之时,送行人员应当面向对方挥手致意。

(4)要注意自己的退场。在送行时,送行人员通常应该在来宾所乘坐的交通工具启动后,或是在对方所乘坐的交通工具离开自己的视线后,方可离去。

礼仪模拟

(1)邬娜负责单位的接待工作,在一次重大的研讨会上,邬娜按照字母顺序将来宾进行排列,安排的可谓妥妥当当,结果当吴处长到场的时候,邬娜心里开始打鼓,原来,吴处长被安排到了最后一排,而他却是此次研讨会的重要参加者。请问在接待工作中,邬娜的安排是否妥当?

要求:全班进行讨论,作为接待人员,礼宾次序应该按照什么规则来排列?

(2)张雪作为单位的接待人员,有一次,李经理交代了上级主管部门的李钢处长要来考察本单位,要求张雪务必做好接待工作。上午一上班,张雪发现一个其貌不扬、衣着有些邋遢的老头站在单位门口,说是要见李经理。张雪看了他一眼就要把他往外赶,结果这个老头发话了:"让你们领导来见我,我是李钢!"张雪呆住了!

要求:全班进行讨论,张雪作为接待人员,其行为有哪些不妥之处?应该如何做?请几位同学按照正确的接待方式进行场景模拟。

拓展阅读

会议接待礼仪

根据参加会议的人数不同、会前准备工作的内容不同以及会议接待的方式不同,对会议的组织方法,礼仪要求也不同。

1. 会议的筹备工作

(1)根据会议规模,确定接待规格。

(2)发放会议通知和会议日程。

会议通知必须写明召集人的姓名或组织、单位名称,会议的时间、地点、会议主题以及会议参加者、会务费、应带的材料、联系方式等内容。通知后面要注意附回执,这样可以确定受邀请的人是否参加会议，准备参加会议的是否有其他要求等。对于外地的会议参加者还要附上到达会议地点和住宿宾馆的路线图。这个路线图避免了外地人问路的许多麻烦。

会议日程是会议活动在会期以内每一天的具体安排，它是人们了解会议情况的重要依据。它的形式既可以是文字的也可以是表格的。它可以随会议通知一起发放。

（3）选择会场。选择会场，要根据参加会议的人数和会议的内容来综合考虑。最好是达到以下标准：

第一，大小要适中。会场太大，人数太少，空下的座位太多，松松散散，给与会者一种不重视的感觉；会场太小，人数过多，挤在一起，如集市一般，不仅显得局促，而且也根本无法把会开好。所以，英国的首相丘吉尔曾说："绝对不用太大的房间，而只要一个大小正好的房间。"

第二，地点要合理。临时召集的会议，一两个小时就散的，可以把会场定在与会人员较集中的地方。超过一天的会议，应尽量把地点定在离与会者住所较近一些的地方，免得与会者来回奔波。

第三，附属设施要齐全。会务人员一定要对会场的照明、通风、卫生、服务、电话、扩音、录音等进行检查，不能够因为"上次会议是在这里开的，没出什么问题"，就草率地认为"这回也会同样顺利"。设施不全可能会造成很差的影响。

第四，要有停车场。现代社会召集会议，"一双草鞋一把伞"赶来开会的人已经不多了。轿车、摩托车都要有停放处，会才能开得成。

（4）会场的布置。会场的布置包括会场四周的装饰和座席的配置。

一般大型的会议，根据会议内容，在场内悬挂横幅。门口张贴欢迎和庆祝标语。可在会场内摆放适当的盆景、盆花；为使会场更加庄严，主席台上可悬挂国旗、党旗或悬挂国徽、会徽。桌面上如需摆放茶杯、饮料，应擦洗干净，摆放美观、统一。

座席的配置要适合会议的风格和气氛，讲究礼宾次序，主要有以下几种配置方法：

①圆桌型。使用圆桌或椭圆形桌子。这种布置使与会者同领导一起围桌而坐，从而消除不平等的感觉。另外，与会者能清楚地看到其他人的面容，因而有利于互相交换意见。这种形式适于10～20人的会议。座次安排应注意来宾或上级领导与企业领导及陪同面对面坐，来宾的最高领导应坐在朝南或朝门的正中位置，企业最高领导与上级领导相对而坐。同级别的对角线相对而坐。

②口字形。使用长形方桌。这种形式比圆桌型更适用于较多人数的会议。

③教室型。这是采用得最多的一种形式，它适用于以传达情况、指示为目的的会议，这时与会者人数比较多而且与会者之间不需要讨论、交流意见。这种形式主席台与听众席相对而坐。主席台的座次按人员的职务、社会的地位排列。主席的座位以第一排正中间的席位为上，其余按左为下右为上的原则依次排列。

（5）准备会议资料。会务组应该准备有关会议议题的必要资料，这些资料在整理后放在文件夹中发放给与会者，方便与会者的阅读和做好发言准备。

2. 会议前的接待礼仪

（1）会前检查。这是对在准备工作阶段考虑不周或不落实的地方进行的补救。比如检查音像、文件、锦旗等是否准备齐全。

（2）提前进入接待岗位。接待人员应该在与会者到来之前提前进入各自的岗位，并进入工作状态。一般的接待工作分以下几个岗位。

①签到。设一张签字台,配1～2名工作人员,如果是要求接待档次比较高,可以派礼仪小姐承担。签字台摆有毛笔、钢笔和签到本。向客人递钢笔时,应脱下笔套,笔尖对自己,将笔双手递上。如果是毛笔,则应蘸好墨汁后再递上。签到本应精致些,以便保存。如需要发放资料,应礼貌地双手递上。接待人员应经常向会议组织者汇报到会人数。

②引座。签到后,会议接待人员应有礼貌地将与会者引入会场就座。对重要领导应先引入休息室,由企业领导亲自作陪,会议开始前几分钟再到主席台就座。

③接待。与会者坐下后,接待人员应递茶,或递上毛巾、水果,热情地向与会者解答各种问题,满足各种要求,提供尽可能周到的服务。

3. 会议中的服务礼仪

会议进行中的服务要做到稳重、大方、敏捷、及时。

(1)倒茶服务人员注意观察每一位与会者,以便及时为其添茶水。倒水时动作轻盈、快捷、规范。杯盖的内口不能接触桌面,手指不能接触到杯口,不能发出杯盖碰撞的声音。一般是左手拿开杯盖,右手持水壶,将热开水准确倒入杯里,不能让茶水溅到桌面上或与会者身上。杯子放在与会者桌上的右上面。如果操作不慎,出了差错,应不动声色地尽快处理,不能惊动其他人,不能慌慌张张,来回奔跑,将与会者的注意力引到自己身上,否则,这将是极大的工作失误。

(2)其他会议中的服务按拟订的程序进行,应紧凑,不要出现冷场的局面。这就要求各个工作人员"严阵以待",做好各项准备工作。例如,会议进行第一项:全体起立、奏国歌。这时音响应立即播放出国歌。又如,大会宣布颁发荣誉证书,组织人员应迅速将受奖人员排好队,礼仪小姐把领导从主席座席上引出来,另有礼仪小姐将证书一一递上,由领导颁发给受奖者。为使会场上的活动有条不紊,必要时应将有关人员组织起来进行模拟训练,避免会场上出现混乱。

如果与会者有电话或有人要相告特别重要的事,服务人员应走到他身边,轻声转告他。如果要通知主席台上的领导,最好用字条传递通知,避免无关人员在台上频繁走动和耳语,分散与会者的注意力。

(3)做好会后服务的准备。会议进行之中,就应为会后服务做好准备。例如,会后要照相,就应提前将场地、椅子等布置好,摄影师做好摄影的准备。另外,会后的用车也应在会议结束前妥善安排。

4. 会后服务

会议结束后,全部接待人员应分工明确地做好善后处理工作。

(1)组织活动会议结束后,有时还会安排一些活动。如联欢会、会餐、参观、照相等,这些工作很烦琐,应有一位领导统一指挥和协调,而且这位领导要有很强的组织能力才能胜任,同时其他接待人员要积极配合,各负其责,做好自己分担的工作,以保证活动计划的顺利实施。

(2)送别。根据情况安排好与会者的交通工具,使其愉快及时地踏上归程。

(3)清理会议文件。主要包括以下内容:①根据保密原则,回收有关文件资料。②整理会议纪要。③新闻报道。④主卷归档。⑤会议总结。

思考练习

(1)在与来宾交谈的时候,应该注意哪些细节?

(2)在接待工作中,都有哪几种道别方式,分别适用于哪些场合?

(3)在一次隆重的宴会上,张萌作为宴会的组织者看到宴会开始了,长长地舒了一口气,想着今天的任务终于圆满完成,就等着明天领导的表扬了,然后就转身回家了。结果第二天,她被领导叫到办公室痛批一顿。

全班讨论,为什么张萌会受到领导的批评?她错在哪里了?为什么?

项目五 饮食礼仪

中华饮食文化源远流长博大精深,《礼记·礼运》有云:“夫礼之初,始诸饮食。”可见,礼仪在中国人传统进餐中是非常重要的。饮食礼仪不仅在古代社会发挥过重要的作用,对现代社会依然产生着影响,成为文明时代的重要行为规范。因此,我们要了解并掌握餐饮礼仪,这样将会有利于我们在工作与生活中避免可能会遇到的尴尬或者有失礼仪的行为。

任务一 中餐礼仪

学习目标

(1)能针对不同的场合和环境,正确使用中餐餐具。

(2)能够根据礼仪要求正确安排中餐宴请的桌次和位次。

任务情境

小王去参加同学聚会,大家都很开心。吃饭的时候,小张发出“吧唧吧唧”的声音,还边吃边说,唾沫横飞。吃完后,小张又伸了伸懒腰,做出很满足的样子,打了一个响嗝。小王的心情顿时黯淡下来。

学习要求:同学们,谈谈自己的看法,小王的心情为什么会黯淡下来?

礼仪知识

中餐,是中式餐饮的简称。它所指的是一切具有中国特色的、依照传统方法制作的、为中国人日常生活之中所享用的餐食和饮品,其中最主要的则是具有中国特色风味的饭菜。

一般情况下,学习中餐礼仪,主要需要掌握用餐的方式、用餐时间和地点的选择、菜单的安排、座次的排列、餐具的使用、用餐的礼仪六个方面的具体规则。

一、用餐的方式

中餐的用餐方式,在此是指采用哪一种具体形式用餐的问题。依据不同的标准,中餐的用餐方式可以有多种多样的划分。按照目前约定俗成的做法,根据中餐用餐规模的不同,可以将用餐方式划分为宴会、家宴、便餐、工作餐(包括自助餐)等具体形式。

(一)宴会

宴会,通常指的是以用餐为形式的社交聚会。可以分为正式宴会和非正式宴会两种类型。正式宴会,是一种隆重而正规的宴请。它往往是为宴请专人而精心安排的,在比较高档的饭店,或是其他特定的地点举行的,讲究排场、气氛的大型聚餐活动。对于到场人数、穿着打扮、席位排列、菜肴数目、音乐演奏、宾主致辞等，往往都有十分严谨的要求和讲究。非正式宴会，也称为便宴，也适用于正式的人际交往，但多见于日常交往。它的形式从简，偏重于人际交往，而不注重规模、档次。一般来说，它只安排相关人员参加，不邀请配偶，对穿着打扮、席位排列、菜肴数目往往不作过高要求，而且也不安排音乐演奏和宾主致辞。

（二）家宴

家宴，也就是在家里举行的宴会。相对于正式宴会而言，家宴最重要的是要制造亲切、友好、自然的气氛，使赴宴的宾主双方轻松、自然、随意，彼此增进交流，加深了解，促进信任。

通常，家宴在礼仪上往往不作特殊要求。为了使来宾感受到主人的重视和友好，基本上要由女主人亲自下厨烹饪，男主人充当服务员；或男主人下厨，女主人充当服务员，来共同招待客人，使客人产生宾至如归的感觉。

（三）便餐

便餐，也就是家常便饭。用便餐的地点往往不同，礼仪讲究也最少。只要用餐者讲究公德，注意卫生、环境和秩序，在其他方面就不用介意过多。

（四）工作餐

工作餐，是在商务交往中具有业务关系的合作伙伴，为进行接触、保持联系、交换信息或洽谈生意而用餐的形式进行的商务聚会。它是一种非正式的宴请形式。它重在一种氛围，意在以餐会友，创造出有利于进一步进行接触的轻松、愉快、和睦、融洽的氛围。是借用餐的形式继续进行的商务活动，把餐桌充当会议桌或谈判桌。工作餐一般规模较小，通常在中午举行，主人不用发正式请柬，客人不用提前向主人正式进行答复，时间、地点可以临时选择。

二、用餐时间和地点的选择

中餐特别是中餐宴会具体时间的安排，必须兼顾其举办的具体时间和地点，也就是要注意用餐的时间和地点选择问题。以下将分别从时间的选择和地点的选择这两个方面来讨论这个问题。

（一）时间的选择

依照礼仪惯例，安排中餐尤其是中餐宴会的具体时间，主要应该兼顾下面几个方面。

1. 民俗惯例

根据人们的用餐习惯，依照用餐时间的不同，分为早餐、午餐、晚餐三种。究竟应当选择早餐、午餐还是晚餐，往往不好一概而论。不过在绝大多数的情况下，确定正式宴请的具体时间，主要遵从民俗惯例。

比如，在国内举办正式的宴会，通常都喜欢安排在晚上进行。而工作餐大多安排在午间，而在海南、广东或者是港澳地区，则多选择在早晨。

2. 主随客便

在确定社交聚餐的具体时间时，主人不仅要从自己的客观能力出发，更要讲究主随客便，要优先考虑被邀请者，特别是主宾的实际情况，不要对这一点不闻不问。如果可能，应该先和主宾协商一下，力求两相方便。至少，也要尽可能提供几种时间上的选择，以显示自己的诚意，并要对具体长度进行必要的控制。

(二)地点的选择

在社交聚餐的时候，用餐地点的选择也非常重要。在选择用餐地点的时候，应该着重注意以下三个方面。

1. 环境幽雅

对参加宴会的人来说，宴请不仅仅是为了“吃东西”，也要“吃文化”。要是用餐地点档次过低，环境不好，即使菜肴再有特色，也会使宴请大打折扣。在可能的情况下，一定要争取选择清静、幽雅的地点用餐。

2. 卫生条件良好

在确定社交聚餐的地点时，一定要看卫生状况如何。如果用餐地点太脏、太乱，不仅卫生问题让人担心，而且还会破坏用餐者的食欲。

3. 交通方便

确定社交聚餐的地点的时候，一定要充分考虑到聚餐者来去交通是不是方便，有没有公共交通线路通过，有没有停车场，是不是要为聚餐者预备交通工具等一系列的具体问题。

三、菜单的安排

根据我们的饮食习惯，与其说是“请吃饭”，还不如说成“请吃菜”。所以对菜单的安排马虎不得。它主要涉及点菜和准备菜单两方面的问题。前者涉及的主要是非正式宴会和便餐，后者则主要是正式宴会与家宴的主人所必须考虑的问题。

(一)点菜的礼仪

外出就餐时，不管是别人请客还是自请，都免不了会遇到点菜的问题。在处理这个问题时，应该要兼顾以下三点：

1. 量入为出

在用餐点菜的时候，最重要的一条就是不仅要吃饱、吃好，而且必须量力而行。如果为了讲排场、装门面，而在点菜时大点、特点，甚至乱点一通，不仅对自己没好处，而且还会招人笑话。这时，一定要心中有数，力求做到不超支，不乱花，不铺张浪费。可以点套餐或包桌。这样费用固定，菜肴的档次和数量相对固定，省事。也可以根据“个人预算”，在用餐时现场临时点菜。这样不但自由度较大，而且可以兼顾个人的财力和口味。

2. 相互体谅

在社交聚餐点菜的时候一定要善解人意，宽厚待人，体谅对方。做东的一方既不要过于殷勤，也不宜过于吝啬。被请的一方，切勿抱有“不吃白不吃”的心态。

被请者在点菜时，可以告诉做东者，自己没有特殊要求，请随便点，这实际上正是对方欢迎的。或是认真点上一个不太贵又不是大家忌口的菜，再请别人点。对别人点的菜，无论如何都不要挑三拣四。

3. 上菜的次序

一顿标准的中餐大菜，不管什么风味，上菜的次序都相同。通常，首先是冷盘，接下来是热炒，随后是主菜，然后上点心和汤，最后上果盘。如果上咸点心的话，讲究上咸汤；如果上甜点心的话，就要上甜汤。不管是不是吃大菜，了解中餐标准的上菜次序，不仅有助于在点菜时巧作搭配，而且还可以避免因为不懂而出洋相、闹笑话。

礼仪点滴

一般情况下，一顿标准的中餐菜单结构包括：前菜（开胃菜）、汤（羹汤）、主菜（大菜）、面类或米饭、点心（甜点）、果盘。

开胃菜通常是四种冷盘组成的大拼盘。有时种类可多达十种。最具代表性的是凉拌海蜇皮、皮蛋等。有时冷盘之后，接着上四种热菜，常见的是炒虾、炒鸡肉等。不过，热盘多半被省略。主菜紧接在开胃菜之后，又称为大件、大菜。如菜单上注明有“八大件”，表示共有八道主菜。主菜的道数通常是四、六、八等的偶数。因为，中国人认为偶数是吉数。在豪华的餐宴上，主菜有时多达十六道或三十二道，但通常是六道至十二道。这些菜肴是使用不同的材料，配合酸、甜、苦、辣、咸五味，以炸、蒸、煮、煎、烤、炒等各种烹调法搭配而成。

（二）菜单的准备

在宴请前，主人需要对菜单进行再三斟酌。在准备菜单的时候，主人要着重考虑哪些菜可以选用、哪些菜不能用。优先考虑的菜肴有四类。

第一类，有中餐特色的菜肴。宴请外宾的时候，这一条更要重视。像炸春卷、煮元宵、蒸饺子、狮子头、宫保鸡丁等，并不是佳肴美味，但因为具有鲜明的中国特色，所以受到很多外国人的推崇。

第二类，有本地特色的菜肴。比如西安的羊肉泡馍、湖南的毛家红烧肉、上海的红烧狮子头、北京的涮羊肉，在那里宴请外地客人时，上这些特色菜，恐怕要比千篇一律的生猛海鲜更受好评。

第三类，本餐馆的特色菜。很多餐馆都有自己的特色菜。上一道本餐馆的特色菜，能说明主人的细心和对被请者的尊重。

第四类，主人的拿手菜。举办家宴时，主人一定要当众露上一手，多做几个自己的拿手菜。其实，所谓的拿手菜不一定十全十美。只要主人亲自动手，单凭这一条，足以让对方感觉到你的尊重和友好。

礼仪点滴

在安排菜单时，还必须考虑来宾的饮食禁忌，特别是要对主宾的饮食禁忌高度重视。这些饮食方面的禁忌主要有四条。

(1)宗教的饮食禁忌，一点也不能疏忽大意。例如，穆斯林通常不吃猪肉、猪油和一切用猪肉猪油做的食品，也不吃外形丑恶和不洁净之物，如甲鱼、螃蟹等，还禁食烟酒类等。国内的佛教徒不吃荤腥食品，它不仅指的是不吃肉食，而且包括葱、蒜、韭菜、芥末等气味刺鼻的食物。很多佛教人士都认为牛是神圣之物，所以尤其是忌食牛肉。

(2)出于健康的原因，对于某些食品也有所禁忌。比如，心脏病、脑血管、动脉硬化、高血压和中风后遗症的人，不合适吃狗肉；肝炎病人忌吃羊肉和甲鱼，胃肠炎、胃溃疡等消化系统疾病的人也不合适吃甲鱼；高血压、高胆固醇患者不能点太油腻的菜，要少喝鸡汤等。

(3)不同地区，人们的饮食偏好往往不同。对于这一点，在安排菜单时要兼顾。比如，湖南人普遍喜欢吃辛辣食物，少吃甜食。英美国家的人通常不吃宠物、稀有动物、动物内脏、动物的头部和脚爪。注意客人的饮食爱好，能让用餐更为愉快。

(4)有些职业，出于某种原因，在餐饮方面往往也有各自不同的特殊禁忌。例如，国家公务员在执行公务时不准吃请，在公务宴请时不准大吃大喝，不准超过国家规定的标准用餐，不准喝烈性酒。再如，驾驶员工作期间不得喝酒。客人用餐后需要开车，也是不能喝酒的。要是忽略了这一点，还有可能使对方犯错误。

在隆重而正式的宴会上，主人选定的菜单也可以在精心书写后，每人一份，用餐者不但餐前心中有数，而且餐后也可以留作纪念。

四、座次的安排

中餐的席位排列，关系到来宾的身份和主人给予对方的礼遇，所以是一项重要的内容，在不同情况下，有一定的差异。可以分为桌次安排和席次安排两方面。

举办正式宴会，应当提前排定桌次和席次，或者只排定主桌席位，其他只排桌次。桌、席排次时，先定主桌主位，后排座位高低。

在正式宴请时，为了便于来宾准确无误地在自己座位上就座，除服务人员和主人及时加以引导外，应在每位来宾席位正前方的桌面上事先放置醒目的个人姓名席位卡。举行涉外宴请时，席位卡应该以中、外两种文字书写。

(一)中式宴会的桌次安排

中式宴会通常 8 ~ 12 人一桌，人数较多时也可以平均分成几桌。在宴会不止一桌时，要安排桌次。其具体原则是：

1. 由两桌组成的小型宴请

这种情况，可以分为两桌横排和两桌竖排的形式。

(1)以右为上。当两桌横排时，桌次是以右为尊，以左为卑。这里所说的右和左，是由面对正门的位置来确定的（如图 5－1 所示）。

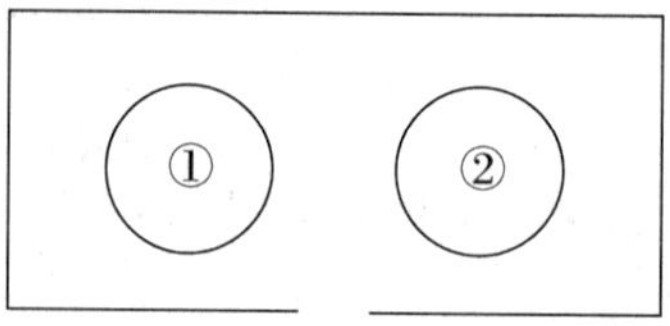

图 5－1　两桌横排时的桌次尊卑

（2）以远为上。当两桌竖排时，桌次讲究以远为上，以近为下。这里所讲的远和近，是以距离正门的远近而言（如图 5－2 所示）。

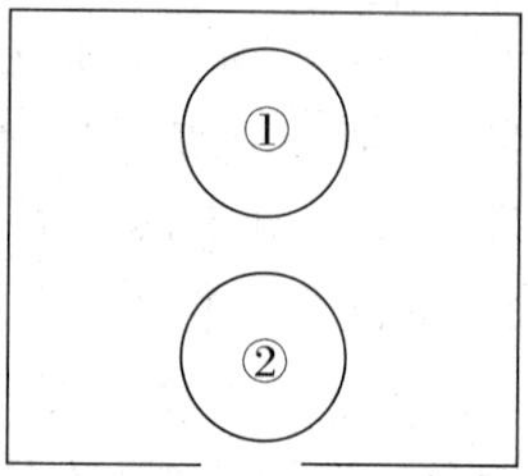

图 5－2　两桌竖排时的桌次尊卑

2. 由三桌或三桌以上的桌数所组成的宴请

在安排多桌宴请的桌次时，除了要注意面门定位、以右为尊、以远为上等规则外，还应兼顾其他各桌距离主桌的远近。通常，距离主桌越近，桌次越高；距离主桌越远，桌次越低。在安排桌次时，所用餐桌的大小、形状要基本一致。除主桌可以略大外，其他餐桌都不要过大或过小。

（1）居中为上。多张餐桌并列时，以居于中央者为上（如图 5－3 和图 5－4 所示）。

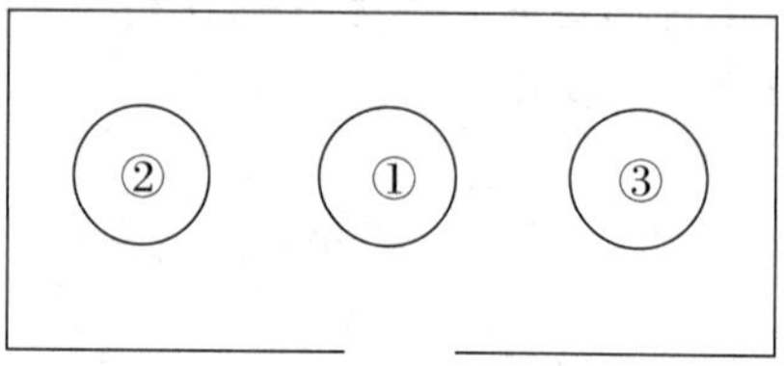

图 5－3　三桌横排时的桌次尊卑

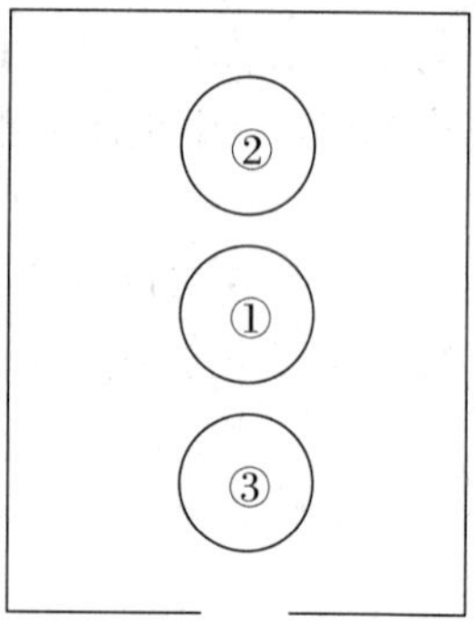

图 5－4　三桌竖排时的桌次尊卑

（2）在桌次较多的情况下，上述排列常规往往交叉使用（如图 5－5 和图 5－6 所示）。

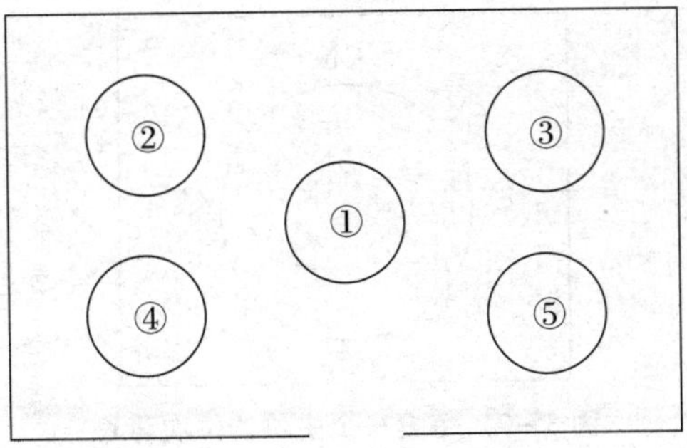

图 5-5 三桌以上的桌次尊卑

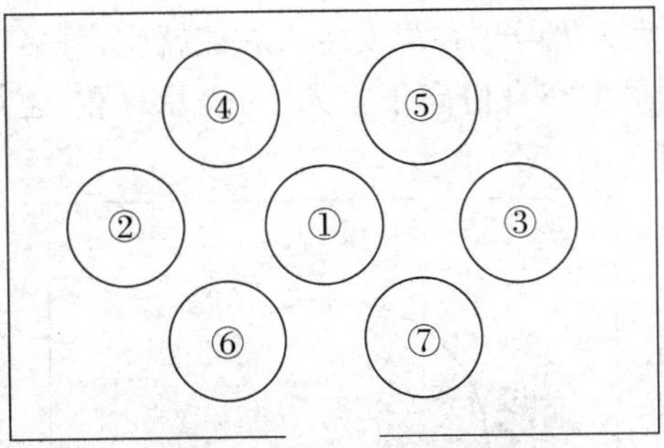

图 5-6 三桌以上的桌次尊卑

为了确保在宴请时赴宴者及时、准确地找到自己所在的桌次，可以在请柬上注明对方所在的桌次、在宴会厅入口悬挂宴会桌次排列示意图、安排引位员引导来宾按桌就座，或者在每张餐桌上摆放桌次牌（用阿拉伯数字书写）。

（二）中式宴会的位次安排

1. 排列位次的基本方法

宴请时，每张餐桌上的具体位次也有主次尊卑的分别。排列位次的基本方法有四条，它们往往会同时发挥作用。

（1）主人大多应面对正门而坐，并在主桌就座。

（2）举行多桌宴请时，每桌都要有一位主桌主人的代表在座。位置一般和主桌主人同向，有时也可以面向主桌主人。

（3）各桌位次的尊卑，应根据距离该桌主人的远近而定，以近为上，以远为下。

（4）各桌距离该桌主人相同的位次，讲究以右为尊，即以该桌主人面向为准，右为尊，左为卑。

另外，每张餐桌上所安排的用餐人数应限在 10 人以内，最好是双数。比如，六人、八人、十人。人数如果过多，不仅不容易照顾，而且也可能坐不下。

2. 位次的具体排列

根据上面四个位次的排列方法，圆桌位次的具体排列可以分为两种具体情况。它们都是和主位有关。

（1）每桌一个主位的排列方法。特点是每桌只有一名主人，主宾在右首就座，每桌只有一个谈话中心（如图 5-7 所示）。

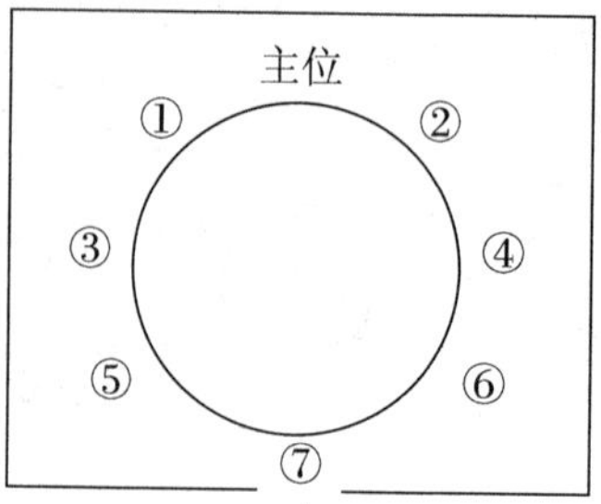

图 5－7　每桌一个主位的位次尊卑

（2）每桌两个主位的排列方法。特点是主人夫妇在同一桌就座，以男主人为第一主人，女主人为第二主人，主宾和主宾夫人分别在男女主人右侧就座，每桌从而客观上形成了两个谈话中心（如图 5－8 所示）。如果主宾身份高于主人，为表示尊重，也可以安排在主人位子上坐，而请主人坐在主宾的位子上。

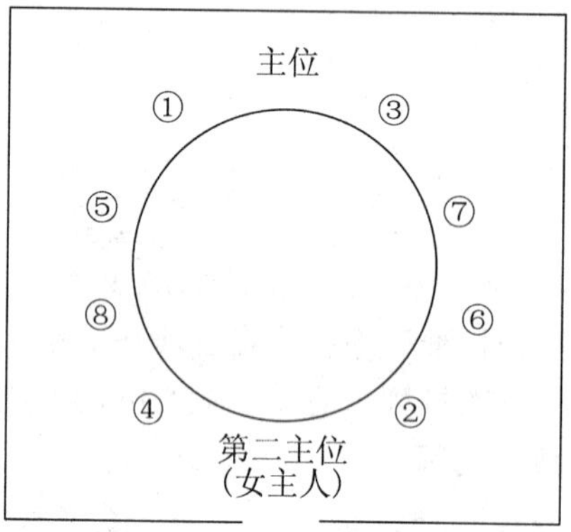

图 5－8　每桌两个主位的位次尊卑

3. 人数较少的便餐排列

排列少于 5 人的便餐席位时，位次的排列可以遵循以下四个原则：

（1）右高左低原则。两人一同并排就座，通常以右为上座，以左为下座。这是因为中餐上菜时多以顺时针方向为上菜方向，靠右坐的人因此要比靠左坐的人优先受到照顾。

（2）中座为尊原则。三人一同就座用餐，坐在中间的人在位次上高于两侧的人。

（3）面门为上原则。用餐的时候，按照礼仪惯例，面对正门者是上座，背对正门者是下座。

（4）特殊原则。高档餐厅里，往往有优美的景致或高雅的演出供用餐者欣赏。这时候，观赏角度最好的座位是上座。在某些中低档餐馆用餐时，通常以靠墙的位置为上座，靠过道的位置为下座。

礼仪点滴

为了便于来宾准确无误地在自己位次上就座，除招待人员和主人要及时加以引导指示外，最好的方法是在每位来宾所属座次正前方的桌面上，事先放置醒目的个人姓名座位卡。举行涉外宴请时，座位卡应以中、英文两种文字书写。中国的惯例是，中文在上，英文在下。需要注意的是，座位卡的两面都要书写用餐者的姓名，以便同桌人更好地沟通与交流。

五、餐具的使用

(一)筷子

筷子是中餐最主要的餐具。使用筷子,通常必须成双使用。就餐使用筷子时,主要有以下十四个禁忌。

第一忌:忌迷筷,举筷不定。即拿着筷子犹豫不决夹哪道菜。

第二忌:忌探筷,从碗底拣食,在碗盘里翻找。

第三忌:忌刺筷,以筷当叉使用。

第四忌:忌拉筷,持筷撕口中正咀嚼的鱼肉。

第五忌:忌泪筷,夹食带汤,滴答乱流。

第六忌:忌吸筷,将筷子放入口中吮吸,不管筷子上是否有食物残留。

第七忌:忌别筷,把筷子当牙签。

第八忌:忌供筷,把筷子竖直插入碗中。

第九忌:忌敲筷,以筷击碗或桌子。

第十忌:忌指筷,持筷指人说话。这是非常不礼貌不尊重人的行为,一定要禁止。

第十一忌:忌转筷,用筷子在汤碗中不断搅拌混合。

第十二忌:忌寄筷,用筷子将碗挪到自己面前。

第十三忌:忌磨筷,拿着筷子相互摩擦筷尖。

第十四忌:忌空筷,已经用筷子夹起了食物,又不吃放回去。

(二)勺子

勺子的主要作用是舀取菜肴、食物。有时,用筷子取食时,也可以用勺子来辅助。尽量不要单用勺子去取菜。用勺子取食物时,不要过满,免得溢出来弄脏餐桌或自己的衣服。在舀取食物后,可以在原处“暂停”片刻,汤汁不会再往下流时,再移回来享用。

暂时不用勺子时,应放在自己的碟子上,不要把它直接放在餐桌上,或是让它在食物中“立正”。用勺子取食物后,要立即食用或放在自己碟子里,不要再把它倒回原处。而如果取用的食物太烫,不可用勺子舀来舀去,也不要用嘴对着吹,可以先放到自己的碗里等凉了再吃。不要把勺子塞到嘴里,或者反复吮吸、舔食。

(三)盘子

盘子在餐桌上一般要保持原位,而且不要堆放在一起。稍小点的盘子就是碟子,主要用来盛放食物,在使用方面和碗略同。

需要着重介绍的,是一种用途比较特殊的被称为食碟的盘子。食碟的主要作用,是用来暂放从公用的菜盘里取来享用的菜肴的。用食碟时,一次不要取放过多的菜肴,看起来既繁乱不堪,又像是饿鬼投胎。不要把多种菜肴堆放在一起,弄不好它们会相互串味,不好看,也不好吃。不吃的残渣、骨、刺不要吐在地上、桌上,而应轻轻取放在食碟前端,放的时候不能直接从嘴里吐在食碟上,要用筷子夹放到碟子旁边。如果食碟放满了,可以让服务员更换。

（四）碗

碗主要是用来盛放主食、羹汤的，所以要注意以下一些礼仪细节：不能双手端起碗来进食；不能向碗里乱扔废弃物；不能将碗倒扣在桌上。

（五）水杯

水杯主要是用来盛放清水、汽水、果汁、可乐等软饮料的。不要用它来盛酒，也不要倒扣水杯。另外，喝进嘴里的东西不能再吐回水杯。

（六）餐巾

中餐用餐前，比较讲究的话，会为每位用餐者上一块湿毛巾。它只能用来擦手。擦手后，应该放回盘子里，由服务员拿走。有时候，在正式宴会结束前，会再上一块湿毛巾。与前者不同的是，它只能用来擦嘴，却不能擦脸、抹汗。

（七）牙签

尽量不要当众剔牙。非剔不行时，用另一只手掩住口部，剔出来的东西，不要当众观赏或再次入口，也不要随手乱弹，随口乱吐。剔牙后，不要长时间叼着牙签，更不要用来扎取食物。另外，女性一般不宜在众人面前使用牙签。酒宴上必须使用时，应将双手捂住嘴轻轻地剔。用过的牙签应放在盘内，不能放在桌布上。

六、用餐的礼仪

进餐时，先请客人、长者动筷子，夹菜时每次少夹一些，离自己远的菜就少吃一些，吃饭时不要出声音，喝汤时也不要发出声响，最好用汤匙一小口一小口地喝，不宜把碗端到嘴边喝，汤太热时等凉了以后再喝，不要一边吹一边喝。有的人吃饭时喜欢用力咀嚼食物，特别是用力咀嚼脆食物，发出很清晰的声音来，这种做法是不合礼仪要求的，特别是和众人一起进餐时，就要尽量防止出现这种现象。有的人喝汤时，也用嘴使劲儿吹，发出刺耳的吹气声，这也是不合乎礼仪要求的。

进餐时不要打嗝，也不要出现其他声音，如果出现打喷嚏、肠鸣等不由自主的声响时，就要说一声“真不好意思”“对不起”“请原谅”之类的话，以示歉意。

如果要给客人或长辈布菜，最好用公用筷子，也可以把离客人或长辈远的菜肴送到他们跟前。按我们中华民族的习惯，菜是一个一个往上端的，如果同桌有领导、老人、客人的话，每当上来一个新菜时，应请他们先动筷子，或者轮流请他们先动筷子，以表示对他们的尊敬和重视。

在用餐时，举止应庄重文明，无论站姿、坐姿都要端正；当主人起身敬酒时，应停止进餐，认真倾听，主人和主宾先碰杯，人多时可同时举杯示意；吃食物时，不要将汤水、渣沫溅到他人身上；吃到鱼头、鱼刺、骨头等物时，不要往外面吐，也不要往地上扔，要慢慢用手拿到自己的碟子里，或放在紧靠自己的餐桌边，或放在事先准备好的纸上。还有要适时地抽空和左右的人聊几句风趣的话，以调和气氛。不要光低着头吃饭，不管别人，也不要狼吞虎咽地大吃一顿，更不要贪杯。

礼仪模拟

(1)在一次宴请中,小王负责给各位来宾盛饭,米饭盛好之后,他顺手把筷子插进了米饭中。请问小王的行为是否妥当?

要求:全班同学进行小组讨论,在筷子使用中都应该避免哪些禁忌?

(2)王迪和刘静是高中同学,刘静一直对学习成绩非常好的王迪充满了崇拜,并暗生爱意。两人双双考入重点大学。这一天,王迪约刘静一起外出就餐,刘静心中非常的高兴。在吃饭的时候,刘静发现王迪在吃饭的时候发出“吧唧吧唧”的声音,还边吃饭边说话,唾沫横飞。吃完饭后,王迪伸了伸懒腰,做出很满足的样子,打了一个饱嗝。刘静的心顿时黯淡下来了。

要求:全班同学进行讨论,刘静的心为什么会黯淡下来?王迪的哪些表现不符合就餐礼仪?他应该怎么做?

拓展阅读

餐桌礼仪细节

餐桌礼仪是出席宴会在餐桌上应该注意的礼貌礼节,餐桌上有许多应注意的礼仪,而这些礼仪常被忽视,具体来说,应掌握以下礼仪:

(1)入座后姿势端正,脚踏在本人座位下,不可任意伸直,手肘不得靠桌缘,或将手放在邻座椅背上。

(2)用餐时须温文尔雅,从容安静,不能急躁。

(3)在餐桌上不能只顾自己,也要关心别人,尤其要招呼两侧的女宾。

(4)口内有食物,应避免说话。

(5)自用餐具不可伸入公用餐盘夹取菜肴。

(6)必须小口进食,不要大口地塞食,食物未咽下,不能再塞入口。

(7)取菜舀汤,应使用公筷公勺。

(8)吃进口的东西,不能吐出来,如是滚烫的食物,可喝水或果汁冲凉。

(9)送食物入口时,两肘应向内靠,不宜向两旁张开,碰及邻座。

(10)自己手上持刀叉,或他人在咀嚼食物时,均应避免跟人说话或敬酒。

(11)好的吃相是食物就口,不可将口就食物。食物带汁,不能匆忙送入口,否则汤汁滴在桌布上,极为不雅。

(12)切忌用手指掏牙,应用牙签,并以手或手帕遮掩。

(13)避免在餐桌上咳嗽、打喷嚏、打嗝。万一不禁,应说声“对不起”。

(14)喝酒宜各随意,敬酒以礼到为止,切忌劝酒、猜拳、吆喝。

(15)遇到意外,如不慎将酒、水、汤汁溅到他人衣服,表示歉意即可,不必恐慌赔罪,反使对方难为情。

(16)如欲取用摆在同桌其他客人面前的调味品,应请邻座客人帮忙传递,不可伸手横越。

(17)如是主人亲自烹调食物,应给予积极赞赏。

(18)如吃到不洁或有异味的食物,不可吞入,应将入口食物,用手掌或餐巾遮掩取出,放入盘中,不可大声宣扬。如发现盘中的菜肴有昆虫或碎石,不要大惊小怪,宜等候侍者走近,轻声告知侍者更换。

(19)主食进行中,不宜抽烟,如需抽烟,必须先征得邻座的同意。

(20)在餐厅进餐,不能抢着付账,推拉争付,甚为不雅。倘是做客,不能抢付账。未征得朋友同意,亦不宜代友付账。

(21)进餐的速度,宜与男女主人同步,不宜太快,亦不宜太慢。

(22)餐桌上不能谈悲戚之事,否则会破坏欢愉的气氛。

思考练习

(1)一般情况下,在中餐中有哪几种就餐方式,分别有哪些特点?

(2)如果宴请超过三桌,在桌次排列的时候需要遵循哪些规则?

(3)在一次正式的宴会中,小王看到餐桌上的一盘鱼已经吃得差不多了,于是就起身将鱼翻过身,希望能够与在座的客人一起继续品尝这条鱼的另一面。

试论述小王的行为有哪些不妥,为什么?

任务二　西餐礼仪

学习目标

(1)能正确使用西餐的餐具。

(2)能正确安排西餐宴请的桌次和位次。

任务情境

郑梅陪同一名重要客户去吃西餐,虽然她不太会使用刀叉,但是她还是认真地跟着学了起来。在就餐中,当客户和她谈起合作事宜的时候,郑梅正在专心致志地学着使用叉子,她听到客户的谈话,猛抬起头,这时候刀叉正指着客户的脸,郑梅非常尴尬。

郑梅在此案例中认真学习西餐餐具的使用方法,但是她在交谈中犯了什么错误呢?

学习要求:全班分小组进行讨论,在不太熟悉餐具使用的情况下应该如何应对?并且分小组进行模拟训练西餐餐具的使用。

礼仪知识

随着对外交流的深入进行,西餐目前已经逐渐进入中国人的生活,并受到一定的欢迎,同时在涉外活动中,为适应外国友人的饮食习惯,有时也用西餐进行接待,所以西餐的知识与礼仪很重要。

所谓的西餐,其实是对西式饭菜的一种约定俗成的统称。事实上西餐是一个十分笼统的概念,因为不论从形式上还是内容上,西方各国的饭菜都存在着很大的差异。如粗略地划分,西餐大致可以分为两类：一是以英、法、德、意等国为代表的"西欧式"，又称"欧式"，其特点是选料精纯、口味清淡，以款式多、制作精细而享有盛誉；二是以俄罗斯为代表的"东欧式"，也称"俄式"，其特点是味道浓，油重，以咸、酸、甜、辣皆具而著称。此外，还有在英国菜基础上发展起来的"美式"。如进一步细分，则还可分为英国菜、法国菜、俄国菜、美国菜、意大利菜以及德国菜等。各国菜系自成风味，各有各的风格，其中尤以法国菜最为突出。但是在中国人看来，除了与中餐在口味上存在差异外，西餐还具有两个非常鲜明的特征。其一是以面包为主食，其二是以刀、叉取食。

根据社交礼仪规范，要吃好西餐，不失风度，就必须对西餐的菜序、西餐的座次、西餐的餐具、西餐的要求等方面的具体问题有一定程度的了解。

一、西餐的菜序

品尝西餐，首先需要了解西餐的菜序。所谓西餐的菜序，在这里指的就是西餐用餐时的先后顺序问题。与中餐、日餐或者韩餐等相比较而言，西餐的菜序具有明显的不同。

严格地说，西餐的正餐和便餐的菜序差异很大，以下分别对其进行介绍。

（一）正餐的菜序

西餐里面的正餐，尤其是正式场合所用的正餐，其菜序既复杂多样，又讲究甚多，在大多数情况下，西餐正餐的菜序由八道菜组成。一顿完整的正餐一般需要 1 ~2 小时。

1. 开胃菜

所谓开胃菜，即用来打开胃口之物，也称为头盘。在西餐中，它往往不被列入正式的菜序，而仅仅充当前奏曲。

大多数情况下，开胃菜是由蔬菜、水果、海鲜、肉食等组成的拼盘，它多以各种调味汁凉拌而成，色彩悦目，清新爽口。常见的品种有鱼子酱、鹅肝酱、熏鲑鱼、鸡尾杯、奶油鸡酥盒、焗蜗牛等。因为是要开胃，所以开胃菜一般都有特色风味，味道以咸和酸为主，而且数量少，质量较高。

2. 面包

在西餐正餐里所吃的面包，一般都是切片面包，或需要当时从整个大面包上切片而食。有时候，也有刚刚烤好的小面包。在吃面包的时候，通常可以根据自己个人爱好，涂上各种果酱、黄油或者奶酪。

3. 汤

西餐上的汤，大多口感芬芳浓郁，具有很好的开胃作用。西餐的汤大致可分为清汤、奶油汤、蔬菜汤和冷汤四类。品种有牛尾清汤、各式奶油汤、海鲜汤、美式蛤蜊汤、意式蔬菜汤、俄式罗宋汤、法式焗葱头汤。冷汤的品种较少，有德式冷汤、俄式冷汤等。

4. 主菜

西餐里面的主菜有冷有热，但主要是以热菜为主。在比较正规的正餐上，一般都是一个冷菜，两个热菜。在这两个热菜中，一般讲究一个是鱼菜，一个是肉菜。而且肉菜是必不可少的，这往往代表着此次用餐的档次和水平。

5. 点心

吃过主菜之后，通常要上一些诸如蛋糕、饼干、吐司、馅饼、三明治之类的小点心，供没有吃饱的人借以填饱肚子。如果已经吃饱了,则可以不用吃点心。

6. 甜品

西餐的甜品是主菜后食用的,可以算做是第六道菜。从真正意义上讲,它包括所有主菜后的食物,如布丁、冰激凌、奶酪等。

7. 果品

在吃完甜品之后,接下来,用餐者还可以尽情享用果品。常用的干果有核桃、榛子、腰果、杏仁、开心果等。常用的水果有草莓、菠萝、苹果、香蕉、橙子、葡萄等。

8. 热饮

在用餐结束之前,应为用餐者提供饮料,以此作为“压轴戏”。最正规的热饮,是红茶或者是什么都不加的黑咖啡。二者只能选择其一,而不能同时享用。它们的作用,主要是帮助消化。西餐的热饮,可在餐桌上喝,也可以换上一个地方,离开餐桌去客厅里喝。

(二)便餐的菜序

在普通情况之下,出于节约金钱和时间方面的考虑,人们并不总是要去吃西餐全餐。假如不是为了尝鲜,犒劳自己,而只是为了完成“例行公事”,点上几个有特色,有代表的西餐,也就足够了。通常,一顿西式便餐的标准菜序应当是方便从简,由下列五道菜肴构成:开胃菜、汤、主菜、甜品、咖啡。

二、西餐的座次

吃西餐时,人们对座次的问题十分关注。越是正式的场合,此点就越是重要。与中餐相比,西餐的座次排位既有相同之处,也有不同之点。

1. 西式宴会的桌次安排

西式宴会的餐桌习惯用长桌,或是根据人数多少、场地大小自行设置(如图 5－9 所示)。同中式宴会一样,举办西式宴会也要排定桌次和席次。西式宴会的桌次排位也是讲究右高左低。

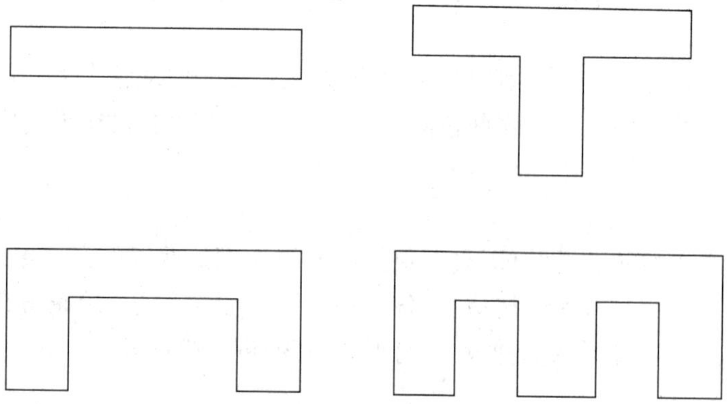

图 5－9　西式宴会的餐桌

2. 西式宴会的席次安排

西式宴会的席次一般根据宾客地位安排,女宾席次依据丈夫地位而定。也可以按类别分坐,如男女分坐、夫妇分坐、华洋分坐等。在我国用西餐宴请客人,通常采用按职务高低男女分坐的方式(如图 5－10 所示)。

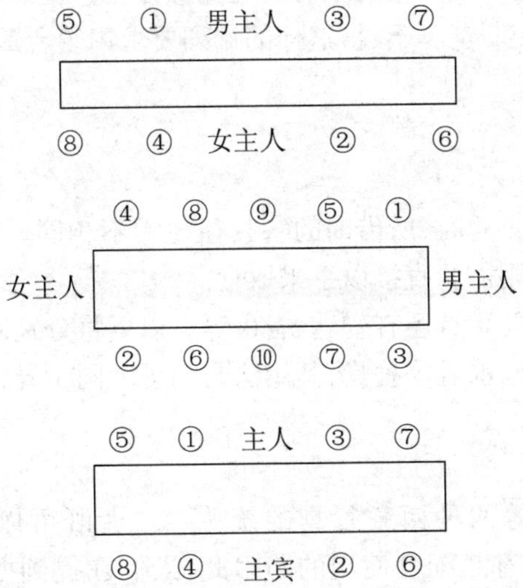

图 5－10　西式宴会的位次尊卑

在绝大多数情况下，西餐的座次更多地表现为位次问题。桌次问题，除非极其隆重的盛宴，则一般涉及较少。因此，以下将主要讨论的便是西餐的位次问题。

排列西餐的位次，一般应按照约定俗成、人所共知的常规进行。了解了这些基本法则，就可以轻而易举地处理好位次排列的问题。

(1)女士优先。

在西餐礼仪里，女士备受尊重。在排定用餐位次时，尤其是安排家宴时，主位一般应该请女主人就座，而男主人须退居第二主位。

(2)恭敬主宾。

在西餐之中，主宾极受尊重。即使用餐的来宾之中有人地位、身份、年纪方面高于主宾，但主宾仍是主人关注的中心。在排定位次时，应请男、女主宾分别挨着女主人和男主人就座，以便其进一步受到照顾。

(3)以右为尊。

在排定位次时，以右为尊依旧是基本法则。就某一特定位置而言，其右侧之位理应高于其左侧之位。例如，应安排男主宾坐在女主人右侧，安排女主宾坐在男主人右侧，等等。

(4)距离定位。

一般而言，西餐桌上位次的尊卑，往往与其距离主位的远近密切相关。在正常情况下，距主位近的位子高于距主位远的位子。

(5)面门为上。

面门为上，有时又叫迎门为上。它所指的是：面对餐厅正门的位子，通常在次序上要高于背对餐厅正门的位子。

(6)交叉排列。

用中餐时，用餐者经常可能与熟人，尤其是与恋人、配偶在一起就座。但在用西餐时，此种情景便不复存在了。正式一些的西餐宴会，一向被视为交际场合。在排列位次时，通常要遵守交叉排列的法则。依照这一法则，男女应交叉排列，生人与熟人也应交叉排列。因此，一位用餐者的对面和两侧，往往是异性，而且还很有可能与其不熟。这样做，据说最大的好处是每一位用餐者都可以因此而广交朋友。不过，这样的排列要求用餐者最好是双数，并且男女人数应当各半。

三、西餐的餐具

品尝不同国家、地区的菜肴时，所借助的餐具往往大不相同。有的餐式要使用筷子，有的餐式要使用刀叉，有的餐式则需要直接以手来取食。

除刀叉之外，西餐的主要餐具还有餐匙、餐巾等。以下将分别对它们进行系统的介绍。至于西餐桌上出现的盘、碟、杯、水盂等餐具，其用法与中餐大同小异，在此将不再赘述。

（一）刀叉

刀叉，是对餐刀、餐叉等两种西餐餐具的统称。二者既可以配合使用，也可以单独使用。在多数情况之下，刀叉都是配合使用的。因此，人们在提到西餐餐具时，喜欢将二者相提并论。

学习刀叉的使用，需要掌握刀叉的区别、刀叉的用法、刀叉的暗示三个方面的技巧。

1. 刀叉的区别

在正规一点的西餐宴会上，通常讲究吃一道菜要换一副刀叉。也就是说，吃每道菜时，都要使用专门的刀叉。既不可以胡拿乱用，也不可以从头至尾只使用一副刀叉。

享用西餐正餐时，在一般情况下，出现在每位用餐者面前的餐桌上的刀叉主要有：吃黄油所用的餐刀，吃鱼所用的刀叉，吃甜品所用的刀叉，等等。它们不但形状各异，更重要的是其摆放的具体位置各不相同。掌握后一点对于正确地区分它们尤为重要。

吃黄油所用的餐刀，没有与之相匹配的餐叉。它的正确位置是横放在用餐者左手的正前方。

吃鱼所用的刀叉与吃肉所用的刀叉，通常应当餐刀在右，餐叉在左，分别纵向排放在用餐者面前的餐盘两侧。餐叉的具体位置，应处于吃黄油所用的餐刀的正下方。有时，在餐盘左右两侧分别摆放的刀叉会有三副之多。要想不至于把它们拿错，其实一点也不困难。关键是要记住，应依次分别从两边由外侧向内侧取用刀叉。

吃甜品所用的刀叉，应于最后使用。它们一般被横向放置在用餐者面前的餐盘的正前方。

2. 刀叉的用法

使用刀叉，一般有以下两种常规方法可供借鉴。

第一，英国式。它要求在进餐时始终右手持刀，左手持叉。一边切割，一边叉而食之。通常认为，此种方式较为优雅。

第二，美国式。它的具体做法是：先是右刀左叉，一口气把餐盘里所要吃的东西全部切割好，然后把右手里的餐刀斜放在餐盘前方，将左手中的餐叉换到右手，再进行食用。此种方式的好处，据说是比较省事。

礼仪点滴

在以刀叉用餐时,应注意以下五点。

(1)切割食物时,不可弄出声响。

(2)进行切割时应双肘下沉,而切勿左右开弓。那样做,一是有碍于人;二是“卖相”不佳。

(3)被切割好的食物,应刚好适合一下子入口。切不可叉起它之后,再一口一口咬着吃。应当以叉铲着它吃,而不能用刀扎着它吃。

(4)要注意刀叉的朝向。将刀叉临时放下时,不可刀口外向。双手同时使用刀叉时,叉齿应当朝下;右手持叉进食时,则应叉齿向上。

(5)掉落到地上的刀叉切勿再使用,可请侍者另换一副。

3. 刀叉的暗示

使用刀叉,可向侍者暗示用餐者是否吃好了某一道菜肴。其具体方法是:

如与人攀谈时,应暂时放下刀叉。其做法是,将刀叉刀右、叉左,刀口向内,叉齿向下,呈汉字的“八”字形状摆放在餐盘之上。它的含义是:此菜尚未用毕。但要注意,不可将其交叉放成“十”字形。西方人认为,那是一种令人晦气的图案。

如果吃完了,或不想吃了,则可以刀口向内、叉齿向上,刀右叉左地并排纵放,或者刀上叉下地并排横放在餐盘里。此种做法等于告知侍者:本人已用好此道菜肴,请连刀叉带餐盘一块撤掉。

(二)餐匙

餐匙也叫调羹。品尝西餐时,餐匙是一种不可或缺的餐具。学习餐匙的使用,应重点掌握其区别和用法。

1. 餐匙的区别

在西餐的正餐里,一般至少出现两把餐匙,它们形状不同、用途不一,摆放的位置也有各自的既定之处。

一把个头较大的餐匙叫作汤匙,通常它被摆放在用餐者右侧的最外端,与餐刀并列纵放。另一把个头较小的餐匙则叫作甜品匙,在一般情况下,它应当被横向摆放在吃甜品所用刀叉的正上方,并与其并列。如果不吃甜品,用不上甜品匙的话,有时,它也会被个头同样较小的茶匙所取代。

一定要记住,上述两种餐匙各有各的用途,不可相互替代。

2. 餐匙的用法

使用餐匙,有下述几点事项必须予以高度重视。

第一,餐匙只可以饮汤、吃甜品,绝对不可直接舀取其他任何菜肴。

第二,已经开始使用的餐匙,切不可再放回原处,也不可将其插入菜肴,或令其“直立”于甜品、汤盘、杯子之中。

第三,使用餐匙时,应尽量保持其周身的干净清洁,不要动不动就把它搞得“色彩缤纷”。

第四，用餐匙取食时，动作应干净利索，切勿在甜品、汤或红茶之中搅来搅去。

第五，用餐匙取食时，务必不要过量，而且一旦入口，就要一次将其用完。一汤匙的东西，不应反复品尝好几次。餐匙入口时，应以其前端入口，而不是将其全部塞进嘴去。

第六，不能直接用茶匙去舀取红茶饮用。

（三）餐巾

在西餐餐具里，餐巾是一个发挥多重作用的重要角色。以下将主要介绍餐巾的铺放和餐巾的用途两个方面的技巧。

1. 餐巾的铺放

西餐里所使用的餐巾，通常被叠成一定的图案，放置于用餐者右前方的水杯里，或直接被平放于用餐者右侧的桌面上。它们面积上有大、中、小之分，形状上也有正方形与长方形之别。

不论是大是小，还是哪一种形状，餐巾都应被平铺于自己并拢的大腿上。使用正方形餐巾时，应将它折成等腰三角形，并将直角朝向膝盖方向。若使用长方形餐巾，则可将其对折，然后折口向外平铺于腿上。打开餐巾，并将其折放的整个过程悄然进行于桌下。

尤其需要注意，在外用餐时，一定不要把餐巾掖于领口、围在脖子上、塞进衣襟内，或担心其掉落而将其系在腰带上。

2. 餐巾的用途

在正餐里，餐巾所发挥的作用主要有以下几条。

第一，用来保洁服装。将餐巾平铺于大腿之上，其主要目的就是为了“迎接”进餐时所掉落下来的菜肴、汁汤，以防止其搞脏自己的衣服。

第二，用来擦拭口部。在用餐期间与人交谈之前，应先用餐巾轻轻地擦一下嘴，免得自己“落嘴生辉”。但又不要乱涂乱摸，搞得“满脸开花”。女士进餐前，亦可以用餐巾轻印一下口部，以除去唇膏。以餐巾擦口时，其部位应大体固定，最好只使用其内侧。通常，不应以餐巾拭汗、擦脸，擦手也应尽量避免。特别需要注意，不要用餐巾去擦餐具，那样做等于向主人暗示餐具不洁，要求其调换另一套。

第三，用来掩口遮羞。在进餐时，尽量不要当众剔牙，也不要随口吐东西。万一非做不可时，应以左手拿起餐巾挡住口部，然后再以右手去剔牙，或以右手持餐叉接住出口之物，再将其移到餐盘前端。倘若这些过程没有遮掩，是颇为失态的。

第四，用来进行暗示。在用餐时，餐巾可用以进行多种特殊的暗示。最常见的暗示有以下三种：其一，暗示用餐开始。西餐大多以女主人为“带路人”。当女主人铺开餐巾时，就等于宣布用餐可以开始了。其二，暗示用餐结束。当主人，尤其是女主人把餐巾放到餐桌上时，意在宣告用餐结束，请各位告退。其他用餐者吃完了的话，亦可用此法示意。其三，暗示暂时离开。若中途暂时离开，一会儿还要去而复返，继续用餐，则可将餐巾放置于本人座椅的椅面上。见到此种暗示，侍者就不会马上动手“撤席”，而会维持现状不变。

四、西餐的要求

吃西餐时，尤其是参加正式的西餐宴会时，礼仪方面的具体要求既烦琐，又严格。扼要而论，吃西餐时，一般必须谨记以下四条基本要求。

(一)举止高雅

正统的西餐礼仪出自古代宫廷,并相沿已久,故其程式化的规定甚多。其中最重要的,是要求用餐者严格约束个人举止,力求高雅动人。有人曾说:吃中餐,主要是吃美味佳肴。而吃西餐,则主要是"吃"其风度与气氛。

对国人而言,用餐时检点个人举止,应注意在下述诸方面表现良好。

1. 进食噤声

用餐之际,不论有意还是无意,吃东西还是喝东西,绝对不要弄出声来,更不要搞得铿锵作响。西方人认为,只有缺乏教养者,才会在进食时出声作响。

2. 防止异响

除用餐外,体内的任何声响,不论咳嗽、打喷嚏,还是打嗝、放屁,都应自觉控制,不要当众出丑。此外,在就座、用餐时,也不要把座椅、餐桌、餐具弄出怪异之声来。

3. 慎用餐具

用餐时,务必要正确地使用各种餐具。不懂的话可现场观摩他人,尤其是女主人的具体做法,不要自以为是地贻笑大方。不要把餐具挪作他用,尤其是不要以之相互敲击,或指点别人。

4. 正襟危坐

就座时,应从左侧进入,并使身体与餐桌保持10厘米左右的距离。上身要持挺拔之态,不要东倒西歪。双手不要支在桌上,或藏于桌下,而应扶住桌沿。双腿切勿乱伸,掉在地下的东西不宜拾取,不要忘记自己的对面与两侧通常皆为异性。

5. 吃相干净

用餐时,要自觉维护环境卫生,并注意个人卫生。不要吃得自己"四处开花",身上、脸上到处"留痕",也不要把餐盘、餐桌和地面上弄得一塌糊涂。

(二)衣着考究

吃西餐时,特别是赴宴时,西方人非常讲究个人的衣着打扮。若不谙此道,或明知故犯,既会失礼于人,也会为人轻视。

根据用餐规模、档次的不同,用餐时的衣着也不尽相同。大体上说,一般有礼服、正装、便装之分。

1. 礼服

西式的礼服,男装为黑色燕尾服,扎黑色领结;女装则为拖地长裙,并配长筒薄纱手套。其他国家的人士,可以穿本民族的盛装,如我国的中山装、旗袍,来代替西式礼服。目前,在隆重的宴会上,往往要求必须穿礼服。

2. 正装

在普通的宴会上,通常要求穿正装。在一般情况下,正装指的是深色,特别是黑色或藏蓝色的套装或套裙。需要注意的是,男装不要色彩过淡、过艳,女装则切勿过短、过小。

3. 便装

参加一般性的聚餐,可以穿便装。此处所谓的便装,是有严格界定的。男士可穿浅色西装,或仅穿单件的西装上衣。女士则可以穿时装,或是以长西裤代替裙装。但是,绝对不能随心所欲地乱穿一气。

不论穿什么服装，在用餐时都不要当众整理衣饰，例如，不要脱外套、换衣服、松领带、卷袖子、挽裤腿、解腰带、拉袜子、脱鞋子，等等。

（三）尊重女性

如果说中餐礼仪讲究尊重长者的话，那么可以说，尊重女性则是西餐礼仪的一大特点。西餐礼仪中所讲究的尊重妇女，并非纸上谈兵，而是广泛地融入了具体的可操作的层次。

通常，尊重女性在西餐礼仪之中主要具体体现于下列三个方面。

1. 礼待女主人

在西餐宴请中，女主人往往处于“第一顺序”。其具体表现是：女主人要坐主位，要由女主人“宣布”用餐开始或结束等。用西餐时，让女主人忙里忙外、到处张罗，甚至难以入席的情况，是绝对见不到的。

2. 照顾女宾客

吃西餐时，不论是否相识，男士都要处处积极、主动地对女士多加照顾。例如，在用餐之前，要帮助其存外套，或寻位就座。在用餐期间，要帮助女士取菜、拿调味品，并陪其交谈，等等。

3. 禁用女侍者

在正规的西餐馆里，绝对讲究“女尊男卑”。在那里只能见到清一色的男侍迎来送往，忙忙碌碌，却难以见到一名女侍者。根据传统，正规的西餐馆是概不使用女侍的。

（四）积极交际

参与西餐宴会时，除品尝美食之外，不要忘记进行适当的交际活动。根据西餐礼仪，西餐宴会的主旨是要促进人们的社交活动。

1. 宾主的交际

应邀赴宴时，不要忘记抽空向主人致意，并最好找个时间与其叙一叙旧，联络联络感情。不要吃了就走，不能不把主人放在眼里。

2. 来宾的交际

在用餐时，中餐礼仪不提倡多讲话，西餐礼仪却要求人们非要谈上几句不可。不仅要与老朋友寒暄，而且还要借机多交一些新朋友。不要只吃不说，或是只找老朋友、年轻貌美的异性交谈，而对其他人不置一词。与周围的人都交谈上几句，才比较理智。

礼仪模拟

（1）李明和女朋友到西餐厅就餐，他事先知道女友最喜欢吃意大利通心粉，于是他自作主张给女友要了两份，心想，这下可好了，既省钱又可以让她满意。

要求：全班讨论，李明在点餐的过程中犯了哪些错误？在西餐的点菜中应该遵循哪些礼仪规范？

（2）陈莉毕业后第一次到西餐厅就餐。用餐开始之后，为了表示自己很讲究卫生，陈莉用桌上一块布仔细地擦了一下自己的刀和叉。在吃饭的时候，陈莉学着电视中演的那样使用刀叉,虽然比较费力,但是自我感觉还比较好。就餐快结束的时候,陈莉盛了几勺精致小盆里面的汤放到自己的碗里,然后喝下。

要求:全班讨论陈莉在就餐的过程中有哪些不妥?应该如何加以纠正。

拓展阅读

如何吃西餐

西餐里各道菜式,在具体的品尝方法上各有不同。不了解各种菜肴的具体品尝方法,同样也吃不好西餐。以下将要介绍西餐里常见的开胃菜、面包、汤、主菜、点心、甜品、果品等的具体吃法,供作参考。

1. 开胃菜

在一般情况下,开胃菜多以色拉为主。在个别时候,也会上一些海鲜或果盘。

(1)色拉。吃色拉时,通常只宜使用餐叉。因为色拉在上桌前已被切割完毕,故不应再煞有介事地去持刀大切。

(2)海鲜。开胃菜里的海鲜,主要有鲜虾、牡蛎、蜗牛。吃小虾时,可以叉取食。吃大虾的话,则应先用手剥壳,再送入口内。有时亦可以叉取食,但不必切割。吃牡蛎时,应采用专门的餐叉,一只一只地吃。吃带壳的蜗牛,可先用专门的夹子将其夹住,再以餐叉将肉取出食之,然后再吮吸壳内的汤汁。若蜗牛已去壳,则可直接以餐叉取用。

2. 面包

在西餐中所吃的面包,主要有鲜面包、烤面包两种。两者在吃法上略有差别。对此应予以注意。

(1)鲜面包。吃未烤过的鲜面包,不可一下拿得过多。正确的吃法是:用左手拿大小适当、刚巧可以一次入口的一小块,涂上黄油、果酱或蜂蜜后,再送入口中。不要像吃汉堡包那样双手捧着吃,或拿着一大块,一口接一口地咬着吃。吃未烤的切片面包,则可以一小块一小块撕着吃。

(2)烤面包。吃已烤过的面包,是不能撕食的,否则将使面包屑乱飞。在吃的时候,可慢慢地咬着吃。吃的时候,可以配以黄油、鱼子酱。挤些柠檬汁,则味道会更好。不论吃哪种面包,都不能用它蘸汤或擦盘子。

3. 汤

不论喝哪一种汤,均须了解应如何"有所为"与"有所不为"。在西餐里,汤乃是一道菜,故对其不可轻视。

(1)喝汤时,讲究以右手持握汤匙,由近而远,由外侧将汤舀起,然后就嘴而饮之。倘若以盘盛汤,盘内之汤所剩无几时,可以左手由内侧托起盘子,使其外倾,然后以右手持匙舀之。

(2)在喝汤时,一定要做到三不:第一,不端起汤来直接喝。第二,不趴到汤盘、汤盆上去吸食。第三,不用嘴吹汤,也不用盆、盘或汤匙去反复折汤降温。不然的话,便大错特错了。

4. 主菜

西餐的主菜花样甚多。冷菜里的冻子、泥子与热菜里的鱼、鸡、红肉最为多见。

(1)冻子。冻子,即用煮熟的食物和汤汁冷却凝结而成的一种菜肴。最常见的冻子,有肉冻、鱼冻和果冻。吃冻子时，必须以刀切割，并以叉取食。

(2)泥子。泥子，通常指的是以虾、蟹或动物的肝、脑为主料，配以鸡蛋、芹菜，加上作料，搅拌而成的一种菜肴。吃泥子时通常应使用餐叉。

(3)鱼。西餐中所吃的鱼，往往骨、刺很多。必要的时候，可以用餐刀将其切开，轻轻将刺剔出后，然后再把它切成小块，以餐叉入口。对不想吃的鱼皮，亦可照此办理。要是鱼的腥味太重，可吃前用手挤上一点柠檬汁。

(4)鸡。吃鸡的时候，切勿直接下手。应首先设法去骨，接着以刀叉将其切割成小块，最后分而食之。

(5)红肉。在西餐里，肉菜往往指的是猪肉、牛肉、羊肉。它们做好之后往往是红色的，故称红肉。平常所说的西餐主菜，往往只与肉菜画等号。在肉菜里，牛排、羊排、猪排，尤其是牛排，经常处于“重中之重”的位置。吃肉菜时，一般要从左往右，以大小一次入口适度为宜，将其以刀叉切割后进食。

5. 点心

在西餐里，经常吃的点心有饼干、馅饼、三明治、通心粉、土豆片、烤土豆，等等。

(1)饼干。吃饼干时，应用右手单独拿着吃。吃蛋糕时，亦须如此。

(2)馅饼。吃馅饼时，应先用刀叉切成大小适当的小块，然后再用右手托着吃。

(3)三明治。吃三明治时，一般应用双手捧着吃。如果它不太大，则可仅用右手捏着吃。

(4)通心粉。通心粉，又叫意大利面条。吃它的时候，不应一根一根挑着吃。标准的方法是：右手握叉，在左手所握的汤匙的帮助下，把它缠绕在餐叉上，然后入口而食。吸食它的做法，肯定是不对的。

(5)土豆片。油炸土豆片，在西餐里多被用做点心。吃它的时候，应以手取食。但数量不要过大，也不要先捏碎再吃。

(6)烤土豆。烤土豆，大多是连皮一起上桌的。吃的时候，应用左手轻按住它，右手持刀先在其上切一个口子，令其散热。过一会儿，再用餐叉从口子里取食。必要的话，还可以略作切割之后再吃。吃时，还可浇上一些专用的肉汁。

6. 甜品

西餐里最常见的、受欢迎的甜品，有布丁、冰激凌等。

(1)布丁。西餐里上桌的布丁一般是流质的，故不应直接以手取食，或以刀叉助餐。正确之法，是以专用的餐匙取食。

(2)冰激凌。在西方国家里，冰激凌是正餐所必备的主要甜品，而非可有可无的一种冷饮。冰激凌上桌时，通常被置于专用的高脚玻璃杯内，应以餐匙食之。

7. 果品

吃西餐时，所提供的水果有干果、鲜果之分，不过鲜果是最常被使用的。以下分别介绍草莓、菠萝、苹果、香蕉、橙子、葡萄等最受喜爱的水果的食用方法。

(1)草莓。普通的草莓，可用手取食，蘸些糖或酸奶油也可以。吃带调味汁的草莓，则必须使用餐匙。

(2)菠萝。吃菠萝时，首先应将其切割成小块，然后再以餐叉进食。不要用手抓食，或举而咬食。

(3)苹果。最正规的吃苹果的方法是:取过一只苹果,首先切成大小相仿的四块,然后分块去皮,再以刀叉食之。不过现在绝大多数人,都已习惯于用手拿着去皮的小块苹果直接吃了。

(4)香蕉。对付整只的香蕉,应先剥除其外皮,再用刀叉切成小段,逐段食之。不应当一边用手拿着剥皮,一边慢慢咬着吃。

(5)橙子。吃橙子有两种方法。正规的吃法是:先用刀除去其外皮,再用刀叉将其内皮剥离,然后用刀叉分瓣而食。大众的吃法,则是在用刀去皮后,切成几小块,然后用手取食。

(6)葡萄。吃葡萄时,可取过一小串,一粒一粒用手揪下来吃。其皮、核,可先悄然吐入手中,再转移至餐盘内。吃果盘内不成串的单粒葡萄时,则宜以餐叉相助取食。

思考练习

(1)西餐中正餐的菜序和便餐的菜序有何不同?

(2)西餐中桌次和位次安排有何礼仪要求?

(3)在西餐就餐中,应该如何使用餐巾?

任务三　自助餐礼仪

学习目标

(1)能够熟练掌握自助餐的就餐礼仪规范。

(2)能熟练掌握自助餐的礼仪禁忌。

任务情境

飞腾公司准备组织一个露天的冷餐会,邀请了很多兄弟单位的相关负责人参加。在安排的时候预计要到60人,结果来了将近100人,这让原本非常拥挤的场地变得更加拥挤了,取食物的人排了好长的队,食物最后都不够了,致使很多来宾饿着肚子回去了。

学习要求:飞腾公司此次安排的露天冷餐会是否成功?为什么?在冷餐会的地点选择上应该遵守哪些礼仪规则?

礼仪知识

自助餐之所以称为自助餐,主要是因其可以在用餐时调动用餐者的主观能动性,而由其自己动手,自己帮助自己,自己在既定的范围之内安排选用菜肴。它又被叫做冷餐会,主要是因其提供的食物以冷食为主。当然,适量地提供一些热菜,或者提供一些半成品由用餐者自己进行加工,也是允许的。

自助餐礼仪,泛指人们安排或享用自助餐时所需要遵守的基本礼仪规范。具体来讲,自助餐礼仪又分为安排自助餐的礼仪与享用自助餐的礼仪两个主要的部分。下面对其分别予以介绍。

一、安排自助餐的礼仪

安排自助餐的礼仪，指的是自助餐的主办者在筹办自助餐时的规范性做法，一般而言，它又包括就餐的时间、就餐的地点、食物的准备、客人的招待四个方面。

（一）就餐的时间

在商务交往之中，依照惯例，自助餐大多被安排在各种正式的商务活动之后，作为其附属的环节之一，而极少独立出来，单独成为一项活动。也就是说，商界的自助餐多见于各种正式活动之后，用作招待来宾的项目之一，而不宜以此作为一种正规的商务活动的形式。

因为自助餐多在正式的商务活动之后举行，所以其举行的具体时间受到正式的商务活动的限制。不过，它很少被安排在晚间举行，而且每次用餐的时间不宜长于一小时。

根据惯例，自助餐的用餐时间不必进行正式的限定。只要主人宣布用餐开始，大家即可动手就餐。在整个用餐期间，用餐者可以随到随吃，大可不必非要在主人宣布用餐开始之前到场恭候。在用自助餐时，也不像正式的宴会那样，必须统一退场，不允许“半途而废”。用餐者只要自己觉得吃好了，在与主人打过招呼之后，随时都可以离去。通常，自助餐是无人出面正式宣告其结束的。

一般来讲，主办单位假如预备以自助餐对来宾进行招待，最好事先以适当的方式对其进行通报。同时，必须注意一视同仁，不要安排一部分来宾用自助餐，而安排另外一部分来宾去参加正式的宴请。

（二）就餐的地点

自助餐的地点不必选择正式宴请那样的地点，只要能容纳全部就餐人，还可以提供足够的交际空间即可。自助餐可以安排在室内，也可以安排在室外。

在选择、布置自助餐的就餐地点时，有下列三点事项应予以注意。

1. 为用餐者提供一定的活动空间

除了摆放菜肴的区域之外，在自助餐的就餐地点还应划出一块明显的用餐区域。这一区域，不要显得过于狭小。考虑到实际就餐的人数往往具有一定的弹性，实际就餐的人数难以确定，所以用餐区域的面积宁可划得大一些。

2. 提供数量足够使用的餐桌与座椅

尽管真正的自助餐所提倡的，是就餐者自由走动，立而不坐。但是在实际上，有不少的就餐者，尤其是其中的年老体弱者，还是期望在其就餐期间，能有一个暂时的歇脚之处。因此，在就餐地点应当预先摆放好一定数量的桌椅，供就餐者自由使用。在室外就餐时，提供适量的遮阳伞，往往也是必要的。

3. 使就餐者感觉到就餐地点环境宜人

在选择就餐地点时，不只要注意面积、费用问题，还须兼顾安全、卫生、温湿度诸问题。要是用餐期间就餐者感到异味扑鼻、过冷过热、空气不畅，或者过于拥挤，显然都会影响到对方对此次自助餐的整体评价。

（三）食物的准备

在自助餐上，为就餐者所提供的食物，既有其共性，又有其个性。它的共性在于，为了便于就餐，以提供冷食为主；为了满足就餐者的不同口味，应当尽可能地使食物在品种上丰富而多彩；为了方便就餐者进行选择，同一类型的食物应被集中在一处摆放。它的个性则在于，在不同的时间或是款待不同的客人时，食物可在具体品种上有所侧重。有时，它以冷菜为主；有时，它以甜品为主；有时，它以茶点为主；有时，它还可以酒水为主。除此之外，还可酌情安排一些时令菜肴或特色菜肴。

一般而言，自助餐上所备的食物在品种上应当多多益善。具体来讲，一般的自助餐上所供应的菜肴大致应当包括冷菜、汤、热菜、点心、甜品、水果以及酒水等几大类型。

在准备食物时，务必要注意保证供应。同时，还须注意食物的卫生以及热菜、热饮的保温问题。

（四）客人的招待

招待好客人，是自助餐主办者的责任和义务，要做到这一点，必须注意下列环节。

1. 照顾好主宾

不论在任何情况下，主宾都是主人照顾的重要对象。在自助餐上，也并不例外。主人在自助餐上对主宾所提供的照顾，主要表现在陪同其就餐，与其进行适当的交谈，为其引见其他客人，等等。只是要注意给主宾留下一点供其自由活动的时间，不要始终伴随其左右。

2. 充当引见者

作为一种社交活动的具体形式，自助餐自然要求其参加者主动进行适度的交际。在自助餐进行期间，主人一定要尽可能地为彼此互不相识的客人多创造一些相识的机会，并且积极为其牵线搭桥，充当引见者，即介绍人。应当注意的是，介绍他人相识，必须了解彼此双方是否有此心愿，而切勿一厢情愿。

3. 安排服务者

小型的自助餐，主人往往可以一身而二任，同时充当服务者。但是，在大规模的自助餐上，显然是不能缺少专人服务的。在自助餐上，直接与就餐者进行正面接触的，主要是侍者。根据常规，自助餐上的侍者须由健康而敏捷的男性担任。他的主要职责是：为了不使来宾因频频取食而妨碍了同他人所进行的交谈，而主动向其提供一些辅助性的服务。比如，推着装有各类食物的餐车，或是托着装有多种酒水的托盘，在来宾之间巡回走动，而听凭宾客各取所需。再者，他还可以负责补充供不应求的食物、饮料、餐具等。

二、享用自助餐的礼仪

所谓享用自助餐的礼仪，在此主要是指在以就餐者的身份参加自助餐时，所需要具体遵循的礼仪规范。一般来讲，在自助餐礼仪之中，享用自助餐的礼仪对绝大多数人而言，往往显得更为重要。通常，它主要涉及下述八点。

（一）排队取菜

在享用自助餐时，尽管需要就餐者自己照顾自己，但这并不意味着他可以因此而不守规矩。实际上，在就餐取菜时，由于用餐者往往成群结队而来，大家都必须自觉地维护公共秩序，讲究先来后到，排队选用食物。不允许乱挤、乱抢、乱插队，更不允许不排队。

在取菜之前，先要准备好一只食盘。轮到自己取菜时，应以公用的餐具将食物装入自己的食盘之内，然后即应迅速离去。切勿在众多的食物面前犹豫再三。让身后之人久等，更不应该在取菜时挑挑拣拣，甚至直接下手或以自己的餐具取菜。

（二）循序取菜

在自助餐上，如果想要吃饱吃好，那么在具体取用菜肴时，就一定要首先了解合理的取菜顺序，然后循序渐进。按照常识，参加一般的自助餐时，取菜时的标准的先后顺序，依次应当是：冷菜、汤、热菜、点心、甜品和水果。因此在取菜时，最好先在全场转上一圈，了解一下情况，然后再去取菜。

如果不了解这一合理的取菜的先后顺序，而在取菜时完完全全地自行其是，乱装乱吃一通，难免会使本末倒置，咸甜相克，令自己吃得既不畅快又不舒服。例如，在自助餐上，甜品、水果本应作为“压轴戏”，最后再吃。可要是不守此规，为图新鲜，而先来大吃一通甜品、水果，那么立即就会饱了，等到后来才见到自己想吃的好东西，很可能就会心有余而力不足，只好“望洋兴叹”了。

（三）量力而行

参加自助餐时，遇上了自己喜欢吃的东西，只要不会撑坏自己，完全可以放开肚量，尽管去吃。不限数量，保证供应，其实这正是自助餐大受欢迎的地方。因此，商务人员在参加自助餐时，大可不必担心别人笑话自己，爱吃什么，只管去吃就是了。

不过，应当注意的是，在根据本人的口味选取食物时，必须要量力而行。切勿为了吃得过瘾，而将食物狂取一通，结果是自己“眼高手低”，力不从心，从而导致了食物的浪费。严格地说，在享用自助餐时，多吃是允许的，而浪费食物则绝对不允许。这一条，被世人称为自助餐就餐时的“少取”原则。有时，有人亦称之为“每次少取”原则。

（四）多次取菜

在自助餐上遵守“少取”原则的同时，还必须遵守“多次”的原则。“多次”的原则，是“多次取菜”的原则的简称。它的具体含义是：用餐者在自助餐上选取某一种类的菜肴，允许其再三再四地反复去取。每次应当只取一小点，待品尝之后，觉得它适合自己的话，那么还可以再次去取，直至自己感到吃好了为止。换而言之，这一原则其实是说，在自助餐选取某菜肴时，去取多少次都无所谓，一添再添都是允许的。相反，要是为了省事而一次取用过量，装得太多，则是失礼之举，必定会令其他人瞠目结舌。“多次”的原则与“少取”的原则其实是同一个问题的两个不同侧面。“多次”是为了量力而行，“少取”也是为了避免造成浪费。所以，二者往往也被合称为“多次少取”的原则。

会吃自助餐的人都知道，在选取菜肴时，最好每次只为自己选取一种。待吃好后，再去取用其他的品种。要是不谙此道，在取菜时乱装一气，将多种菜肴盛在一起，导致其五味杂陈，相互串味，则难免会暴殄天物。

(五)避免外带

所有的自助餐,无论是以之待客的由主人亲自操办的自助餐,还是对外营业的正式餐馆里所经营的自助餐,都有一条不成文的规定,即自助餐只许可就餐者在用餐现场里自行享用,而绝对不许可对方在用餐完毕之后携带回家。

商界人士在参加自助餐时,一定要牢牢记住这一点。在用餐时不论吃多少东西都不碍事,但是千万不要偷偷往自己的口袋、皮包里装一些自己的"心爱之物",更不要要求侍者替自己"打包"。那样的表现,必定会使自己见笑于人。

(六)送回餐具

在自助餐上,既然强调用餐者以自助为主,那么用餐者在就餐的整个过程之中,就必须将这一点牢记在心,并且认真地付诸行动。在自助餐上强调自助,不但要求就餐者取用菜肴时以自助为主,而且还要求其善始善终,在用餐结束之后,自觉地将餐具送至指定之处。

在一般情况下,自助餐大多要求就餐者在用餐完毕之后、离开用餐现场之前,自行将餐具整理到一起,然后一并将其送回指定的位置。在庭院、花园里享用自助餐时,尤其应当这么做。不允许将餐具随手乱丢,甚至任意毁损餐具。在餐厅里就座用餐,有时可以在离去时将餐具留在餐桌之上,而由侍者负责收拾。虽然如此,亦应在离去前对其稍加整理为好。不要弄得自己的餐桌上杯盘狼藉,不堪入目。自己取用的食物,以吃完为宜,万一有少许食物剩了下来,也不要私下里乱丢、乱倒、乱藏,而应将其放在适当之处。

(七)照顾他人

商界人士在参加自助餐时,除了对自己用餐时的举止表现要严加约束之外,还须对他人多加照顾。对于自己的同伴,特别需要加以关心,若对方不熟悉自助餐,不妨向其扼要地进行介绍。在对方乐意的前提下,还可向其具体提出一些有关选取菜肴的建议。对于在自助餐上碰见的熟人,亦应如此加以体谅。不过,不可以自作主张地为对方直接代取食物,更不允许将自己不喜欢或吃不了的食物"处理"给对方吃。

在用餐的过程中,对于其他不相识的用餐者,应当以礼相待。在排队、取菜、寻位以及行动期间,对于其他用餐者要主动加以谦让,不要目中无人,蛮横无理。

(八)积极交际

一般来说,参加自助餐时,商务人员必须明确,吃东西往往属于次要之事,而与其他人进行适当的交际活动才是自己最重要的任务。在参加由商界单位所主办的自助餐时,情况就更是如此。所以,不应当以不善交际为由,只顾自己躲在僻静之处一心一意地埋头大吃,或者来了就吃,吃了就走,而不同其他在场者进行任何形式的正面接触。

在参加自助餐时,一定要主动寻找机会,积极地进行交际活动。首先,应当找机会与主人攀谈一番。其次,应当与老朋友好好叙一叙。最后,还应当争取多结识几位新朋友。

在自助餐上,交际的主要形式是几个人聚在一起进行交谈。为了扩大自己的交际面,在此期间不妨多换几个类似的交际圈。只是在每个交际圈,多少总要待上一会儿时间,不能只待上一两分钟马上就走，好似蜻蜓点水一般。

礼仪点滴

介入陌生的交际圈，大体上有三种方法。其一，是请求主人或圈内之人引见。其二，是寻找机会，借机加入。其三，是毛遂自荐，自己介绍自己加入。不管怎么说，加入一个陌生的交际圈，总得先求圈内之人的同意。愣头愣脑地硬闯进去，未必会受到欢迎。

礼仪模拟

（1）王女士带着儿子去吃自助餐。王女士看女子特别喜欢吃餐厅里面的蛋糕，于是就拿了一个袋子装了几只，另外还将几个奇异果也装了进去。

要求：全班讨论，王女士的行为有何不妥？这违反了自助餐礼仪中的哪些原则？

（2）张宏接到朋友的邀请去参加自助餐酒会，去了之后才发现自己除了正在忙碌的朋友之外，其他的一个人也不认识，于是她只能自己闷闷地吃着食物，一言不发，觉得非常的无聊。

要求：张宏在自助餐中为什么会感觉闷？她应该如何做来改变这个状况呢？

拓展阅读

自助餐的由来

自助餐，有时亦称冷餐会，它是目前国际上所通行的一种非正式的西式宴会，在大型的商务活动中尤为多见。它的具体做法是，不预备正餐，而由就餐者自作主张地在用餐时自行选择食物、饮料，然后或立或坐，自由地与他人在一起或是独自一人用餐。

如今，自助餐已不局限于各种宴会。在日益加快的现代生活节奏里，到经济实惠的自助餐馆大快朵颐，俨然成为人们休闲生活聚友的首选之一。

自助餐（buffet），是起源于西餐的一种就餐方式。厨师将烹制好的冷、热菜肴及点心陈列在餐厅的长条桌上，由客人自己随意取食，自我服务。这种就餐形式起源于公元8～11世纪北欧的“斯堪的纳维亚式餐前冷食”和“亨联早餐（hunt breakfast）”。

相传这是当时的海盗最先采用的一种进餐方式，至今世界各地仍有许多自助餐厅以“海盗”命名。海盗们性格粗野，放荡不羁，以至于用餐时讨厌那些用餐礼节和规矩，只要求餐馆将他们所需要的各种饭菜、酒水用盛器盛好，集中在餐桌上，然后由他们肆无忌惮地畅饮豪吃，吃完不够再加。海盗们这种特殊的就餐形式，起初被人们视为是不文明的现象，但久而久之，人们觉得这种方式也有许多好处，对顾客来说，用餐时不受任何约束，随心所欲，想吃什么菜就取什么菜，吃多少取多少；对酒店经营者来说，由于省去了顾客的桌前服务，自然就省去了许多劳力和人力，可减少服务生的使用，为企业降低了用人成本。因此，这种自助式服务的用餐方式很快在欧美各国流行起来，并且随着人们对美食的不断追求，自助餐的形式由餐前冷食、早餐逐渐发展成为午餐、正餐；由便餐发展到各种主题自助餐，如：情人节自助餐、圣诞节自助餐、周末家庭自助餐、庆典自助餐、婚礼自助餐、美食节自助餐等；按供应方式，由传统的客人取食，菜桌成品发展到客前现场烹制、现烹现食，甚至还发展为由顾客自助食物原料，自烹自食“自制式”自助餐，真可谓五花八门，丰富多彩。

随着西餐传到中国以后，自助餐的就餐方式自然随之带到我国。这种就餐方式最早出现在20世纪30年代外国人在中国开的大饭店里，使它真正与中国的老百姓接触，是在20世纪80年代后期，随着中国对外开放，新兴的旅游合资宾馆、酒店将自助餐推广到我国大众化餐饮市场，自助餐以其形式多样，菜式丰富，营养全面，价格低廉，用餐简便而深受消费者喜爱，尤其受青年、儿童的青睐。自助餐以其独特的魅力正在逐渐兴旺起来。

思考练习

(1)何为自助餐和自助餐礼仪？

(2)在组织自助餐的时候，应该如何做好对客人的招待？

(3)张芳第一次参加单位组织的冷餐会，在餐会上，她发现了好多自己喜欢吃的东西，于是用盘子装了满满的一大盘。当她端着满满一盘子食物的时候，周围的人纷纷投来异样的目光。张芳在此案例中违背了哪些自助餐的礼仪规范？

任务四　酒水礼仪

学习目标

(1)掌握饮酒的礼仪及规范。

(2)掌握酒水礼仪的禁忌。

任务情境

小王是一名刚毕业的大学生，刚到新单位第一天，同事们为了迎接他就请他一起吃饭，席间他为了表达感激之情，和每位同事都喝了酒，结果几杯酒下肚，自己已经酩酊大醉。

学习要求：全班同学进行讨论，小王在此案例中的做法有何不妥，为什么？他应该如何做？

礼仪知识

古往今来，酒水一直在人际交往中扮演着重要角色。逢年过节，更是少不了它们的身影，以至于无酒不成宴。别看推杯换盏碰得轻松，呼朋唤友喝得畅快，酒水中的讲究可真是不少。除了人们熟悉的茶以外，各种各样的洋酒，不同品牌的咖啡悄然而至，也进入了我们的生活中。因此酒水礼仪就显得越来越重要了。

“对酒当歌，人生几何？”古人饮酒的豪放胸襟，难以言喻的情感一览无余。中国是古老的酿酒国家，酒是常用的饮品，俗话说“无酒不成席”。

在众多的酒类中，常见的可分为白酒、黄酒、啤酒、保健药酒几大类。白酒是餐宴场合的情感催化剂。中国传统的八大名酒包括贵州茅台酒、山西汾酒、四川五粮液、四川剑南春、安徽古井贡酒、江苏洋河大曲、贵州董酒、泸州老窖特曲；黄酒主要有绍兴加饭酒、龙岩沉缸酒等；啤酒主要有生啤酒、干啤酒、黑啤酒等；保健药酒主要有山西竹叶青等。

一、选酒及取用

1. 中餐中酒水的选择

吃中国菜时可以喝白酒、黄酒、药酒、啤酒。在国内，白酒是饮用最普遍的酒，它可以净饮干喝，也可以用来帮助吃菜下饭，甚至可以用来作为药引泡药。白酒一旦和其他酒类如啤酒、汽水、可乐等饮料同饮，就很容易醉。

在正式场合最好用专门的“肚量不大”的瓷杯或玻璃杯盛酒，这样就好“对付”我们中国人讲究的“一饮而尽”“酒满敬人”等不成文的规定。喝白酒时，不用加温、加冰，也不必用水稀释。

2. 西餐中酒水的选择

在食用西餐的时候，用酒分饭前酒、进餐酒和饭后酒。

饭前酒或称开胃酒，是在入席前请客人喝的酒类，常用的有鸡尾酒、威士忌、麦亨登、浮毛斯、马丁尼以及啤酒等。另外还应准备果汁、汽水及可乐等饮料。开胃酒的目的是刺激食欲，喝得太多反而没有食欲，所以不要多喝。

进餐酒，是上菜时配合菜肴用的葡萄酒，常用的有雪醴酒、白酒、红酒、香槟酒、鸡尾酒等。正式西餐，每上一道菜，侍者就会奉上一次酒，酒随菜不同而不同。

饭后酒或称助消化酒，常用的有白兰地、雪醴及薄荷酒等。

礼仪点滴

不管在家里还是在饭店，如果你以你的酒为荣，可以让客人看看酒签。

如果不是名酒，最好放在一个漂亮的玻璃盛酒瓶里。

红酒应该保存在温度低的房间，好的红酒要在餐前先打开瓶盖，让它呼吸 1 小时的空气，口味会更好。如果在很冷的季节为客人上红酒，应该建议客人把酒杯握在手里几分钟，这样可以使酒快速升温。

餐前，至少应该把白葡萄酒在冰箱里放 2 小时。如果你有冰酒器，在有冰块的水里放 20 分钟。要多准备一些酒杯，因为在用过的杯里倒另外一种酒，会使酒的味道改变。

二、酒和菜的搭配

可以餐前选用配制酒和开胃酒，而冷盘和海鲜选用白葡萄酒，肉禽野味选用红葡萄酒，甜食要选用甜型葡萄酒或汽酒。酒和酒的搭配是：低度酒在先高度酒在后；有气在先，无气在后；新酒在先，陈酒在后；淡雅风格在先，浓郁风格在后；普通酒在先，名贵酒在后；白葡萄酒在先，红葡萄酒在后，并最好选用同一国家、地区的酒作为宴会用酒。

原则上是“白肉配白酒，红肉配红酒”。白葡萄酒适合于开胃菜等小菜或者虾、螃蟹、贝类、鱼等菜。炖牛肉等味浓的肉食菜，配红葡萄酒。油炸的肉食，配味淡的红葡萄酒。按国别选酒也是可以的：法国菜选法国的葡萄酒，意大利菜选基安蒂葡萄酒，吃腊肠和火腿肠为主的德国菜，应选德国的葡萄酒。喝汤的时候可以喝雪醴。上最后一道菜或甜品时就用香槟。

品酒要先从酒标开始。看酒的标签，核实一下是否是自己要的酒，可以看：葡萄的收成年、葡萄酒名称、葡萄酒的产地。然后，先往玻璃杯里稍倒一点，举杯看看酒的颜色是否漂亮，再闻一闻酒的香味，最后小口尝尝。酒瓶开了，除了明显的变质问题可以换酒，一般是不允许退的。

如果很多人喝酒，你可以点一瓶；或者你可以点小半瓶；如果你是一个人喝酒，也可以按"杯"要酒。每一家餐馆都提供了一两种点酒方式，这些都是可以的。而且，在西方宴会上喝酒一般不会像我国中餐那样拼命劝酒、不醉不归。

三、斟酒

服务员来斟酒，你不必拿起酒杯，但不要忘了向服务员致谢。如果是主人亲自斟酒时，必须端起酒杯致谢甚至是起身站立或欠身点头致谢。也可以使用"叩指礼"，也就是用右手拇指、食指、中指捏在一起，指尖向下，轻叩几下桌面表示谢意。主人亲自斟酒，要注意：面面俱到，一视同仁；斟酒适量，白酒和啤酒都可以斟满，其他酒不用斟满。在正式场合，除主人和服务员外，其他宾客一般不要自行给别人斟酒。

四、敬酒

敬酒也就是祝酒，指在正式宴会上，由男主人向来宾提议，提出某个事由而饮酒。在饮酒时，通常要讲一些祝愿、祝福类的话甚至主人和主宾还要发表一篇专门的祝酒词。祝酒词内容越短越好。

敬酒可以随时在饮酒的过程中进行。要是致正式祝酒词，就应在特定的时间进行，不要影响来宾的用餐。祝酒词适合在宾主入座后、用餐前开始。也可以在吃过主菜后、甜品上桌前进行。

在饮酒特别是祝酒、敬酒时进行干杯，需要有人率先提议，可以是主人、主宾，也可以是在场的人。提议干杯时，应起身站立，右手端起酒杯，或者用右手拿起酒杯后，再以左手托扶杯底，面带微笑，目视其他人特别是自己的祝酒对象，嘴里同时说着祝福的话。

有人提议干杯后，要手拿酒杯起身站立。即使是滴酒不沾，也要拿起杯子做做样子。将酒杯举到眼睛高度，说完"干杯"后，将酒一饮而尽或喝适量。然后，还要手拿酒杯和提议者对视一下，这个过程就算结束。

在中餐里，干杯前，可以象征性地和对方碰一下酒杯；碰杯的时候，应该让自己的酒杯低于对方的酒杯，表示你的尊敬。用酒杯杯底轻碰桌面，也可以表示和对方碰杯。当离对方比较远时，就可以用这种方式代劳。如果主人亲自敬酒干杯后，要回敬主人，和他再干一杯。

一般情况下，敬酒应以年龄大小、职位高低、宾主身份为先后顺序，一定要充分考虑好敬酒的顺序，分明主次。即使和不熟悉的人在一起喝酒，也要先打听一下身份或是留意别人对他的称号，避免出现尴尬。如果在场有身份高或年长的人，要先给尊长者敬酒。

如果因为生活习惯或健康等原因不宜喝酒，可以委托亲友、部下、晚辈代喝或者以饮料、茶水代替。作为敬酒人，要充分体谅对方，在对方请人代酒或用饮料代替时，不要非让对方喝酒不可，也不应该好奇地"打破砂锅问到底"。要知道，别人没主动说明原因就表示对方认为这是他的隐私。

礼仪点滴

女性防止醉酒的方法有以下几种。

(1)超过自己酒量的敬酒,含笑婉拒。

(2)赴宴前稍微吃些东西或喝瓶牛奶或吃些含油多的食物。

(3)举杯浅尝即止,然后用微笑及敏捷的动作,将对方手中的酒瓶取过来为他斟酒,使他没有机会为你斟酒。

(4)保持满杯的状态,因为杯一空,别人自然会给你倒酒。

(5)假装已有醉意,多跑几趟洗手间,可躲掉一些喝酒的机会。或者涂一点腮红,假装因酒精作用而脸红,也可打消别人的敬酒意图。

(6)征求护花使者,有时可以请男同事或熟人代喝,相信会有不少人乐意表现男子汉风度为你解围。

五、酒桌上应注意的事宜

谈起喝酒,几乎所有的人都有过切身体会,“酒文化”也是一个既古老而又新鲜的话题。现代人在交际过程中,已经越来越多地发现了酒的作用。的确,酒作为一种交际媒介,迎宾送客,聚朋会友,彼此沟通,传递友情,发挥了独到的作用。在酒桌上应当注意以下几点。

(一)众欢同乐,切忌私语

大多数酒宴宾客都较多,所以应尽量多谈论一些大部分人能够参与的话题,得到多数人的认同。因为个人的兴趣爱好、知识面不同,所以话题尽量不要太偏,避免唯我独尊,天南海北,神侃无边,出现跑题现象,而忽略了众人。

特别是尽量不要与人贴耳小声私语,给别人一种神秘感,使人产生“就你俩好”的嫉妒心理,影响喝酒的效果。

(二)瞄准宾主,把握大局

大多数酒宴都有一个主题,也就是喝酒的目的。赴宴时首先应环视一下各位的神态表情,分清主次,不要单纯地为了喝酒而喝酒,而失去交友的好机会,更不要让某些哗众取宠的酒徒搅乱东道主的意思。

(三)语言得当,诙谐幽默

酒桌上可以显示出一个人的才华、常识、修养和交际风度,有时一句诙谐幽默的语言,会给客人留下很深的印象,使人无形中对你产生好感。所以,应该知道什么时候该说什么话。语言得当,诙谐幽默很关键。

（四）敬酒有序，主次分明

敬酒也是一门学问。一般情况下敬酒应以年龄大小、职位高低、宾主身份为序，敬酒前一定要充分考虑好敬酒的顺序，分清主次。即使与不熟悉的人在一起喝酒，也要先打听一下身份或是留意别人如何称呼，这一点心中要有数，避免出现尴尬或伤感情的局面。

敬酒时一定要把握好敬酒的顺序。有求于某位客人在席上时，对他自然要倍加恭敬，但是要注意，如果在场有更高身份或年长的人，则不应只对能帮你忙的人毕恭毕敬，也要先给尊者长者敬酒，不然会使大家都很难为情。

（五）劝酒适度，切莫强求

在酒桌上往往会遇到劝酒的现象，有的人总喜欢把酒场当战场，想方设法劝别人多喝几杯，认为不喝到量就是不实在。

"以酒论英雄"，对酒量大的人还可以，酒量小的就犯难了，有时过分地劝酒，会将原有的朋友感情完全破坏。

（六）察言观色，了解人心

要想在酒桌上得到大家的赞赏，就必须学会察言观色。因为与人交际，就要了解人心，左右逢源，才能演好酒桌上的角色。

（七）锋芒渐射，稳坐泰山

酒席宴上要看清场合，正确估计自己的实力，不要太冲动，尽量保留一些酒力和说话的分寸，既不让别人小看自己又不要过分地表露自身，选择适当的机会，逐渐放射自己的锋芒，才能稳坐泰山，不致给别人产生"就这点能力"的想法，使大家不敢低估你的实力。

礼仪模拟

（1）李涛去参加一个颇具规模的西餐会，在餐会上，因为杯里面是红酒，李涛觉得度数不是很高，于是就提议要"感情深，一口闷"，自己带头将一整杯红酒吞下了肚子。

要求：全班讨论，李涛在饮酒的时候有什么地方不妥？应该怎么做才正确？

（2）假如你刚到单位，单位的同事组织一次欢迎酒会，在酒会上你应该掌握哪些酒会礼仪？

要求：全班分小组进行讨论，确定一套最好的敬酒方式，并进行情景模拟。

拓展阅读

酒的分类

一、白酒的分类

（一）按所用酒曲和主要工艺分类

1. 在固态法白酒中主要的种类

（1）大曲酒。大曲酒，以大曲为糖化发酵剂，大曲的原料主要是小麦、大麦，加上一定数量的豌豆。大曲又分为中温曲、高温曲和超高温曲。一般是固态发酵，大曲酒所酿的酒质量较好，多数名优酒均以大曲酿成。我国大部分名优白酒都属于大曲酒。

(2)小曲酒。小曲是以稻米、高粱为原料制成的，多采用半固态发酵，南方的白酒多是小曲酒。

(3)麸曲酒。这是新中国成立后在烟台操作法的基础上发展起来的，分别以纯培养的曲霉菌及纯培养的酒母作为糖化发酵剂，发酵时间较短，由于生产成本较低，为多数酒厂所采用，此种类型的酒产量最大，以大众为消费对象，一般为普通白酒。

(4)混曲酒。主要是大曲、小曲与麸曲等曲种混用所酿成的酒。

(5)其他糖化剂法白酒。这是以糖化酶、淀粉酶等生物酶剂作为糖化剂，加酿酒活性干酵母(或生香酵母)作为发酵酿制而成的白酒。

2. 固液结合法白酒的种类

(1)半固、半液发酵法白酒。这种酒是以大米为原料，小曲为糖化发酵剂，先在固态条件下糖化，再于半固态、半液态下发酵，而后蒸馏制成的白酒，其典型代表是桂林三花酒。

(2)串香白酒。这种白酒采用串香工艺制成，其代表有四川沱牌酒等。

还有一种香精串蒸法白酒，此酒在香醅中加入香精后串蒸而得。

(3)勾兑白酒。这种酒是将固态法白酒(不少于10%)与液态法白酒或食用酒精按适当比例进行勾兑而成的白酒。

3. 液态发酵法白酒

液态发酵法白酒又称"一步法"白酒，生产工艺类似于酒精生产，但在工艺上吸取了白酒的一些传统工艺，酒质一般较为淡薄；有的工艺采用生香酵母加以弥补。

此外还有调香白酒，这是以食用酒精为酒基，用食用香精及特制的调香白酒经调配而成。

(二)按酒的香型分类

这种方法按酒的主体香气成分的特征分类，在国家级评酒中，往往按这种方法对酒进行归类。

1. 酱香型白酒

以茅台酒为代表，酱香柔润为其主要特点，酒的口感、细腻、醇厚、香气悠长而耐人回味。发酵工艺最为复杂。所用的大曲多为超高温酒曲。

2. 浓香型白酒

以泸州老窖特曲、五粮液、洋河大曲等酒为代表，以浓香甘爽为特点，发酵原料是多种原料，以高粱为主，发酵采用混蒸续渣工艺。发酵采用陈年老窖，也有人工培养的老窖。在名优酒中，浓香型白酒的产量最大。四川、江苏等地的酒厂所产的酒均是这种类型。其突出的特点在于，香气浓郁、口感甘甜、绵润，香味协调且回味无穷。

3. 清香型白酒

以汾酒为代表，其特点是清香纯正，甘甜柔和，醇厚而不失清冽，饮后令人有清爽之感。采用清蒸清渣发酵工艺，发酵采用地缸。

4. 米香型白酒

以桂林三花酒为代表，特点是米香纯正，入口时绵润，落口时清爽甘冽。其以大米为原料，小曲为糖化剂。

5. 其他香型白酒

这类酒的主要代表有西凤酒、董酒、白沙液等，香型各有特征，这些酒的酿造工艺采用浓香型，酱香型或汾香型白酒的一些工艺，有的酒的蒸馏工艺也采用串香法。

(三)按酒质分类

(1)国家名酒。国家评定的质量最高的酒，白酒的国家级评比，共进行过5次。茅台酒、汾酒、泸州老窖、五粮液等酒在历次国家评酒会上都被评为名酒。

(2)国家级优质酒。国家级优质酒的评比与名酒的评比同时进行。

(3)各省、部级评比的名优酒。

(4)一般白酒。一般白酒占酒产量的大多数，价格低廉，为百姓所接受。有的质量也不错。这种白酒大多是用液态法生产的。

(四)按酒度的高低分类

(1)高度白酒。这是我国传统生产方法所形成的白酒，酒度在41°以上，多在55°以上，一般不超过65°。

(2)低度白酒。采用了降度工艺，酒度一般在38°，也有的20多度。

二、啤酒的分类

(一)根据麦芽汁浓度分类

(1)低浓度型。麦芽汁浓度在2.5°~8°(巴林糖度计)，酒精度为2%左右，夏季可做清凉饮料，缺点是稳定性差，保存时间较短。

(2)中浓度型。麦芽汁浓度在9°~12°，以12°为普遍，酒精含量在3.5%左右，是我国啤酒生产的主要品种。

(3)高浓度型。麦芽汁浓度在13°~22°，酒精含量不能超过5.5%。这种啤酒生产周期长，含固形物较多，稳定性好，适于储存和远途运输。

(二)根据酵母性质分类

(1)上面发酵啤酒。是利用浸出糖化法来制备麦汁，经上面酵母发酵而制成。用此法生产的啤酒，国际上有著名的爱尔淡色啤酒、爱尔浓色啤酒、司陶特啤酒以及波特黑啤酒等。

(2)下面发酵啤酒。是利用煮出糖化法来制取麦汁，经下面酵母发酵而制成。该法生产的啤酒，国际上有皮尔逊淡色啤酒、多特蒙德淡色啤酒、慕尼黑黑色啤酒等。我国生产的啤酒均为下面发酵啤酒。

(三)根据啤酒色泽分类

(1)淡色啤酒(黄啤酒)。呈淡黄色，采用短麦芽做原料，酒花香气突出，口味清爽而且醇和，是我国啤酒生产的大宗产品。其色度(以0.0011摩尔碘液毫升数/100毫升表示)一般保持在0.5毫升碘液之间。

(2)浓色啤酒。这种啤酒相对淡色啤酒不太常见，颜色一般呈红褐色，而且口味纯正，有轻微苦味，浓色爱尔啤酒是典型的浓色啤酒。

(3)黑色啤酒(黑啤酒)。色泽呈深红褐色或黑褐色，是用高温烘烤的麦芽酿造的，含固形物较多，麦芽汁浓度大，发酵度较低，香味醇厚，麦芽香气明显。其色度一般在5~15毫升碘液之间。慕尼黑啤酒就是典型的黑啤。

（四）根据灭菌情况分类

（1）鲜啤酒。又称生啤酒，是不经巴氏消毒而销售的啤酒。鲜啤酒中含有活酵母，稳定性较差。最好一个星期内喝完。

（2）熟啤酒。熟啤酒在瓶装或罐装后经过巴氏消毒，比较稳定，保质期长，可供常年销售，适于远销外埠或国外。

（3）纯生啤酒。纯生啤酒就是虽然没有经过高温消毒，但用其他方法除菌了。口感和啤酒类似。

三、葡萄酒的分类

葡萄酒种类繁多。一般分为不起泡葡萄酒及气泡葡萄酒两大类。不起泡葡萄酒又分白酒、红酒及玫瑰红酒三种；气泡葡萄酒则以香槟为代表。另外，添加白兰地的雪莉酒；加入草根、树皮，采用传统药酒酿造法制成的苦艾酒，都是葡萄酒的同类品。但一般而言，我们可以将葡萄酒分为下列五种类型：

静态酒——红酒、白酒、玫瑰红酒；气泡酒——香槟；加烈酒——波特、雪莉、天然甜酒；加味酒——苦艾酒；彼诺甜酒。

下面主要介绍静态葡萄酒、气泡葡萄酒及加烈葡萄酒三类。

（一）静态葡萄酒

由于静态葡萄酒排除发酵后产生的二氧化碳，故又称无气泡酒。这类酒是葡萄酒的主流产品，酒精含量为8% ~13%。依酿葡萄品种与酿制方式不同，又可分为白酒、红酒和玫瑰红酒。

（1）白酒。只将葡萄的汁液发酵，且培养期通常在一年内，口味清爽，单宁含量低，带有水果香味及果酸味。

（2）红酒。将葡萄的果皮、果肉、种子等与果汁一起发酵，且培养一年以上。口味较白酒浓郁，多含单宁而带涩味，因发酵程度较高，通常不甜。但酒性比白酒稳定，保存期可达数十年。

（3）玫瑰红酒。所谓“玫瑰红”是形容它的色泽，是在白酒中加入红酒而得，口味介于白酒与红酒之间。

（二）起泡葡萄酒

因装瓶后经两次发酵会产生二氧化碳而得名，酒精含量为9% ~14%。这类酒以法国香槟区所产的“香槟”最负盛名。

（三）加烈葡萄酒

在发酵过程中或发酵后加入其他高浓度酒导致酒精含量较前两类高，为15% ~22%。培养期长且混合不同年份及产区的酒，酒性较稳定，保存期较久。葡萄牙的波特酒及西班牙的雪莉酒都为此类中的佼佼者。

四、黄酒的分类

黄酒是以大米等谷物为原料，经过蒸煮、糖化和发酵、压滤而成的。黄酒又有许多品类。分类的标准之一就是根据含糖量多少。根据糖分含量，黄酒分为干型黄酒、半干型黄酒、半甜型黄酒、甜型黄酒、浓甜型黄酒五类。经科学分析鉴定，这四类黄酒刚好是绍兴酒的四个名品，即元红酒、加饭酒、善酿酒、香雪酒。

（一）干型黄酒

干型黄酒含糖量少，总含糖量小于或等于15.0g/L(以葡萄糖计)。“干”表示酒中含糖量少，糖分都发酵变成了酒精，故酒中的糖分含量最低。该酒属稀醪发酵，总加水量为原料米的3倍左右。发酵温度控制得较低，开耙搅拌的时间间隔较短。酵母生长较为旺盛，故发酵彻底，残糖很低。

色香味格：口味醇和鲜爽，无异味，浓郁醇香，呈橙黄至深褐色，清亮透明，有光泽。

（二）半干型黄酒

半干型黄酒总含糖量在15.0～40.0g/L。“半干”表示酒中糖分还未全部发酵成酒精，还保留了一些糖分。在发酵过程中，要求较高。酒质浓厚，风味优良，可长久储藏，是黄酒中的上品。我国大多数出口酒均属此类。

色香味格：口味醇厚柔和鲜爽，浓郁醇香，呈橙黄至深褐色，清透有光泽。

（三）半甜型黄酒

半甜型黄酒总含糖量在40.0～100.0g/L。该酒工艺独特，是用成品黄酒代水，加入发酵醪中，使糖化发酵的开始之际，发酵醪中的酒精浓度就达到较高的水平，在一定程度上抑制了酵母菌的生长速度，由于酵母菌数量较少，对发酵醪中产生的糖分不能转化成酒精，故成品酒中的糖分较高。该酒酒香浓郁，酒度适中，味甘甜醇厚，为黄酒中之珍品。缺点：不宜久存。储藏时间越长则色泽越深。

色香味格：醇厚鲜甜爽口，酒体协调，浓郁醇香，清亮透明，有光泽。

（四）甜型黄酒

甜型黄酒总含糖量高于100～200g/L。一般采用淋饭操作法，拌入酒药，搭窝先酿成甜酒酿，当糖化至一定程度时，加入40%～50%浓度的米白酒或糟烧酒，以抑制微生物的糖化发酵作用。由于加入了米白酒，酒度也较高。可常年生产。

色香味格：鲜甜醇厚，酒体协调，浓郁醇香，呈橙黄至深褐色，清亮透明，有光泽。

（五）浓甜型黄酒

浓甜型黄酒总含糖量高于200g/L。

色香味格：蜜甜醇厚，酒体协调，浓郁醇香，呈橙黄至深褐色，清亮透明，有光泽。

思考练习

（1）斟酒时应该注意哪些礼仪规范？

（2）敬酒时应该注意哪些礼仪规范？

任务五　饮茶礼仪

学习目标

（1）了解茶的种类及适饮人群。

（2）掌握饮茶的礼仪及规范。

任务情境

小张刚毕业不久，有一天约客户到一家茶馆喝茶。由于天气比较热，茶一上来，小张自己倒了一杯就大口大口地喝起来，发出“咕咚咕咚”的声音，还将茶杯中的茶叶喝了进去，咀嚼起来。客户露出了不悦的神情。

学习要求：全班讨论，小张做了哪些不合礼仪的事情，客户为什么露出不悦的神情？

礼仪知识

茶、咖啡和可可被称为世界三大饮料。我们在接待来访的客人时，沏茶、上茶已经成为一项必不可少的待客礼节。不管是自己喝还是待客，喝茶都很有讲究。

一、茶叶的品种和饮用特点

根据加工、制作方法的不同，茶叶可分为绿茶、红茶、乌龙茶、花茶、砖茶、袋茶等几个品种。

（一）绿茶

常喝绿茶的人都知道，当年的新茶，特别是“明前茶”（也就是清明节前采摘的茶叶）是首选。绿茶更适合在夏天饮用，可以消暑降温。

我国著名的绿茶有：产于杭州龙井的龙井茶，产于江苏太湖洞庭山的碧螺春，产于安徽黄山的黄山毛峰，产于湖南洞庭湖青螺岛的君山银针，产于安徽六安齐云山的六安瓜片，产于河南信阳大别山区的信阳毛尖，产于贵州黔南都匀山区的都匀毛尖，产于江西庐山的云雾茶，四川峨眉山的竹叶青，福建安溪的铁观音等。

（二）红茶

红茶的加工制作方法是以新鲜的茶叶经过烘制，等完全发酵后制作而成。在冲泡沏水之前，它的色泽油润乌黑。在冲泡后，它具有独特的浓香和爽口的滋味，还能暖胃补气，提神益智。

红茶性温热，适合在冬天里饮用。我国生产的红茶品种不少，其中最著名的就是安徽祁门县的祁门红茶。此外，还有产于云南西双版纳的滇红茶等。

（三）乌龙茶

乌龙茶的制作加工方法介于绿茶和红茶之间，是一种半发酵的茶叶。外形肥大、松散，茶叶边缘发酵，中间不发酵，整体外观上呈黑褐色。

沏水冲泡后的乌龙茶色泽凝重鲜亮，芳香宜人。喝过后，不仅可以化解油腻，而且健胃提神。

我国乌龙茶多产于福建，其中最著名的是福建安溪县的铁观音、福建武夷山的武夷岩茶等。

（四）花茶

花茶，又叫香片，是以绿茶经过各种香花熏制而成的茶叶。它的最大特点，是冲泡沏水后芳香扑鼻，口感浓郁，味道鲜嫩。一年四季都可以饮用。花茶可以分为茉莉花茶、桂花花茶、玫瑰花茶、白兰花茶、珠兰花茶、米兰花茶等多个品种。其中以茉莉花茶最受欢迎。

（五）砖茶

砖茶，又叫茶砖。是特意将茶叶压紧后，制作成的一种类似砖块形状的茶叶品种。它很受一些少数民族人民的喜爱，特别是添加奶、糖等之后煮着喝味道更美。

（六）袋茶

袋茶，不是茶叶的某一个品种，而是为了饮用方便，将绿茶、红茶、乌龙茶或花茶甚至是加入补品、药品分别装入纸袋内。饮用时将纸袋放进杯子，然后冲泡就行。袋茶是茶的一种方便饮品。

根据生活习惯，南方人爱喝绿茶，北方人爱喝花茶，东南沿海一带的人爱喝乌龙茶，欧美人爱喝红茶，特别是袋装红茶。

二、茶具的选择

喝茶时，因所选茶叶不同，所以茶具的品种也不同。但一般情况下，喝茶都少不了储茶用具、泡茶用具、喝茶用具。

储茶用具的基本要求是：防潮、避光、隔热、无味。如果要存放好的茶叶，最好用特制的茶叶罐，如铝罐、锡罐、竹罐，尽量不用玻璃罐、塑料罐，更不要长时间以纸张包装、存放茶叶。

喝茶讲究的人，对泡茶用具也十分挑剔。在比较正规的情况下，泡茶用具和喝茶用具往往要区分开。正规的泡茶用具，最常见的是茶壶，多是紫砂陶或陶瓷制成。

喝茶用具，主要是茶杯、茶碗。用茶杯喝茶最常见，也正规。使用茶碗喝茶，多出现在古色古香的茶馆里。为帮助茶汤纯正味道的发挥，茶杯应该选用紫砂陶茶杯和陶瓷茶杯。如果是为了欣赏茶叶的形状和茶汤的清澈，也可以选用玻璃茶杯。最好别用搪瓷茶杯。如果喝茶时同时使用茶壶，最好茶杯、茶壶相配套，以便美观而和谐，尽量不要东拼西凑。要是同时用多个茶杯，也应注意配套问题。不要选用破损、残缺、有裂纹、有茶锈或污垢的茶杯待客。

三、敬茶的程序

不要当着客人的面取茶冲泡。即使当着客人的面取茶，也不可以直接用手抓茶叶，而要用勺子取，或是直接用茶罐将茶叶倒进茶壶、茶杯。

以茶敬客时，最重要的，是要注意客人的喜好、上茶的规矩、敬茶的方法以及续水的时机等几个要点。如果可能的话，多准备几种茶叶，使客人可以有多种选择。上茶前，应先问一下客人是喝茶还是喝饮料，如果喝茶习惯用哪一种茶，并提供几种可能的选择。不要自以为是，强人所难。如果只有一种茶叶，应事先说清楚。

从医学角度来讲，喝茶不要太浓，如果客人有特别要求的例外。以茶待客讲究要上热茶，而且是七分满。上茶时还有“茶满欺人”的说法。

用茶待客时，由谁为来宾奉茶，往往涉及对来宾重视程度的问题。在家里待客，通常由家里的晚辈或是家庭服务员为客人上茶。接待重要的客人时，最好是女主人，甚至主人自己亲自奉茶。在工作单位待客时，一般应由秘书、接待人为客人上茶。接待重要的客人时，应该由本单位在场的职位最高的人亲自奉茶。

如果客人多，可以遵循先客后主、先主宾后次宾、先女后男、先长辈后晚辈的原则；可以以进入客厅为起点，按顺时针方向依次上茶；也可以按客人的先来后到的顺序；还有一种“偷懒”的办法，就是把所有的茶都泡好后，让客人自己拿。

和别人说话的时候，最好别喝茶。即使要喝，礼貌的做法是小口地品尝。不要连茶叶一并吞进嘴里。万一把茶叶喝进嘴里，也不要吐出来或是用手从嘴里拿出来，而是吃掉，或是在其他地方吐掉。

主人如果是真心诚意地以茶待客，最适当的做法，就是要为客人勤斟茶，勤续水。这种做法的寓意是：“慢慢喝，慢慢叙。”以前，我们待客有“上茶不过三杯”一说。第一杯叫做敬客茶，第二杯叫做续水茶，第三杯则叫做送客茶。如果一再劝人用茶，而又不说话，往往意味着提醒来宾“应该打道回府了”。所以，在用茶招待老年人或海外华人的时候，不要再三斟茶。

在为客人续水斟茶时，不要妨碍到对方。一手拿起茶杯，使茶杯远离客人身体、座位、桌子，另一只手把水续入。最好不在客人面前续水。

礼仪模拟

（1）找一间茶艺室，观察茶艺师操作泡茶的整体过程。

要求：学生观摩泡茶的整体过程，并练习如何冲泡及品茶，然后同学之间交流心得。

（2）结合有关茶的礼仪知识，理论联系实际，练习斟茶礼仪。

要求：学生相互进行斟茶礼仪纠正并以小组为单位进行模拟。

拓展阅读

咖 啡 礼 仪

现在，咖啡已经越来越走进我们的生活了。喝咖啡，除了作为饮料自身的功能外，更重要的是在人际交往中，借以促进人与人之间的交际，展现个人自身的教养和素质。越是正式的场合，就越是这样。在正式场合，喝什么咖啡和怎样喝咖啡，不仅仅是个人习惯，也涉及选择者身份、教养、见识的问题。

1. 什么时候喝咖啡

在家里用咖啡待客，不论是会友还是纯粹作为饮料，都不要超过下午 4 点钟。因为有很多人在这个时间过后不习惯再喝咖啡。邀人外出，在咖啡厅会客时喝咖啡，最佳的时间是傍晚或午后。

正式的西式宴会，咖啡往往是“压轴戏”。而一些正式的西式宴会一般在晚上举行，所以在宴会上喝咖啡通常是在晚上。不过为照顾个人嗜好，在宴会上上咖啡的同时最好再备上红茶，由来宾自己选择。

咖啡往往是正餐中最后出现的一道“菜点”。在餐厅里用餐时，人们往往会选用咖啡佐餐助兴。

喝咖啡最常见的地点主要有：客厅、餐厅、写字间、花园、咖啡厅、咖啡座等。在客厅里喝咖啡，主要适用于招待客人。在写字间里喝咖啡，主要是在工作间歇自己享用，以此提神。这种情况下也没有什么要求。如果在自家花园喝咖啡，适合和家人消闲休息，也适合招待客人。西方有一种专供女士社交的咖啡会,就是在主人家的花园或庭院中举行的。它不排位次,时间不长,重在交际和沟通。

2. 喝咖啡时的得体表现

喝咖啡的时候,一定要注意个人举止。主要是在饮用的数量、配料的添加、喝的方法三个方面应多加注意。

喝咖啡的具体数量,在正式的场合,我们要注意的是:杯数要少。在正式场合喝咖啡,它只是一种休闲或交际的陪衬、手段,所以我们最多不要超过三杯咖啡。

入口要少。喝咖啡既然不是为了充饥解渴,那么在喝的时候就不要动作粗鲁,让人发笑。端起杯子一饮而尽,或是大口吞咽,喝得响声大作,都是失礼的。有时需要自己动手往咖啡里加一些像牛奶、糖块之类的配料。这时候,一定要牢记自主添加、文明添加这两项要求。

不要越俎代庖,给别人添加配料。如果某种配料用完,需要补充时,不要大呼大叫。加牛奶的时候,动作要稳,不要倒得满桌都是。加糖的时候,要用专用糖夹或糖匙去取,不可以直接下手。

在正式场合,咖啡都是盛进杯子,然后放在碟子上一起端上桌。碟子的作用,主要是用来放置咖啡匙,并接收溢出杯子的咖啡。

握咖啡杯的得体方法,是伸出右手,用拇指和食指握住杯耳后,再轻缓地端起杯子。不可以双手握杯或用手托着杯底,也不可以俯身就着杯子喝。洒落在碟子上面的咖啡用纸巾吸干。

如果坐在桌子附近喝咖啡,通常只需端杯子,而不必端碟子。如果离桌子比较远,或站立、走动时喝咖啡,应用左手把杯、碟一起端到齐胸高度,再用右手拿着杯子喝。这种方法既好看,又安全。

在正式场合,咖啡匙的作用主要是加入牛奶或奶油后,用来轻轻搅动,使牛奶或奶油与咖啡相互融合。加入小糖块后,可用咖啡匙略加搅拌,以促使其迅速溶化。如果咖啡太烫,也可以用咖啡匙稍作搅动。

咖啡匙的使用,我们要特别注意两条禁忌。一是不要用咖啡匙去舀咖啡来喝;二是不用的时候,平放在咖啡碟里,不要立在咖啡杯里。

在喝咖啡时,为了不伤肠胃,往往会同时准备一些糕点、果仁、水果之类的小食品。需要用甜点时,首先要放下咖啡杯。在喝咖啡时,手中不要同时拿着甜点品尝。更不能双手左右开弓,一边大吃,一边猛喝。

喝咖啡时,要适时地和交往对象进行交谈。这时候,务必要细声细语,不可大声喧哗,乱开玩笑,更不要和人动手动脚,追追打打。否则,只能破坏喝咖啡的现场氛围。不要在别人喝咖啡时,向对方提出问题,而让他说话。自己喝过咖啡要讲话以前,最好先用纸巾擦擦嘴,免得让咖啡弄脏嘴角。

思考练习

(1)在我国茶叶有哪些品种,各类茶叶有哪些饮用特点?

(2)敬茶的时候需要遵循哪些礼仪规范?

(3)喝咖啡的时候应该掌握哪些礼仪规范?

项目六　公共礼仪

公共礼仪就是在公共场所的礼仪。所谓的公共场所，是为社会大众提供服务的地方，如公园、影剧院、文化馆、图书馆、商店、街道、马路、交通场所等。礼仪的作用，在公共场所表现得尤为明显。作为一个有文明、有素养的人，应切实重视公共礼仪。本项目将从出行礼仪和公共场所礼仪两个方面进行详细阐述。

任务一　出行礼仪

学习目标

(1)能在个人出行中遵守各种出行礼仪。

(2)能在乘坐各类交通工具时遵守各种礼仪。

任务情境

春运时，有这么一伙人：晚上9点多上了火车，一直在大声聊天，吵得边上的人很头疼，到了半夜12点多，居然又打开平板看电影，没过一会儿，他们又开始大声聊天。这伙人有说有笑，一直闹到凌晨4点多下车。

学习要求：全班讨论，这伙人在乘坐火车时有哪些不妥？乘坐火车应该遵守哪些礼仪规范？

礼仪知识

古人有言：“中国有礼仪之大，故称夏，有服章之美，故称华。”中国，素有礼仪之邦的美誉，中国人遵守礼仪亦是源远流长。下面就步行礼仪、乘车礼仪、乘机礼仪、乘船礼仪进行阐述。

一、步行礼仪

在我们的生活中离不开步行。平常的步行，能体现一个人的礼貌修养。在公共场所步行时，需自尊自爱，以礼待人。走路是一项必不可少的行为，因此走路不但要遵守交通规则，还要遵守一些基本的礼仪要求。下面介绍一下步行的礼仪：

(一)遵守交通规则

在任何国家里，每个人都有遵守交通规则的义务。要遵守交通规则，首先就必须对其有一定程度的了解。在世界各国里，与步行方位有关的交通规则主要有两类。一类是具有普遍性的交通规则。它们在世界各国广为通行，并无二致。比如，横穿马路时，必须依照规定，要走过街天桥、地下通道或是走人行横道。不允许随意穿行马路或是跨越护栏。在通过人行横道时，要注意交通指示灯，并且严格地遵守"红灯停、绿灯行"的惯例。在街道上行走时，一定要走人行横道。在机动车道上走来走去，是违规的行为。另一类则是具有特殊性的交通规则。它们往往适用于某些国家，而在另外一些国家则不一定适用。例如，就行进方向而言，目前世界上存在两种模式。一种是"英式"，以英国为代表，行进时要居左而行；另一种称为"美式"，以美国为代表，行进时要求居右而行。再者，有的国家往往会划出一些道路作为专用通道，如仅供盲人专用的"盲道"。还有一些国家，则对外国人划出了一些禁区。它们是不可擅闯乱行的。

（二）行路文明

行走时，走路的姿势要端庄，不要弓腰、低头，不要东张西望，不要摇头晃脑，也不要哼着小调或吹着口哨。俩人走路时不要勾肩搭背。多人走路时不要无所顾忌、高声说笑或横占半个马路而影响他人行走，应自觉排成单队或双队。男女同行时，通常男子应走在女子的左侧，需要调换位置时，男子应从女士背后绕过，不要胳膊相挽而行，不要亲热得拥在一起行走。当一个男子与两个以上的女子结伴而行时，男子不应走在女士的中间，而应走在女士们的外侧。在街上遇到熟人不可话说个没完，交谈时不要站在马路中央，影响他人通行。如果遇到的是异性，更不要长时间交谈，确需长谈，应另约地点。在拥挤狭窄的路上行走，应自觉礼让，特别对年长者、妇女、患病体弱者一定要主动让路。

行走时以中速为宜，非常情况下不要猛跑。如果不小心碰到别人或踩了别人的脚，要主动向对方道声"对不起"，即使对方态度不好，也不要与对方发生口角。别人撞了自己或踩了自己的脚，应大度宽容，对主动道歉者说声"没关系"，不可以口出怨言，斥责对方。如果遇到残疾人不仅要主动让路，必要时还要主动上前搀扶一把，绝不可与其抢道，更不能以强欺弱，无视公德。行路时要维护马路卫生，不要边走边吃东西，更不要把瓜果皮核往马路上扔，应自觉地扔到马路边上的果皮箱里。

（三）注意安全

遵守交通规则是步行安全的重要保障。城市的交通法规对行人和各种车辆的行驶均有严格的规定，人人都应自觉遵守。穿越马路时，一定要从人行横道处走过去，并注意红灯停、绿灯行，不可随意穿越，不可低头猛跑，更不可翻越栏杆，要注意避让来往车辆，确保安全。在有信号指示或交通警察指挥的地方，一定要遵守信号和听从指挥。

（四）问路礼貌

需要问路时，首先，应选择合适的对象，最好不要去问正在急于行走的人或正在与人交谈的人以及正忙碌的人。如果民警正在指挥车辆，也应尽量不去打扰。可以另找那些不很忙，或比较悠闲的人进行打听。其次，问路时要礼貌地称呼对方，可根据对方年龄、性别和当地的习惯来称呼，绝不能用"喂""哎"等一些不礼貌的语气呼叫对方。最后，当别人给予回答后，要诚恳地表示感谢，若对方一时答不上你的提问，也应礼貌地说声"再见"。

（五）步行时的禁忌

一忌行走之时与他人相距过近，尤其是避免与对方发生身体碰撞。万一发生，务必要及时向对方道歉。

二忌行走之时尾随于其他人身后，甚至对其窥视、围观或指指点点。在不少国家里，此举会被视为“侵犯人权”，或是“人身侮辱”。

三忌行走之时速度过快或者过慢，以至于对周围的人造成一定的不良影响。

四忌在私人居所附近进行观望，甚至擅自进入私宅或私有的草坪、森林、花园。此举在一些国家被定为违法之举。

五忌一边行走，一边连吃带喝，或是吸烟不止。那样不仅自身不雅，而且还会有碍于人。

六忌与已成年的同性在行走时勾肩搭背、搂搂抱抱。在西方国家里，只有同性恋者才会这么做。

二、乘车礼仪

有关乘车的礼仪，主要包括乘车时的座次与礼待他人两个方面的内容。乘坐轿车与乘坐公共汽车、火车、地铁时的座次，各有不同的讲究。而轿车的类型不同，乘车时座次的排列也大为不同。

（一）乘坐公共汽车的礼仪

公共汽车是城市主要交通工具，同时又是公共场所之一。大多数市民，尤其是朝九晚五的上班族及学生，几乎天天都需要搭乘公共汽车等大众运输工具。别小看这小小的车厢，方寸之间应对进退的礼貌却大有学问，有的人可能因为一早搭公共汽车就惹了一肚子的气，使得一整天的情绪低落，实在没有必要。其实，只要掌握礼让、无我的原则，做一个快乐的乘车族是不难的。以下便是乘坐公交车时应该注意的礼仪规范。

1. 做好乘车前准备

公共汽车的车身上一般都有明显标志，在街道旁边一般都设有固定的站牌。乘车前要先搞清去的方向和下车地点，并准备好零钱。

2. 按顺序上下车

乘坐公共汽车应在站台或指定地点候车，不要在车行道上候车或拦车。车到站时，要先下后上，自觉排队，不要拥挤。一般情况下，“男女有别，长幼有序”应是一种公众准则。遇有残疾及行动不便者，应主动给予帮助。绝不可凭借自己身强力壮，车尚未停稳便推开众人往上挤，这样不仅显得十分野蛮而且极不道德。

3. 注意文明细节

上车后应主动买票、打卡、投币或出示月票。上车后应尽量往里走，不要堵在车门口。一般情况下，一上公共汽车，如果车上仍有很多座位，应该避免坐老弱妇孺专座，如果大家都就座，只剩下老弱妇孺专座，那么暂且坐下无妨，但在下一站若有老弱妇孺上车，第一个必须起立让座的是这个座位上的乘客，这是毋庸置疑的。因为搭乘公共汽车几乎是大部分市民生活的一部分，所以，即使是小小的细节，都可能会影响他人，引起不悦。诸如，在车上大声聊天、谈论别人的隐私；放任幼儿在车上啼哭、嬉戏，影响同车者的情绪，甚至影响司机开车的注意力；在车厢内吸烟、随地吐痰、乱扔废弃物等。人人应该争做净化乘车环境的使者。

4. 提前做下车准备

车到站以前，应提前做好下车准备。如果自己不靠近车门，应先礼貌地询问前面的乘客是否下车，如前面的乘客不下车，要设法与其调换一下位置。

(二)乘坐小轿车的礼仪

自轿车发明以来,车内座位就根据安全、舒适、方便等因素,被人们规定了尊卑、主次之座位。乘坐轿车,通常是讲究快节奏、高速度的人士在"行"的问题上的首要选择。乘车之时虽然短暂,但仍有保持风度、以礼待人的必要。

乘坐轿车的礼仪问题主要涉及座次、举止、上下车顺序三个方面。

1. 座次

在比较正规的场合,乘坐轿车时一定要分清座次的尊卑,并在自己适得其所之处就座。而在非正式场合,则不必过分拘礼。下面介绍四种常用车辆在乘坐时的座次排列。

(1)双排五座轿车。由主人亲自驾驶时,座位顺序应当依次是:副驾驶座、后排右座、后排左座、后排中座(如图6－1所示)。由专职司机驾驶时,座位顺序应当依次是:后排右座、后排左座、后排中座、副驾驶座(如图6－2所示)。

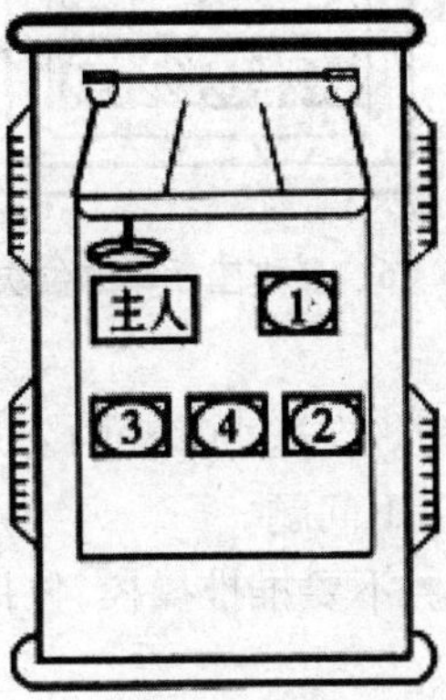

图6－1　双排五座轿车的位次尊卑
(主人亲自驾驶时)

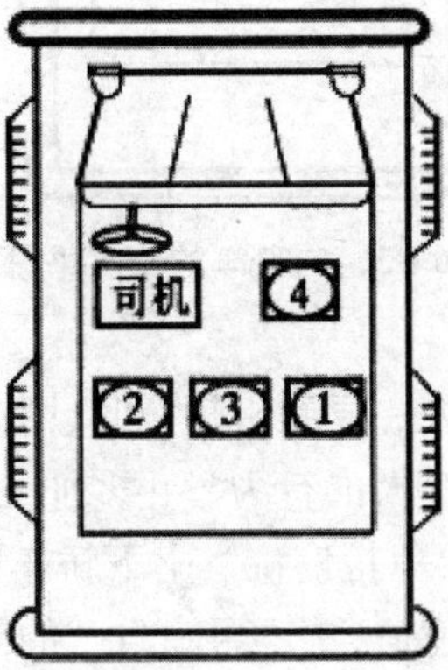

图6－2　双排五座轿车的位次尊卑
(专职司机驾驶时)

(2)三排七座轿车。由主人亲自驾驶时,座位顺序应当依次是:副驾驶座、后排右座、后排左座、后排中座、中排右座、中排左座(如图6－3所示)。由专职司机驾驶时,座位顺序应当依次是:后排右座、后排左座、后排中座、中排右座、中排左座、副驾驶座(如图6－4所示)。

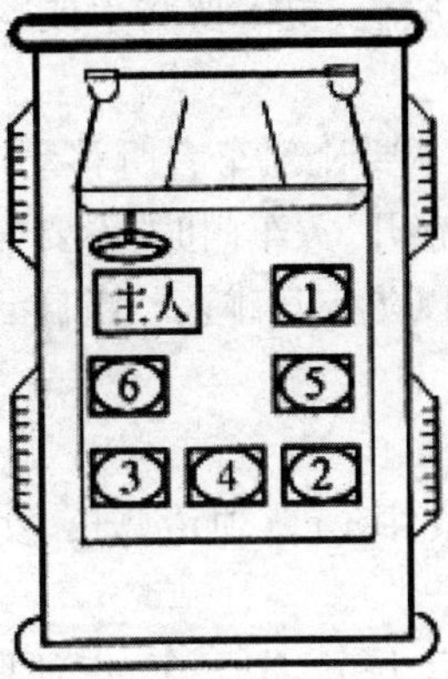

图6－3　三排七座轿车的位次尊卑
(主人亲自驾驶时)

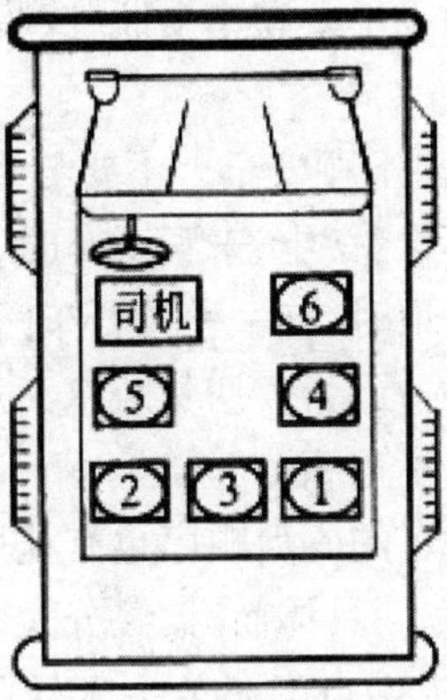

图6－4　三排七座轿车的位次尊卑
(专职司机驾驶时)

(3)吉普车。吉普车是一种轻型越野车,大多为四座车。不管由谁驾驶,吉普车上座位顺序均依次是:副驾驶座、后排右座、后排左座(如图6-5所示)。

(4)多排座轿车。是指四排以及四排以上座位的大中型轿车。其不论由何人驾驶,均以前排为上,以后排为下;以右为尊,以左为"卑";并以距离前门的远近来排定具体座位的顺序,现以六排十七座轿车为例(如图6-6所示)。

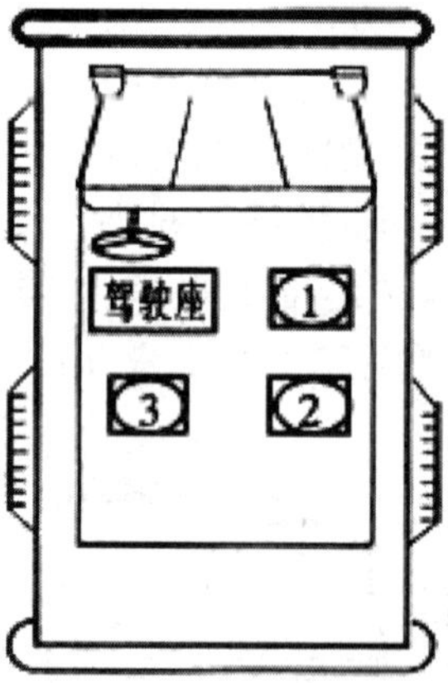

图6-5 吉普车的位次尊卑

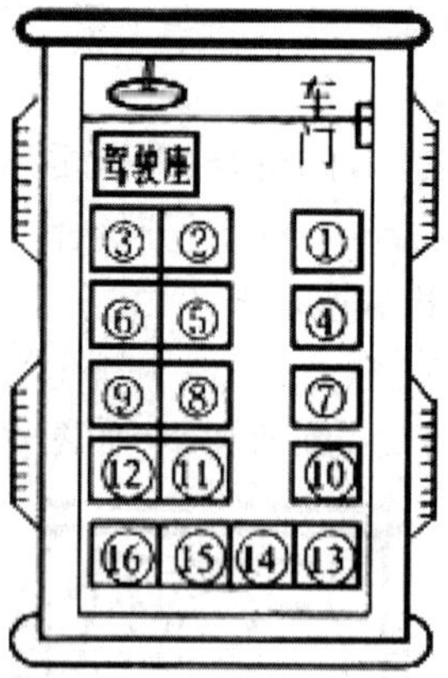

图6-6 多排座轿车的位次尊卑

2. 举止

与其他人一同乘坐轿车时,即应将轿车视为一处公共场所。在这个移动的公共场所里,同样有必要对个人的行为举止多加约束。具体来说,应当注意以下问题。

(1)不要争抢座位。上下轿车时,要井然有序,相互礼让。不要推推搡搡,拉拉扯扯,尤其是不要争抢座位,更不要为自己的同行之人抢占座位。

(2)不要动作不雅。在轿车上应注意举止,切勿与异性演出"爱情故事",或是东倒西歪。穿短裙的女士上下车最好采用背入式或正出式,即上车时双腿并拢,背对车门坐下后,再收入双腿;下车时正面面对车门,双脚着地后,再移身车外。这样做的好处,是不会"走光"。若跨上跨下,爬上爬下,则姿态将极不雅观。

(3)不要不讲卫生。不要在车上吸烟,或是连吃带喝,随手乱扔。不要往车外丢东西、吐痰或擤鼻涕。不要在车上脱鞋、脱袜、换衣服,或是用脚蹬踩座位,更不要将手或腿、脚伸出车窗之外。

(4)不要不顾安全。不要与驾车者长谈,以防其走神。不要让驾车者听移动电话或看书刊。协助尊长、女士、来宾上车时,可为之开门、关门、封顶。在开、关车门时,不要弄出声响,夹伤人。在封顶时,应一手拉开车门,一手挡住车门门框上端,以防止其碰人。当自己上下车、开关门时,要先看后行,切勿疏忽大意,出手伤人。

3. 上下车顺序

上下轿车的先后顺序也有礼可循,其基本要求是:倘若条件允许,须请尊长、女士、来宾先上车,后下车。具体而言,又分为多种情况。主要包括:

(1)主人亲自驾车。主人驾驶轿车时,如有可能,均应后上车,先下车,以便照顾客人上下车。

(2)分坐于前后排。乘坐由专职司机驾驶的轿车时,坐于前排者,大多应后上车,先下车,以便照顾坐于后排者。

(3)同坐于后一排。乘坐由专职司机驾驶的轿车,并与其他人同坐于后一排时,应请尊长、女士、来宾从右侧车门先上车,自己再从车后绕到左侧车门后上车。下车时,自己应先从左侧下车,再从车后绕过来帮助对方。若车停于闹市,左侧车门不宜开启,则于右门上车时,应当里座先上,外座后上。下车时,则应外座先下,里座后下。总之,以方便易行为宜。

(4)折叠座位的轿车。为了上下车方便,坐在折叠座位上的人,应当最后上车,最先下车。这是广为沿用的做法。

(5)乘坐三排九座车。坐三排九座车时,一般应是低位者先上车,后下车。高位者后上车,先下车。

(6)乘坐多排座轿车。乘坐多排座轿车,通常应以距离车门的远近为序。上车时,距车门最远者先上,其他人随后由远而近依次而上。下车时,距车门最近者先下,其他随后由近而远依次而下。

(三)乘坐出租车的礼仪

1. 礼貌乘坐多愉快

如果乘客带有行李,在上车前最好礼貌地询问司机行李放哪里合适;若需要放到出租车的后备箱,可以请司机帮忙。上车后乘客应主动向司机问好并主动告知目的地。下车前主动付费,帮助司机关上车门并礼貌道谢。

2. 同乘礼仪显风度

当与某位长辈、尊者、女士同行时,要主动为其开车门,等对方入座后自己再从车后绕到另一侧上车或者于前排就座。行程中,可以和他人轻声交谈,活跃气氛,使行程更加愉快。出租车到达目的地后,要主动付费;和女士同行的男士,更应如此。

(四)乘坐火车的礼仪

1. 候车礼仪

在候车室里,乘客应注意维护候车室里的环境卫生,不可乱扔垃圾、乱放行李挡住通道。客运高峰时期,一人占多位或横躺着睡在椅子上是非常没有修养的表现。在候车厅等候时,要爱护候车室的公共设施,不要大声喧哗,携带的物品要放在座位下方或前部,不抢占座位或多占座位,不要躺在座位上使别人无法休息。保持候车室内的卫生,不要随地吐痰,不要乱扔果皮纸屑。

2. 上车礼仪

检票时要自觉排队,不要拥挤、插队。进入站台后,要站在安全线后面等候。要等火车停稳后,方可在指定车厢排队上车。上车前主动向乘务员出示车票,依序上车,杜绝攀爬车窗的危险行为。上车后对号入座。火车的座位没有严格尊卑规定,但习惯上认为,面向火车前进方向靠车窗的为上座,靠过道的为下座。男士应当帮助妇女或者上年纪的人安置好行李。如果自己的行李需要压在其他乘客行李上,应征得别人的同意。

3. 举止得当

在座席车上休息,不要东倒西歪,不要躺卧在座席上、茶几上或过道上。车上休息时最好不要宽衣解带。无论天气多炎热,男士都不能赤膊。乘客使用座位前的小桌时应给别人多留余地。休息时靠在其他乘客身上，或把脚搭在别人的座位上都是不合适的。

4. 文明用餐

去餐车用餐时，如果人数过多，应耐心排队等候。在用餐时，应节省时间，不要大吃大喝，猜拳行令。用餐完毕，应即刻离开，不要赖着不走，借以休息、聊天。

5. 爱护环境

吃东西时应尽量避免食物发出强烈的气味。食品包装纸或包装袋不能顺手丢在椅子下边或者抛出车窗。应把垃圾放在车厢交接处的垃圾箱内。

6. 看好小孩

带孩子的乘客应该管好孩子，不能让小孩大声哭闹，或是到处乱跑，影响他人休息，也不能让其乱动别人的物品或是纠缠于人，引起别人的反感。

7. 自觉排队

下车时，应自觉排队等候，不要拥挤，或是踩在座椅背上强行从车窗下车。

三、乘机礼仪

（一）候机礼仪

1. 遵守候机礼仪

国家民航局规定，乘坐国内航班应提前 90 分钟到达机场，乘坐国际航班应提前 120 分钟到达，以便办理登机手续。在办理手续时，要耐心等待，听从工作人员的指导。

2. 维护环境

不得在候机厅高声交谈、抽烟、乱扔果皮纸屑。

（二）飞行过程中的礼仪

1. 上下飞机礼仪

登机前要自觉排队检票。进入机舱时，当空中小姐或是机长礼貌迎客的时候，应该友好地回应。

2. 注意照顾前后

登机后应该遵循乘客规则，配合乘务员的指导。每个座椅后背都有一个供后面乘客使用的小桌，除用餐时例外，不宜长时间放下。需要放低座椅靠背休息时，应礼貌询问后面的乘客是否方便。

3. 爱惜公共物品

飞机上的洗手间或梳妆台都是公用的，在使用时应该保持清洁，不要长时间在里面逗留，以免影响其他乘客使用。飞机上提供的毛毯、读物等物品应该爱惜，保持整洁。座位上的氧气罩和座位下面的救生衣是发生紧急情况时使用的，不可随意把玩。

（三）乘坐飞机的禁忌

1. 防止干扰信号

飞机从起飞到平稳飞行前、落地停稳前禁止使用一切干扰无线信号的物品，如手机、手提电脑等。

2. 吸烟要有度

少数飞机尾部设有吸烟区，需要抽烟的乘客应自觉走到吸烟区。当飞机亮出“请勿吸烟”的讯号时，即使正在吸烟，也该立刻把烟熄灭。

四、乘船礼仪

（一）乘船礼仪

上船时应持票、排队，不要争抢。年轻人或男士应留意照顾女士、老人、儿童和病残人士。

乘船时要对号入座。不要争抢，占据不属于自己的席位，也不要随便调换座位或铺位。

下船时，要提前做好准备，相互礼让，依次而下。

（二）乘船注意事项

在乘船之前应该预备一些应急药品。一旦晕船、生病，应立即服药。同时周围人若有类似情况发生，还可给予帮助。

一般不要乱串舱室，以免影响他人。不要在公共场合抽烟。最后，还要注意在甲板活动的安全和海洋环境保护。

礼仪模拟

（1）小张一日下班后，疲惫不堪，上了公交车后一下子坐在座位上。站在她座位旁边的中年男人要求其让座，小张没有理会。中年男人便在公交车上辱骂小张，说其“缺乏教养”“厚脸皮”“年纪轻轻的不知给老年人让座”。最终，小张委屈地哭了。

要求：全班讨论，小张和中年男人的做法有什么不妥当？坐公交车应该遵守哪些礼仪规范？

（2）在回家的火车上，挤得满满的人，小张和小李好不容易找到了自己的座位，两人上车后就开始聊天，不时还发出大笑声。到了半夜的时候小张有些失眠，于是就把收音机打开了，但是放的是外音，没有戴耳机。

要求：全班讨论，小张和小李在乘坐火车的时候有哪些地方做得不妥？坐火车应该遵守哪些礼仪规范？

拓展阅读

中国公民国内旅游文明行为公约

营造文明、和谐的旅游环境，关系到每位游客的切身利益。做文明游客是我们大家的义务，请遵守以下公约。

（1）维护环境卫生。不随地吐痰或口香糖，不乱扔废弃物，不在禁烟场所吸烟。

（2）遵守公共秩序。不喧哗吵闹，排队遵守秩序，不并行挡道，不在公众场所高声交谈。

（3）保护生态环境。不踩踏绿地，不摘折花木和果实，不追捉、投打、乱喂动物。

（4）保护文物古迹。不在文物古迹上涂刻，不攀爬触摸文物，拍照摄像应遵守规定。

（5）爱惜公共设施。不污损客房用品，不损坏公用设施，不贪占小便宜，节约用水用电，不浪费地用餐。

（6）尊重别人权利。不强行和外宾合影，不对着别人打喷嚏，不长期占用公共设施，尊重服务人员的劳动，尊重各民族宗教习俗。

（7）讲究以礼待人。衣着整洁得体，不在公共场所袒胸赤膊；礼让老幼病残，礼让女士；不讲粗话。

（8）提倡健康娱乐。抵制封建迷信活动，拒绝黄、赌、毒。

思考练习

（1）在步行的时候应该遵守哪些礼仪规范？

（2）乘坐小轿车的时候在座次安排上应该遵守哪些礼仪规范？

（3）乘坐飞机的时候应该遵守哪些礼仪规范？

任务二　公共场所礼仪

学习目标

（1）熟练掌握在不同的公共场所应该遵守的礼仪规范。

（2）能够在不同的公共场所得体地进行交往。

任务情境

晓明和豆豆准备去看电影，到电影院一看上演的是恐怖片，豆豆最怕看恐怖片了，不过豆豆想反正没有人看到她，也没有人认识她，想怎么样就怎么样。在电影放映的时候豆豆被吓得连哭带嚎的，一会儿尖叫，一会儿大喊。

学习要求：全班讨论，在看电影的时候豆豆的行为有何不妥？在看电影的时候应该遵守哪些礼仪规范？

礼仪知识

适度的言行、对他人的尊重、谦虚礼让的态度等是大家在公共场合最应遵循的基本礼仪规范，在尊重他人的同时，也能体现自己的良好素质和风貌。

一、宾馆入住礼仪

不论是出差或旅行，有时我们都会入住一些宾馆，但宾馆并不是你的家，它只是你暂时租用的一个地方。所以有一些必要的规定和礼貌是你一定要注意的，这样才会体现你的素养。

（一）入住前

入住宾馆前，最好提前用电话联系预约。要告诉饭店服务员准备哪天进住，共住几天，什么样的房间，申请住房人的姓名，并问清房价以及告之当天到达饭店的大概时间。许多饭店都会在一定的时间内保留你的预订。万一你比预订时间到达晚得多，为避免被取消，就要尽快用电话通知宾馆。另外，如果你要取消房间，有礼貌的做法是及时打个电话取消，宾馆就可以把房间租给别人了。

（二）在客房

因为客房并不是你的私有财产，所以对待你租用的房间也有一个文明的问题。请不要随地吐痰，不要在墙上乱画，不要弄脏家具的表层，用完卫生间后要清理干净。从你如何对待你的房间，可以很容易地看出你的人品和文化修养的层次。

住在外面，要有安全意识，进出房间要随手关门。有不少人进入房间后，门虽然锁了，但门的保险链却总是忘记挂好。到国外旅游时要特别注意，即使锁好了，也要再仔细检查一下，让外面绝对打不开。

淋浴时，把围帘的下部放在浴盆里面，这就不会把水弄到外面而把地板弄湿了。若你是用浴缸，洗完之后，那淋浴帘的下部要放在浴盆的外面。把自己落在盆里的头发拾起来。洗发膏、牙刷、肥皂、信封、信纸之类的小用品可以带走，但不能拿走毛巾或烟灰缸，这是酒店的财产。

（三）在大厅和过道

无论在大厅办理入住手续，还是结账，如果有人在你前面，你要按顺序排队等候，不能乱站乱挤或采取任性无理的态度。

在宾馆里、客房外都是公共场所，与在街道上行走一样，不允许穿着睡衣或浴衣在走廊或大厅里转来转去。还应注意不要在大厅高声说话和吵闹。关门时要轻，不能在过道里乱跑，早上遇到任何人都说声“Good morning”。这些都是应该有的礼仪。

（四）退房

为了节省时间，退房的人要早一点出来比较好，因为可能退房结账的人比较多，需要排队等候。但有的酒店可以通过你房间里的电视机来结账，有了这种服务项目，就为你节省了不少时间。

（五）探访朋友

如果你是到宾馆探望朋友，须先打电话进房间，征得主人同意才上去。不能未经允许就上前敲门。进门前应敲门，哪怕门是开着的，也要经允许后再进入。

（六）关于小费

在国外，付小费是你对为你服务的人表示赞赏和感谢。在中国，付小费不是一件很普遍的事，但以后也会越来越普遍的，这也是一种礼貌。

二、商场购物礼仪

（一）不砸“上帝”的招牌

平等对待商场服务人员，尊重他人的劳动，不以“上帝”自居，不用命令式的口吻说话，态度和蔼的顾客能赢得更好的服务。

（二）美妙称呼要先行

在商场、购物中心呼唤营业员时，态度要谦和，先说一声“您好”，而不应用“喂、喂”来称呼对方。可以称呼年轻的女营业员为“小姐”或“姑娘”，男营业员一般称“您”，也可以根据年龄适当称呼，也可统一称呼“服务员”或“营业员”。

（三）私人物品保管好

在商场购物时，除了保管好自己的私人物品外，如果带着小孩，应该看管好，不要让其在公共场所大声喧哗或者到处奔跑。此外，应尽量避免带宠物逛商场。

（四）付款排队不插队

节假日商场购物人员较多，顾客在收银台前要自觉排队，不要插队。如遇到老弱病残者或者有急事的顾客，应发扬互助精神，主动让他们先付。

（五）试衣也要讲文明

一定要尽量减少占用试衣间的时间。准备进入试衣间前要先敲敲门，试探一下里边是否有人。在试衣间内换衣服时，要先把试穿的衣服挂在衣钩或椅子上，不要扔到地上，以免弄脏衣服。女士试穿衣服时注意不要将化妆品粘到新衣服上，试穿前宜用纸巾将口红、眼影等擦掉。此外，在挑选一些颜色较浅的衣服时，要事先检查一下自己的手是否干净。

（六）挑选物品要小心

选购商品时，不要过分挑剔，以免对营业员打扰过多，影响其他顾客购物。在挑选、把玩易损和易污的商品时，更要小心谨慎。看到如“怕脏勿动”等明显提示时，要自觉自律。万一不小心损坏了商品，应主动赔偿损失，或者把损坏了的商品买下来。

（七）宽容谅解是风度

购物过程中，如果与营业员发生矛盾，要相互谅解、宽容。营业员发生差错时，应耐心指出，善意提醒，不可得理不让人。

三、医院就诊礼仪

（一）自觉维护就诊环境

去医院就诊时要自觉遵守医院的规定，如不在候诊室及挂号区吸烟，不随地吐痰乱丢垃圾，保持安静，排队候诊等。

（二）患了流感请戴口罩

如果患上了感冒或其他流行性传染病，就诊时要自觉戴上口罩。打喷嚏或者咳嗽的时候也要回避他人。

(三)就诊时不打电话

就诊时如果忽然有电话打来，最好不要接听，或者以最简洁的方式告知对方不方便接听电话。

(四)候诊时不要围观

病人在接受诊治时，其他人不应围观，这样容易妨碍医生就诊，而且别人的病情也属于个人隐私。

(五)信赖医生的医术

病人或家属不该对医生的工作指手画脚，或是希望医生给自己一些特殊照顾。既然来到医院，就要信赖医生。

礼仪点滴

探望病人讲礼节

1. 恰当的探望时机

探病前要事先了解病人所在医院的允许探病时间，最好等病人病情好转时探视。同时，探视也不可太过频繁，以免影响病人休养。

2. 轻松的探病话题

在和病人闲聊的时候，要尽量选择轻松愉快的话题，传达愉快的情绪和乐观的精神，让病人心情愉悦，摆脱孤独、苦闷的情绪。也可以选择最近发生的趣事作为话题，交谈时声音应该轻柔亲切，从而让病人感到温馨、温暖。

3. 合适的探病礼物

赠送水果是比较理想的选择，通常送苹果象征“平安”，送桃子象征“逃过此劫”；送红包能表达实实在在，吉祥如意；送鲜花时要考虑病人是否对花粉过敏或者有什么特别的忌讳。对于刚刚做过手术、身体比较虚弱的病人，最好不要送高热量的营养品。看望长期住院的病人可以投其所好，带去一些病人偏爱的杂志或书籍，帮助病人打发枯燥乏味的时间。

4. 探病时间宜短

探病时间最好控制在半小时之内。而且同时探病的人数不宜过多，否则可能给病人增添压抑的感觉。

四、景点参观礼仪

(一)多多礼让不争抢

在景色好的地方拍照，要与其他游客互相谦让，不要与人争抢；行走曲径、小桥、山洞时，要主动让行，不要争先恐后。

（二）低声轻语少评论

参观博物馆、展览馆和美术馆这些高雅场所，不要大声喧哗，不要对艺术作品妄加评论。

（三）出游预备垃圾袋

切勿在游玩过程中走 路、吃一路、丢一路，不要在美丽的山水间遗留果皮纸屑，最好在出门前准备垃圾袋。

（四）烟熏火燎危险多

在人流密集的景点抽烟是对周围人不礼貌和不负责任的行为。点燃的烟头可能导致火灾，所以游人不要在景点吸烟。

（五）拍照留念有学问

拍照时若有人走近妨碍镜头，应礼貌地向人家打招呼，或者等别人过去后再拍，不要大声叫嚷、斥责或是上前推拦。当穿过别人的拍照地点时，应先示意或是等候别人拍照后再通过。如果几批游人都要在同一地方照相时，应该互相谦让，不要争抢。拍照者不要长时间占用景点。当遇到外宾时，不要强留他们合影。

（六）保护美景皆有责

无论在任何景点景区，不可在石头、竹木、建筑物、文物等上乱刻乱画；不可攀摘树木花草。

（七）咨询领馆解疑难

当我们在国外旅游遇上困难时，可以向我们的领事馆咨询或求助，他们可以提供及时有效的帮助。

五、舞会礼仪

舞会礼仪涉及多方面的内容，大体可分为两方面：一是舞会的策划和主办者应注意的礼仪问题，涉及举办舞会的目的、主办单位与主持人的确定、舞会的规模、时间、场地、音乐等。二是舞会的参加者应当注意遵守的礼仪规范问题。这里，我们主要和大家探讨的是后一个问题，因为这些与社交活动有着更为密切的关系。

（一）邀请舞伴礼仪

（1）男士要主动邀请女士。根据惯例，在舞会上邀请舞伴时，男士应当主动邀请女士。舞曲响起后，男士可行至拟邀跳舞的女士面前，先跟与她一起在座的男士或其他人点头示意，然后向邀舞女士点一下头，或者欠身施礼，目视对方轻声说："请您赏光"或"可以请您跳舞吗"。女士也可以主动邀请男士跳舞。具体做法与男士邀请女士相类似。

但不同的是，一般情况下女士可以拒绝男士的邀请，而男士一般不宜谢绝女士。在正式的舞会上,一个人不宜单独跳舞,更不宜与同性共舞,尤其是有外宾参加的舞会;这成了最基本的规矩,在西方人看来,同性共舞有同性恋的嫌疑,尤其是男性共舞。

(2)拒绝邀请应该得体。在舞会上一般不宜对邀请表示拒绝。如果出于某种原因,不想接受他人的邀请,只要做得得体,也不算失礼。最佳的拒绝方法是“我想暂时休息一下”,或者“这首舞曲我不大会跳”,以便给邀请者一个台阶下。而女士也不要马上接受其他人的邀请。

(3)要服从社交任务,顾全大局。因此,邀请舞伴时不能单凭个人好恶,还需兼顾现实的工作需要,遵守如下规范:①有意识地多交换舞伴,以扩大社交面。②主人要重点照顾好自己的主要客人。自第二支舞曲开始,主人应按尊卑顺序依次邀请主要客人各跳一支曲子。演奏第二支舞曲时,男主人应邀请女主宾跳,男主宾应当回邀女主人;女主人也可以邀请男主宾。演奏第三支舞曲时,男主人应邀请次女主宾跳,次男主宾则应当回邀女主人;女主人也可以请次男主宾。③作为来宾,在邀请舞伴时有较大的选择。但应当主动抽时间邀请一下主人,而不一定等待对方来邀请自己。对于同来之人,以及被介绍给自己的人,如果有可能也应相邀一次。

(二)跳舞过程礼仪

(1)注意上场、下场的规矩,给舞伴应有的尊重。上场时,男士应主动跟在女士身后,让对方来选择跳舞地点。下场时,不宜在舞曲未完之际先行离去。男士可在原处向女士告别,或是把对方送回原来的地方再离开。

(2)舞姿应当文明优美。跳舞时,身体要端正。通常为男士领舞,领舞与伴舞者之间不宜相距过近,双方胸部应有 30 厘米左右间隔,以维护自身的人格尊严。跳舞时,男女双方都不要目不转睛地凝望对方,也不要表情不自然。男士不可把女士的手捏得太紧,不可把整个手掌全贴在女士的腰上,不要在旋转时把女士拖来扯去,或是腿部过分伸入女方两腿之间。女士不要把双手套在男士的脖子上,也不把头部主动俯靠在对方的肩上。

(三)塑造良好形象

(1)着装干净、整洁、端庄。男士宜穿西服套装或长袖衬衫配长裤,女士则可穿中长袖的连衣裙。

(2)清除身体的异味。出席舞会之前,一定要洗澡、理发、漱口。不要吃葱、蒜、韭菜、海鲜、腐乳之类气味经久不散的食物,不要饮酒。在舞场上下,都不要吸烟,不要为消除异味而大嚼特嚼口香糖。

(3)抵达要早,告退要晚。

(4)舞兴要有所控制。

(5)要尊重主人为舞会所做的一切安排。不管当面还是背后,都不对舞会安排进行批评。不要随便要求改动舞会的既定程序,不要凭个人兴趣和愿望要求临时改换舞曲或要求延长舞会时间。

(6)同性之间要互谅互让。男士不要与别人争舞伴。对于其他男士邀请自己的女伴,要表现得宽容大度。

(7)异性交往要有分寸。在舞场上,不要对异性过分献殷勤。不要跟刚刚相识的异性长时间地厮守在一起。不要过多与对方讲心里话或过多了解对方详情。

六、赛事观看礼仪

（一）入场时配合安检

观看体育比赛时应提前入场，并在入口处主动出示票证配合工作人员检验。在设置安检的现场、比赛场馆，入场时，要听从安检人员的指挥，按秩序排队接受安检，不要拥挤，要自觉服从、配合安检人员的工作。进入所有场馆一律不得携带管制器具、软硬包装饮料、打火机、易燃易爆等违禁物品。

（二）入座时井然有序

进入比赛场地后，应抓紧时间对号入座。

（三）衣着整洁观赛事

观看体育赛事时，最好着运动休闲装和普通休闲装。激情助威讲礼貌。应当为双方运动员的精彩表现和良好成绩加油助威或鼓掌喝彩，切不可向客方队员起哄、吹口哨、怪声尖叫、喝倒彩、扔东西等。

（四）尊重国旗和国歌

在涉外比赛中，举行升旗仪式时，观众应当面向国旗，肃立致敬，不能嬉笑打闹或者随意走动。对于其他国家的国旗、国徽，也应当本着相互平等、相互尊重的原则，给予应有的尊重和礼遇。

（五）退场讲究礼貌

比赛结束时，要向双方运动员鼓掌致意；待比赛完全结束再有秩序地退场，最好不要中途退场。倘若有急事须中途退场，最好是在比赛间隙、在不影响他人观赛时。

七、影剧院礼仪

（一）准时到场

影剧院一般在放映前 15 分钟开始收票入场，最好能够在这期间进入影剧院寻找座位。

（二）男士位置

一般来说，在影剧院里，男士应坐在靠近过道的位置上。

（三）保持安静

在观看节目或者电影的过程中，不要交头接耳，不要妄自点评，不要接打电话。在观看歌剧或者音乐会时，要保持安静，不要毫无顾忌地咳嗽、打喷嚏或者打哈欠。

(四)礼貌脱帽

落座以后,如果戴着帽子要脱帽,以免挡住后面观众的视线。

(五)学会鼓掌

一般来说,在欣赏音乐会时,要在指挥走上指挥台举起指挥棒时就停止鼓掌,当指挥转向观众鞠躬时才可以再次鼓掌。而在演奏过程中,即便是被优美的旋律深深地打动,也不该在同一首乐曲的乐章间隙贸然鼓掌。在观看歌剧或芭蕾舞时,不可在演员一开口时就热烈鼓掌,一般在演员刚出场时鼓掌,表达对演员的敬意,也可以在一段咏叹调或独舞后热烈鼓掌。戏剧的鼓掌则通常在一幕或全剧结束后。观看演出的过程中鼓掌应该适时适当。

(六)礼貌退场

最好在看完整场演出后再退场。如确需中途退场,也要等待一个节目演完或中场休息的时候。

八、办公室礼仪

(一)办公室人际关系礼仪

(1)对于上司布置的任务,做下属的应当服从和执行,并在执行任务的过程中及时向直接领导请示和及时汇报工作进展。下属面见上司时,要注意衣着整洁,不在上司面前抽烟;上司发表的言论,即便有不妥之处,也不该立即打断,尤其是有他人在场时,可以等上司说完再诚恳地提出自己的见解。造访上司办公室时,无论门是关着还是开着,都应轻轻敲门。

(2)作为集体中的一员,无论是服饰仪表,还是言谈举止,最好能与大家保持一致。当同事在专注地工作时,应避免打搅对方,与同事开玩笑要注意分寸,不要私自翻动同事放在办公桌上或抽屉里的物品。与同事之间的经济往来应该“一清二白”,向同事借钱、借物,应打借条并及时归还;不要随意打听其他同事的薪水或奖金。

(3)上司应积极主动地关心、帮助下属,对待下属要一视同仁。如果下属在工作中有不当之处,要及时指出,但是应避免在公开场合批评下属。上司在与下属谈话时频繁看表或打哈欠、做其他事情都是不礼貌的行为。下属汇报工作时,上司做其他事情都是不礼貌的行为。

(二)公共用品的使用礼仪

(1)不要利用办公室电脑玩游戏、炒股票或浏览与工作无关的网站。如果是公共电脑,应根据任务的轻重缓急与同事协调好使用电脑的时间,使用时不要打开或删除同事的文档。

(2)如有多人要同时使用办公室的复印机,一般是先到者先用和复印量少者先用,在进行完大量复印工作后,检查复印纸并进行补充。

(3)在饮水机上接完水后一定把水阀关紧;发现水罐里的水用完了应主动打电话帮助更换新的水罐。

（三）公共区间使用礼仪

（1）厕所是大家共同使用的地方，马桶和小便池使用后要及时冲水，洗完手后关好水龙头，使用过的卫生纸应扔到垃圾桶里，便于清洁人员清扫。

（2）走廊是连接各个办公室的通道，不应在走廊上进行较长时间的闲聊；烟头和废纸不能随手扔在走廊和过道上。

（3）在公共餐厅进餐时应注意自己的进餐礼仪，用餐完毕应自觉归还托盘、扔掉垃圾，把椅子放到桌子下面。

九、电梯的使用礼仪

电梯可以分为自动扶梯和升降式电梯两种。电梯使用的场合不同，遵循的礼仪也有些不一样。

（一）自动扶梯

乘坐扶梯时要搀扶老人和看好小孩。为了安全起见，上下自动扶梯应该站在每一格楼梯的中央，如果踏到两格楼梯交界处，自动扶梯在运行时会发生危险。

（二）升降式电梯

1. 安全第一

当电梯门开始关闭时，不要扒门或是强行挤入。电梯载客已满时，应该耐心等待下一趟。当电梯在升降途中因故暂停时，要耐心等候，不要惊慌失措。

2. 出入礼仪

与不相识者同乘电梯，进入时要讲先来后到；出来时应由外而里依次而出。与熟人同乘电梯，尤其是与尊长、女士、客人同乘电梯时，出入顺序则应视电梯具体情况而定：进入有人管理的电梯时，尊长、女士、客人应先进先出；进入无人管理的电梯时，尊长、女士、客人则在主方一人之后进入或走出电梯间。

3. 礼待他人

当伴随客人或长辈乘坐电梯时，可先行进入电梯，一手按“开门”按钮，另一手按住电梯侧门，礼貌地说“请进”。进入电梯后，按下客人或长辈要去的楼层按钮。若电梯行进间有其他人员进入，可主动询问要去几楼，帮忙按下。到达目的楼层，请客人或长者先出电梯。

4. 保护隐私

在我们独自乘坐电梯时，要保持自律，不可有粗鲁的举止，不要谈论他人隐私或是商业机密。

礼仪模拟

（1）假如你拿到一场中日足球对抗赛的入场券，试想一下自己在比赛现场的表现。

要求：全班讨论，在比赛现场应该遵守哪些礼仪规范？

（2）小丽和小敏来到本市最大的商场，看到琳琅满目的服装，两人感觉心里直痒痒，怎奈囊中羞涩，小敏灵机一动，想了一个妙招，咱买不起，可以穿上看看啊！于是两人逢衣就穿，忙得不亦乐乎。

要求：全班进行讨论，小丽和小敏在逛商场时的行为有何不妥？你在逛商场的时候有没有过这样的情况发生呢？

拓展阅读

中国公民出国(境)旅游文明行为指南

中国公民，出境旅游，注重礼仪，保持尊严。
讲究卫生，爱护环境；衣着得体，请勿喧哗。
尊老爱幼，助人为乐；女士优先，礼貌谦让。
出行办事，遵守时间；排队有序，不越黄线。
文明住宿，不损用品；安静用餐，请勿浪费。
健康娱乐，有益身心；赌博色情，坚决拒绝。
参观游览，遵守规定；习俗禁忌，切勿冒犯。
遇有疑难，咨询领馆；文明出行，一路平安。

思考练习

(1)在使用电梯的时候应该遵守哪些礼仪规范？

(2)在舞会上，邀请舞伴的时候应该遵守哪些礼仪规范？

(3)张鸣是单位的业务员，经常出差到外地，住旅馆已成为家常便饭。每次出差他感觉很是自在。最重要的是，在旅馆里面可以尽情地享用各种服务，比如一次性的洗漱用品，可以开着电视机睡觉，可以尽情地开着水龙头，还可以对服务员指手画脚，他们也不敢还口。

请问张鸣在住宾馆的时候有哪些行为不符合礼仪规范？应该如何做才正确？

项目七　民俗礼仪

民俗，作为一种社会文化现象早已存在。在我国古籍记载中，早就出现了“俗”“风俗”“习俗”“民风”等词汇，其含义主要是指“民众的知识”。民俗礼仪包括物质民俗礼仪、精神民俗礼仪、社会民俗礼仪三个内容。本项目将主要介绍中国民俗礼仪和国外民俗礼仪，期望让学生对民俗礼仪有个大致的了解。

任务一　中国民俗礼仪

学习目标

(1)能够了解中国部分民族的民俗礼仪知识。

(2)能够掌握民俗礼仪禁忌。

任务情境

刘明是一个公司的接待人员，有一天接到任务负责接待一个考察团，为了贯彻公司领导热情款待的精神，刘明为客人点了一桌丰盛的菜肴。当客人到齐后，刘明发现有两位客人神情有些不悦，后来刘明才知道，考察团中有两位客人是回族同胞，而刘明点的丰盛菜肴中有大半是猪肉。

学习要求：全班同学进行讨论，在接待宾客的时候，应该注意把握哪些民俗礼仪?

礼仪知识

中国是一个多民族的国家，56个民族组成了中华民族的大家庭。由于客观环境的差异和社会发展的不平衡性，56个民族在人口分布、语言文字、风俗习惯和宗教信仰等方面，既有共同性也有差异性。了解和掌握中国多民族丰富多彩的民俗风情，对民族间的交往有着重要的作用。

一、中国的民族概况

(一)中国的民族族称和人口

民族的名称，简称族称。按照2010年全国第六次人口普查的汇总资料，按民族人口多少依次顺序排列为汉族、壮族、回族、满族、维吾尔族、苗族、彝族、土家族、藏族、蒙古族、侗族、布依族、瑶族、白族、朝鲜族、哈尼族、黎族、哈萨克族、傣族、畲族、傈僳族、东乡族、仡佬族、拉祜族、佤族、水族、纳西族、羌族、土族、仫佬族、锡伯族、柯尔克孜族、景颇族、达斡尔族、撒拉族、布朗族、毛南族、塔吉克族、普米族、阿昌族、怒族、鄂温克族、京族、基诺族、德昂族、保安族、俄罗斯族、裕固族、乌孜别克族、门巴族、鄂伦春族、独龙族、赫哲族、高山族、珞巴族、塔塔尔族。

中国少数民族人口超过500万的主要有壮、满、回、苗、维吾尔、土家、彝、蒙古、藏等民族。我国人口最多的少数民族是壮族,人口最少的少数民族是塔塔尔族。

(二)中国人口和民族分布情况

中国人口的分布呈现东南密、西北疏的格局。汉族多聚居在人口稠密的东南部,少数民族多居住在人口稀少的边疆地区,但两者之间并无明显界线。在少数民族聚居区,一般都有一定数量的汉族居民,从而形成了以汉族为主体的大杂居、小聚居、交错居住的格局。我国少数民族人口所占的比例虽小,但分布地区很广,约占全国总面积的60%以上。这种居住格局决定了中国各民族之间,特别是汉族和少数民族之间,在政治、经济、文化等方面相互依赖的密切关系。

我国少数民族中分布最广的是回族,少数民族聚居最多的省份是云南省,在那里居住着25个民族。

二、汉族概况

(一)汉族的历史及现状

汉族因汉王朝而得名,此前称为华夏族,“华”是“章服之美”的意思,“夏”是“礼仪之大”的意思,在外人眼里,汉族是一个身着华彩衣服、讲究礼仪的泱泱大族。汉族主要源于黄炎、东夷等部落联盟,同时吸收了周围部分苗蛮、百越、戎狄等部落联盟的成分而逐渐形成,所以汉族本身就是由不同民族融合而成的。无论是在政治、军事、哲学、文学、史学、艺术诸方面,还是在自然科学领域中,汉族人民都创造了许多辉煌的业绩。

我国汉族人口约12.21亿人,占全国总人口的91.51%,主要分布在中国的松辽平原及黄河、长江、珠江等大河巨川的中下游流域农业发达地区,并散居于全国各地。

汉族人民历来以简朴、富于创造精神著称。汉族历史上的经济是以农业为主,兼营家庭副业,尤其以水利灌溉和精耕细作著称于世,是一种典型的男耕女织的自然经济。汉族的手工业也有相当高的发展水平。

汉族有自己的语言和文字,汉字起源于远古,现行的方块字是从4000多年以前的殷商甲骨文和商周金文演变而来的。汉族的语言通称汉语,属汉藏语系,是世界上历史最悠久、最丰富的语言之一。汉语分为北方、吴、湘、赣、客家、闽北、闽南、粤等八大方言。现代汉语普通话以北方方言为基础,以北京语音为标准音。汉字的象形性和点画形式的多变性造就了独特的中国书法艺术。

汉族自古对各种宗教信仰采取兼容并蓄的态度,不管是本土的道教,还是外来的佛教、基督教和伊斯兰教,都被部分汉族人接受。乐天知命和尊敬祖先是汉族主要的传统观念。几千年来,提倡以仁为中心,重视伦理教育,由孔子、孟子思想体系形成的儒家学说对汉族产生着深刻的影响。

汉族由于分布地区广大,其传统住房因地区不同而有不同的样式。居住在华北平原的汉族,其传统住房多为砖木结构的平房,院落多为四合院式,以北京四合院为代表;居住在东北的汉族，其传统住房与华北基本相似，区别在墙壁和屋顶，那里的住房一般都很厚实，主要是为了保暖；居住在晋陕黄土高原的汉族，则根据黄土土层厚实、地下水位低的特点挖窑洞为住房，窑洞不仅冬暖夏凉，而且不占耕地面积；居住在南方的汉族，其传统住房以木建房为主，讲究飞檐重阁和榫卯结构。由于南方各地习俗和自然条件不同，在住房建筑布局上也有差异：江南民居一般遵循“小河—房屋—街道—房屋”的建筑格局，建筑大都贴水而筑，临水而建；徽派建筑高墙封闭，马头翘角，墙线错落有致，黑瓦白墙，色泽典雅大方。装饰极为精致；闽粤客家土楼和围龙屋则环环相套，庞大而美观，构成了一个封闭式环行聚居的奇妙世界。

汉族主食以小麦、玉米、稻米等为主，辅以蔬菜、豆制品和鸡、鱼、猪、牛、羊肉等副食，茶和酒是传统饮料。以大米为主食的，习惯将大米做成米饭、粥或米粉、汤圆、粽子、年糕等各种不同的食品；以小麦为主食的，习惯将麦面做成馒头、面条、包子、饺子、馄饨、煎饼等。讲究并善于烹饪，是汉族的一大饮食特点。不同地区的汉族人民以炒、烧、煎、煮、蒸、烤和凉拌等烹饪方式，经过长期的实践，形成了不同的地方风味。

中国是世界上最早种茶、制茶和饮茶的国度，汉族的茶文化高度发达。茶的种类繁多，有绿茶、红茶、白茶、乌龙茶、黑茶、黄茶、花茶、紧压茶等。茶的名品有西湖龙井、洞庭碧螺春、黄山毛峰、庐山云雾、六安瓜片、君山银针、信阳毛尖、武夷岩茶、安溪铁观音、祁门红茶等。

汉族的酿酒历史悠久，已有4000余年历史，名酒有茅台酒、泸州老窖、汾酒、五粮液以及绍兴黄酒等。自周代起，酒即被视为祭祀之供品，在此基础上，又衍生出酒礼酒俗，以及各式各样的饮法饮趣，还出现了与酒相关的神话传说、诗词歌赋、戏曲书画等，形成了以酒为主题的文化现象。

汉族传统的民族服装，从黄帝“垂衣裳而治天下”开始，延续了超过3700年的时间。古代服装有裙装、袍服、襦裤服等，材质和式样丰富多彩，时代变化大，其最主要的特征是交领、右衽、系带、隐扣等，给人的直观感觉是宽袍大袖。到近现代，汉族服饰开始改变，古代服装几乎被完全淘汰，代之而起的是长衫和马褂、西式礼服、中山装和改良的旗袍等，现在则与世界服装时尚合流，几乎看不到传统的汉族服装样式。但一些地方的服饰别具地域特色，如福建崇武等地的惠东女传统服装有“封建头，民主肚，节约衣，浪费裤”的特征，便于劳作；陕北农民的白羊肚手巾也成为他们标志性的装束。

汉族是中国这个礼仪之邦的代表性民族。从周公制礼，到孔孟复礼，再到朱熹护礼，礼已经深入到政治、经济和人民日常生活的各个方面，礼已成为维系社会稳定的工具。所以在祭祀时有祭祀礼仪，在节日时有节日礼仪，在出生时有出生礼仪，在结婚时有婚姻礼仪，在丧葬时有丧葬礼仪，在处理人际关系上有“三纲五常”，在军事上有军事礼仪，在外交上有外交礼仪，礼仪真是无孔不入、无处不有、无时不在。

（二）汉族主要传统节日

汉族的传统节日，从时序上说，主要有春节、正月十五元宵节、二月初二春龙节、三月初三上巳节、清明节、五月初五端午节、七月十五中元节、八月十五中秋节、九月初九重阳节、十月初一寒衣节、十月十五下元节、十二月初八腊八节等。这些节日，有些已经湮没无闻，有些仍在发挥作用，千百年来所形成的节令风俗影响着人们生活的方方面面。

1. 春节

春节是中国最富有特色的传统节日。春节原名“元旦”，“元”的本意为“头”，引申为“开始”，“旦”即早晨，因为这一天是一年的头一天，春季的头一天，正月的头一天，所以称为“三元”；因为这一天还是岁之朝，月之朝，日之朝，所以又称“三朝”；又因为它是第一个朔日，所以又称“元朔”。

在民间，传统意义上的春节则是指从腊月初八的腊祭或腊月二十三的祭灶，一直到正月十五，其中以除夕和正月初一为高潮。在春节这一传统节日期间，我国的汉族和大多数少数民族都要举行丰富多彩的活动以示庆祝，如祭灶、掸尘、备年货、贴春联、贴年画、贴剪纸、贴福字、放鞭炮、饮屠苏酒、吃团圆饭（年夜饭）、守岁、祭祀神佛、祭奠祖先、给压岁钱、拜年、走亲戚、逛花市、闹社火等，带有浓郁的民族特色。

2. 元宵节

每年的正月十五是中国民间的元宵节。正月也叫元月，“宵”是夜晚的意思，所以正月十五晚上的这个节日就叫元宵节。元宵节在中国道教里则称为“上元节”。在这个节日里，中国人有赏灯和吃元宵的习俗。俗语说“正月十五闹花灯”，因此元宵节也叫“灯节”“灯夕”。

元宵节赏灯的习俗是从汉朝时开始的，最初源自佛教的“燃灯礼佛”。一到夜晚，家家户户都要挂彩灯，放焰火，人们成群结队地去看花灯，有的花灯上还写有谜语，让看灯的人们都来猜灯谜。现在每到元宵节，很多地方都要举行灯展。在中国北方的寒冷地区，人们还制作出千姿百态的冰灯，给元宵节的夜晚增添了新的光彩。

按照传统的习惯，元宵节这天，家家户户还要吃元宵（即汤圆）。

3. 清明节

“清明”，在我国既是二十四节气之一，又是富有诗意的传统节日。作为节气，清明时节正是春光明媚、桃红柳绿的阳春三月，此时，万物生长，一派生机勃勃、清净明丽的景色，所以称之为“清明”。对于农业生产来说，清明是一年中非常关键的时刻，春耕春种就在这时开始，因此清明的迟早和天气的好坏，都会对全年的农业生产带来重大的影响。

清明节的主要节日习俗是扫墓和踏青。

清明扫墓的习俗源于古代的春祭，野外扫墓的风俗始于隋唐时期，唐朝时开始盛行，并把家家户户的扫墓活动固定在清明节举行。以后则代代相传，一直沿袭至今。

清明时节，寒暖适宜，鸟语花香，本来就是旅游的季节。加上男女老幼都去扫墓，于是兴起了“踏青”春游的风俗。至少在唐代时，踏青春游之风已经兴起；宋代以后，清明踏青的风俗已经十分盛行，此后盛行不衰。

4. 端午节

五月初五端午节是我国重要的传统节日，又称端午、重五、端阳节，还有沐兰节、女儿节、天中节、诗人节、蒲节、龙船节等称谓。

端午节的来源有诸种说法。一说源于夏、商、周三代的夏至习俗；一说起源于恶月、恶日之说；一说是为纪念诗人屈原五月初五自沉汨罗江而确立的；也有说是来源于古代吴越民族祭祀图腾——龙的活动；还有说是为了纪念孝女曹娥或是吴国大将伍子胥的。

端午节的民俗活动很多，挂菖蒲、钉艾草、佩香囊、挂钟馗像、喝雄黄酒主要是为了驱虫杀菌、解毒避邪；赛龙舟和吃粽子主要是为了纪念屈原。

5. 中秋节

根据我国的历法，农历八月在秋季中间，称为“仲秋”，而八月十五又在“仲秋”之中，所以称“中秋”。中秋节又称“八月节”“八月半”“团圆节”。也有些地方将中秋节定在八月十六，如浙江宁波、舟山、台州。

中秋节源于古人对月神的崇拜。中秋节赏月的风俗起源于唐朝，到宋朝，中秋节才成为正式的节日，赏月活动成为全民性的风俗。人们在赏月的过程中，想象出了许多有关月亮的故事，同时也替月亮造出了嫦娥、太阴星君和月光普照菩萨等月神，于是中秋节又增添了祭月、拜月的风俗。瓜果与月饼是中秋的节令食品，也是祭祀月神的供品。月饼在宋代已经出现，但以月饼为中秋特色食品及祭月供品的风俗大概始于明朝。在北京等地，中秋节还有玩兔儿爷的习俗。

6. 重阳节

农历九月九日，为传统的重阳节，又名重九节、登高节、茱萸节、菊花节。在《易经》中，“九”为极阳之数，九月九日，日月并阳，两九相重，故而叫重阳，也叫重九，古人认为是个值得庆贺的吉利日子，并且从很早就开始过此节日。

重阳节之所以有名，是因为这个节日和历史上许多有名的文学家有关，如陶渊明饮酒赏菊、谢灵运制作登高用的“谢公屐”、王维的“每逢佳节倍思亲”等，这些故事都成了有名的典故，庆祝重阳节的活动也因而显得多彩浪漫，一般包括出游赏景、登高远眺、观赏菊花、饮菊花酒、吃重阳糕、遍插茱萸等活动。

九九重阳，又与“久久”谐音，有祝愿长久长寿的含义，1989 年，我国把每年的重阳节定为老人节，各地总要组织老年人登山秋游，开阔视野，交流感情，锻炼身体，成为尊老、敬老、爱老、助老的老年人的节日。

三、少数民族概况

（一）满族

满族人口约 1038.8 万人，主要分布在东北三省，以辽宁省最多。满族历史悠久，隋唐时称“靺鞨”，唐末五代时称“女真”，12 世纪初建立金政权，先后灭了辽和北宋，与南宋对峙。17 世纪初，皇太极将“女真”更名为“满洲”，随后建立清政权。辛亥革命后，满洲族改称满族。

满族有自己的语言文字。满语属阿尔泰语系，满文创制于 16 世纪末。满族人大量入关以后，普遍开始习用汉语文。

满族信仰萨满教，崇拜祖先，佛教在其生活中也有很大影响。

满族的传统建筑形式是院落围以矮墙，院内有影壁，立有供神用的“索罗杆”。住房一般为 3 间或 5 间，西间称西上屋，设南、西、北三面炕，以西炕为尊，俗称“万字炕”，供有祖宗神位，西墙上有祖宗神板。

历史上，满族男子喜欢穿长袍马褂，头顶后留发，束辫垂于脑后。妇女多穿旗袍，梳两把头或旗髻。满族入关后，满汉服装渐趋一致，但旗袍却以其独特的魅力流传下来，成为中国妇女的传统服装。

满族人喜欢吃面食，饽饽是平时和节日的主要食品。流传至今的“驴打滚”“萨其马”

“绿豆糕”等都是满族传统点心。最能代表满族饮食文化的莫过于“满汉全席”，这种宫廷佳宴流传至今已有200多年的历史，其中的满族菜肴无论在选料、制作和吃法上都保持着满族特色。

满族有孝敬长辈、讲究请安问好、重视礼节规矩的传统。男子请安要“打千”，左膝前屈，右腿下弯，上身前倾，右手下垂，问好。过年行跪拜礼。女子问安要双腿并立，双手放在右膝上，屈膝弓腰，问好。此外还有执手礼、拉手礼、半蹲礼、磕头礼、抱见礼等。

满族受汉文化的影响，节日与汉族大体一样，重视农历新年。颁金节是满族的“族庆日”，以纪念1635年正式改族名“女真”为“满洲”。

（二）朝鲜族

朝鲜族，现有人口183万人，主要居住在东北三省，吉林延边朝鲜族自治州是我国朝鲜族最大的聚居地区。朝鲜族主要从事农业，以善种水稻闻名。

朝鲜族能歌善舞，著名的民间舞蹈有农乐舞、长鼓舞、扇舞、顶水舞等。朝鲜族最有名的乐器是伽倻琴。朝鲜族人民热爱体育运动。跳板和荡秋千是朝鲜族妇女喜爱的传统运动，摔跤和踢足球则是男人们的运动。

朝鲜族村落多半坐落在依山的平地上，房屋别具一格。屋顶四面斜坡，屋里用木板隔成单间，各屋之间有门道相通。屋内设平地炕，炕底有火道，即使是严冬，室内也温暖如春。

朝鲜族人比较喜欢素白色服装，自古有“白衣民族”之称。短衣长裙，是朝鲜族妇女服饰的一大特点，这种衣服大多用丝绸缝制，色彩十分鲜艳。朝鲜族男子一般穿素色短上衣，外加坎肩，下穿裤腿宽大的长裤。外出时，多穿以布带打结的长袍。

朝鲜族的主食一般是大米和小米。泡菜是饮食中不可缺少的。另外，打糕、冷面、大酱汤、辣椒和狗肉也是他们非常喜爱的。

朝鲜族人民非常注重礼节，尤其崇尚尊老爱幼的传统美德。父母诞辰60周年这一天，女子们还要为老人举办“花甲宴”（也叫花甲礼）。花甲宴上，子女亲戚欢聚一堂，老两口穿上新衣端坐正中，身穿盛装的子女以辈分长幼为序，依次向老人敬酒。礼完毕后子女们盛情款待亲朋好友。

朝鲜族的节日基本上与汉族相同。一年主要的节日有春节、清明节、端午节、中秋节等。此外还有三个家庭的节日，即婴儿周岁生日、“回甲节”（60大寿）、“回婚节”（结婚60周年纪念日）等。

（三）蒙古族

蒙古族现有人口598.18万人，主要聚居在内蒙古自治区，其余部分分布在东北、西北地区。“蒙古”最早见于唐代，是当时蒙古地区诸部落中一个部落的名称。13世纪初，铁木真统一了蒙古诸部，号称成吉思汗，蒙古地区诸部由此逐渐合为一个统一、强大、稳定的民族共同体。从成吉思汗到忽必烈，历经70多年，统一了中国，建立了元朝，基本上确立了现代中国的版图，巩固和发展了我们多民族的国家，并且打通了亚欧陆路交通线，促进了东西方文化交流和世界文明的进步。

蒙古族以畜牧业为主，兼营农业，在其漫长的发展进程中，创造出了历史、文学、医学、天文、地理等方面的大量珍贵典籍。其中，《蒙古秘史》是中国最早用蒙古文写成的历史文献和文学巨著，现已被联合国教科文组织定为世界著名文化遗产。英雄史诗《江格尔》，与藏族的《格萨尔》和柯尔克孜族的《玛纳斯》并称为中国的三大史诗。

蒙古语属阿尔泰语，蒙古文是一种很便于书写的拼音文字，初创于成吉思汗时代。蒙古族信仰藏传佛教和萨满教。

在长期的生产生活实践中，蒙古族形成了自己独特的生活习惯和生活方式。蒙古包是蒙古族的传统住房，其特点是易于装拆搬迁，很适合牧民的生活。

蒙古族服饰包括长袍、腰带、靴子、首饰等。但因地区不同在式样上有所差异。蒙古袍身长宽大，右衽，高领长袖。蒙古靴做工精细考究，多绣制或剪贴有精美的花纹图案。

蒙古族的传统饮食大致有四类，即面食、肉食、奶食、茶食。通常，蒙古族称肉食为“红食”，称奶食为“白食”。“手扒肉”是蒙古族日常生活中肉食的主要吃法，“烤全羊”是蒙古族招待贵宾的佳肴。蒙古族人酷爱饮茶，尤其是用砖茶煮的奶茶。此外，马奶酒也是蒙古族的传统饮料之一。蒙古族注重饮食的文化气氛，歌舞常伴，每逢节日或客人朋友相聚，都有豪饮的习惯。

蒙古族能歌善舞。蒙古族民歌分为长调和短调，长调已被列为世界口头与非物质遗产。蒙古族的舞蹈节奏欢快，动作刚劲有力，以抖肩、揉臂和马步最有特色，传统的舞蹈有“安代舞”“盅碗舞”“筷子舞”“马刀舞”等。“好来宝”是蒙古族一种自拉自唱、即兴创作的表演艺术，在草原上流行很广。马头琴是蒙古族人民最喜爱的民族乐器。

热情好客，待人诚恳，是蒙古族人民的传统美德。献哈达、敬鼻烟壶是他们比较正规的见面礼俗。

蒙古族的传统节日主要有“白节”（时间和汉族的春节一样）、祭敖包、那达慕、马奶节等。“白节”是一年中最大的节日，正月亦称“白月”，这是因为蒙古族崇尚白色，含有祝福吉祥如意的意思。那达慕大会是蒙古族最盛大的节日，一般在农历七八月举行，射箭、摔跤、赛马被称为“男子三项那达慕”。

（四）维吾尔族

维吾尔族人口约1006.93万人，主要聚居在新疆维吾尔自治区。维吾尔族主要从事农业。“坎儿井”是荒漠地区特殊的灌溉系统，普遍于中国新疆吐鲁番地区。

在漫长的岁月中，维吾尔族创造了灿烂的民族文化。公元11世纪流传下来的叙事长诗《福乐智慧》是维吾尔族思想史和文学史上划时代的著作。民间故事《阿凡提的故事》流传甚广。维吾尔族素有歌舞民族之称。维吾尔族舞蹈轻盈优美，通常以旋转、快速、多变著称。赛乃姆是维吾尔族最普遍的一种歌舞形式。古典民间音乐《十二木卡姆》是维吾尔族的大型音乐套曲，带有古龟兹音乐的韵味，被誉为东方音乐的瑰宝，已被列为世界口头与非物质遗产。

维吾尔族有自己的语言文字。维吾尔语属阿尔泰语系。维吾尔族全民信仰伊斯兰教。

维吾尔族民居一般为平顶，房顶留有较大的天窗，用以采光。屋外有带护栏的廊子，屋内设有壁炉、壁龛。房屋内外装饰着各种纹饰和色彩，鲜艳夺目。

维吾尔族的服装一般都比较宽松，喜欢穿被称为“袷袢”的长袍，圆领长身，无纽扣，右衽窄袖，腰系长巾。妇女多穿连衣裙，外套对襟背心。过去少女都梳数十根发辫，以长发为美。

维吾尔族人喜欢戴小花帽,花帽的图案姿态各异,色彩绚丽。

维吾尔族的饮食习惯以面食为主。馕和拉面是他们平时的主食;抓饭、烤全羊则通常在节庆或待客时食用。其中烤羊肉串以其独特的风味风行于中国各个地区,成为人们熟悉和喜爱的街头小吃。

维吾尔族主要有肉孜节(开斋节)、古尔邦节(宰牲节)等,这些节日大都来源于伊斯兰教。

维吾尔族人不吃未念经宰杀的牲畜,不吃自死的牲畜,不吃未放血的牲畜,不吃猪肉。

(五)回族

回族约有1058.61万人。回族是中国分布最广的少数民族,主要聚居在宁夏回族自治区。

回族是由中外的多种民族成分在长期历史发展中形成的民族。伊斯兰教的传入及其在中国的发展,对回族的形成起到了重要纽带作用。回族多数人从事农业,兼营畜牧业,善于经营商业、手工业和饮食业。

回族通用汉语,使用汉文,但在日常用语和宗教活动用语中夹杂着阿拉伯语或波斯语词汇。回族信仰伊斯兰教,并由此形成了独特的文化传统和风俗习惯。

回族民居一般具有“围寺而居”的特点,清真寺在回族穆斯林心目中有着重要位置,也是回族建筑艺术的代表。回族的清真寺和民居建筑基本上摆脱了阿拉伯和中亚建筑的风格,采纳了中国传统的殿宇式四合院为主的建筑式样,但布局和装修独具民族风格。

回族服装大体与汉族相近,但在头饰上仍保留着古老的传统,回族男子一般戴白色无檐小帽;妇女一般戴“盖头”,遮住两耳、脖子和头发,只将面孔露出。

回族清真菜肴在中华饮食文化中独具一格。回族人只吃牛、羊、驼等反刍类偶蹄动物,不吃马、驴、骡、狗肉,不吃动物的血和自死动物,尤其禁食猪肉。油香、馓子是回族的传统食品。回族的风味小吃有清真万盛马糕点、金凤扒鸡、牛羊肉泡馍、翁子汤圆、绿豆皮等。回族人喜爱喝茶,有红糖砖茶、白糖清茶、冰糖锅锅茶等,但不论何种茶,都讲究盛在盖碗里喝,因而被统称为“盖碗茶”。

回族的三大节日开斋节、古尔邦节、圣纪节都是伊斯兰教节日。回族穆斯林对开斋节特别重视,庆祝场面十分隆重,所以又叫“回民过年”。

(六)土家族

土家族人口约835.39万人,主要分布在湖南、湖北、重庆、贵州四省市交界的丛山之中。

土家语属于汉藏语系,土家族没有本民族文字。

土家族的经济以农业为主,狩猎是他们的主要副业。

土家族信奉多神,崇拜土王(祖先神)。

土家族的文化艺术绚丽多彩。土家族擅长舞蹈,传统舞蹈有摆手舞、跳丧舞、八宝铜铃舞等。其中摆手舞影响最广,是土家族人民喜闻乐见的传统歌舞形式。土家族戏剧“茅古斯”模拟远古先民劳动和生活的故事情节,并通过舞蹈、道白来表达内容,从形式到内容,都别具一格。土家锦(西兰卡普)是土家族妇女独特的织锦工艺品,仅织锦图案就达数百种。

土家族的房屋一般靠山或近水,呈老虎坐山形状。多数人住的是干栏屋;有的是半边厢房的立柱悬成吊脚楼。

土家人喜欢酸辣菜肴，喜欢饮酒。烟熏腊肉是土家族最有特色的风味菜。土家族还擅做糯米粑粑、甜酒、团馓等。

土家族的服饰布料多为自纺自织的土布。男装为对襟短衫，钉上七对、九对、十一对不等量的扣子；穿白布围脚和青、蓝布的大筒裤，在膝至踝上缠“布裹脚”；爱用青布包头。女装为短衣大袖，左衽开襟，滚镶花边，原着 8 幅罗裙，后改为镶边筒裤，头缠圈形的墨青丝帕或布帕。

土家族民间十分注重传统节日，土家族的传统节日有“土家年”“四月八”“六月六”等。其中土家年最为隆重，俗称过“赶年”，赶在汉族过年的前一天过年相传跟土家族祖先为了抗击外来侵略，提前吃年夜饭以出征迎战有关。

(七)壮族

壮族人口约 1692.64 万人，是我国人口最多的少数民族，大部分聚居在广西壮族自治区。壮族历史悠久，在秦朝势力进入岭南以前，中国东南沿海就居住着“百越”族群，壮族就是由“百越”的一支发展形成的。

壮族有自己的语言，属汉藏语系，20 世纪 50 年代创制了拉丁拼音文字。壮族信仰多神，崇拜祖先。佛教、道教对壮族影响也很大。

壮族喜欢依山傍水而居。壮族的传统民居是干栏式木楼，木楼上面住人，下面圈牲畜。屋内的生活以火塘为中心，每日三餐都在火塘边进行。

壮族多用自织的土布做衣料，款式多种多样。壮族女子的服装一般为一身蓝黑，裤角稍宽，头上包提花毛巾，腰间系精致的围裙，穿绣花鞋，戴耳环、手镯和项圈；小伙子多穿无领右大襟和对襟两种上衣，腰间系一条腰带，包头巾，穿布鞋。

节庆的饮食最能反映壮族饮食习惯的特色。壮族喜欢吃腌制的酸食，以生鱼片为佳肴；妇女有嚼槟榔的习俗，结婚送聘礼，槟榔是必须送的东西。壮族人在三月三吃色彩鲜艳的五色饭；每到春节和端午节，家家户户都要包“驼背粽”。

壮乡素有“歌海”之称，被誉为“歌仙”的刘三姐，就是壮族民间歌手的典型代表。每逢农闲、节假日或婚丧嫁娶，壮族各地区都要举行对歌活动，壮族人称之为“歌圩”。“歌圩”还是娱乐和青年男女社交恋爱的场所，在三月三歌节上，要举行搭彩棚、摆歌台、抛绣球、碰红蛋、择佳偶、放花炮等活动。

壮锦是壮族的传统纺织工艺品，铜鼓是中国青铜文化中的一株奇葩。2000 多年前壮族先民创作的“花山崖壁画”是极为珍贵的人文景观，世所罕见。

(八)苗族

苗族人口约 942.6 万人，主要聚居在贵州、云南、湖南、广西等省区。相传，苗族起源于 5000 多年前居住于黄河中下游的“九黎”部落，后迁徙至长江中下游，形成三苗部落。由于苗族地域分布广泛，服饰和习俗差异较大，故被世人称为“红苗”“白苗”“黑苗”“长裙苗”“高坡苗”“水边苗”等，不下数十种。

苗语属汉藏语系苗瑶语族。1956 年制定了苗文的拉丁字母拼音文字方案。

苗族的宗教信仰主要是自然崇拜和祖先崇拜，近代以来，也有部分人信仰天主教和基督教。

苗族地区盛产木材，因此，过去的房屋多为木结构。建筑在山区的吊脚楼，一般分为两层，上层住人，下层圈养牲畜或堆放杂物。

苗族服饰式样繁多，色彩艳丽。苗族妇女的服装堪称中国民族服装之最。较有代表性的传统"盛装"，仅插在发髻上的头饰就有几十种。百褶裙是苗族女装的一大特色，喜戴银饰是苗族姑娘的天性，素有"花衣银装赛天仙"的美称。苗族男子的装束比较简单，上装多为对襟短衣或右衽长衫，小腿上缠裹绑腿，头缠青色包头。

苗族以大米、小麦、玉米等为主食。苗族人喜食酸味，制作的酸食有酸辣椒、酸菜、酸汤、酸汤鱼等。苗族还常以酒示敬，以酒传情，拦路酒、进门酒、双杯酒、交杯酒，不一而足，体现了苗族人民丰富多彩的酒文化。苗族待客的饮料为苗族油茶。

苗族的传统节日有苗年、四月八、龙舟节、吃新节、赶秋节等，其中以过苗年最为隆重。

苗族人民能歌善舞。苗族的"飞歌"高亢嘹亮，极富感染力；舞蹈有芦笙舞、板凳舞、铜鼓舞等，以芦笙舞最为普遍。

苗族蜡染、银饰、刺绣、挑花、织锦等工艺非常精致美观，有很高的艺术水平。

（九）傣族

傣族人口约126.13万人，主要聚居在云南省。其先民是"百越"的一支，很早就和内地保持着友好和密切的联系。傣族的灿烂文化以傣历、傣族医药和叙事长诗最为有名。

傣语属汉藏语系壮侗语族，傣文为传统的拼音式文字。

傣族信仰小乘佛教，它对傣族社会的政治、经济、文化艺术等方面都有极深刻的影响。由于佛教的广泛传布，傣族地区佛寺十分普遍。送子入寺为僧似乎是天经地义之事，尤其是在西双版纳地区，男孩到了8～10岁几乎都要入寺去过僧侣生活，一般在1～5年还俗回家。

傣族的建筑艺术别具一格，尤以寺塔和飞架于江河上的竹桥最为有名。傣族人居住的竹楼是一种干栏式建筑，大多在平坝近水的地方聚合成村寨。

傣族男子一般上穿无领对襟袖衫，下穿长管裤，以白布或蓝布包头。傣族妇女的服饰各地有较大差异，但基本上都以束发、筒裙和短衫为共同特征。

傣族人以大米和糯米为主食，通常是现舂现吃，最具特色的是竹筒饭。傣族人喜食酸味。普遍有嚼槟榔的习俗。

傣族舞蹈种类很多，著名的有孔雀舞、象脚鼓舞等。

傣族的重大节日有泼水节、关门节和开门节，均与佛教有关。泼水节是傣族最富民族特色的节日，即傣历新年。泼水节这一天人们要拜佛、赕佛，然后彼此泼水嬉戏，相互祝愿。泼水节期间，还要举行赛龙船、放高升、放飞灯等传统娱乐活动和各种歌舞晚会。

（十）彝族

彝族人口约871.44万人，主要分布在四川、云南、贵州和广西等省区。彝族历史悠久。早在2000多年前，彝族的祖先就生息繁衍在云贵高原和金沙江、澜沧江畔。公元8～10世纪，以彝族和白族为主体的南诏国政权建立。彝族文化艺术源远流长，彝族的十月太阳历科学价值很高，长篇叙事诗《阿诗玛》反映了彝族人民不畏强暴、追求自由和幸福的愿望。

彝族有自己的语言文字。彝语属汉藏语系，彝族文字是一种音节文字，是自成体系的东方文字。

彝族的传统民居被称为“土掌房”。这种“土掌房”一般以石块为房基，土坯砌墙，形成平台屋顶，可以晾晒谷物。“土掌房”冬暖夏凉，防火性能好，非常实用。

彝族服饰古朴、独特，生活在不同地区的彝族人民有不同的服饰习俗，大致可分为凉山型、乌蒙山型、红河型等。总体而言，彝族服饰具有以下四个特点：(1)反映了黑之尊、黄之美的审美观；(2)反映了彝族“顾头”的生活习惯和荣誉意识；(3)男子服饰多体现其英勇善战的气概；(4)服饰图案纹样体现了彝族对自然的理解和崇敬。

彝族的食品主要为玉米、荞麦。彝族人喜欢吃“坨坨肉”、荞粑粑、锅贴乳饼。彝族人喜欢饮酒，饮酒时席地而坐，围成圆圈，依次轮流喝，这叫喝“转转酒”；逢年过节，彝族姑娘还会抱出一坛酒，插上几根麦秆放在家门口的路边上，供来往过客饮用，这叫喝“秆秆酒”。这两种喝酒的风俗体现了彝族人民热情好客的民族性格。

彝族最盛大的节日是“火把节”，在每年农历六月二十四日举行。入夜，人们手执火把围绕住宅和麦田游行，还要朝火把上洒松香，然后燃起篝火，唱歌跳舞。彝族还有插花节、赛装节、虎节等民族节日。

彝族人民能歌善舞，彝族的乐器有月琴、口弦、三弦、葫芦笙等。“阿细跳月”是一种彝族集体舞，现在已成为我国和世界青年交谊舞的传统节目。

(十一)白族

白族人口约193.35万人，绝大部分居住在云南省大理白族自治州。早在新石器时代，白族先民已在洱海地区生息繁衍，白族共同体的形成是在大理国时期。

白语属汉藏语系，唐宋时代曾借用汉字创制了古白文，现实行拉丁字母白族文字方案。

白族的宗教信仰主要是奉祀“本主”，信仰佛教。“本主”有的是自然神，有的是南诏、大理国的王子，有的是为民除害的英雄。

白族住宅坝区多为“一房两耳”“三房一照壁”“四合五天井”的院落式瓦房，山区多为垛木房与竹篾笆房。白族的著名古建筑有大理崇圣寺三塔等。

白族人崇尚白色，以白色衣服为尊贵。男子一般缠白色或蓝色包头，上穿白色对襟衣，外套黑领褂，下穿白色、蓝色长裤。女子服饰各地有所不同。大理一带多用绣花布或彩色毛巾缠头，穿白上衣，红坎肩，或是浅蓝色上衣、外套黑丝绒领褂，腰系绣花短围腰，下穿蓝色宽裤，足蹬绣花鞋。

白族以稻米和小麦为主食，山区则以玉米、荞麦为主食。白族人喜食酸辣，爱吃凉菜，善于腌制火腿、腊肉等。爱饮糯米酿造的甜酒。用大米制作的饵丝、饵块味道独特。“砂锅鱼”是大理著名佳肴。乳扇是白族独创的乳制品，状如扇，薄如纸，色泽淡黄，味道鲜美。白族人喜饮烤茶，著名的“三道茶”是待客上品，有“一苦、二甜、三回味”的特点。

大理白族自治州自古以来就是一片生长艺术的沃土。在流传至今的各种民间艺术中，洞经古乐称得上是一块音乐的活化石。白族民间最为普及的一种演唱艺术是白族调。白族舞蹈主要有霸王鞭、八角鼓舞、龙狮舞等。大理的绘画和雕塑有近两千年的历史，具有浓厚的地方、民族特色。

白族人民的主要节庆活动有“三月街”“绕三灵”“火把节”“耍海会”等。其中三月街、火把节饶有特色，远近闻名。三月街亦称观音市或观音会，据载已有一千多年的历史，节日内容原是佛教庙会，后来逐渐演变成传统盛大节日和物资交流会。

（十二）纳西族

纳西族人口约32.63万人，主要分布在云南、四川和西藏三省区交界的地方。纳西族是中国的一个古老民族，是古羌人向南迁徙后发展成的一个支系，大约在公元3世纪到云南丽江等地定居下来。在漫长的历史发展与民族交往中，纳西族创造了自己灿烂的历史文化。著名的《创世纪》是一部歌颂劳动、反映男女忠贞爱情的长篇史诗。用东巴文撰写的《东巴经》是纳西族的宗教经书，是古代纳西族社会生活的百科全书。纳西族的建筑、雕刻和绘画融合了纳西族、汉族与藏族三个民族的传统风格，具有浓郁的地方特色。丽江古城从选址到建筑风格均融会了汉、藏、白等多种民族的建筑艺术风格并有所创新。丽江壁画，笔法既有藏画的洗练和匀称，又具唐代道释画的风格。用象形文字写成的《东巴画谱》是罕见的艺术珍品，而长达15米的《神路图》堪称稀世瑰宝。相传为元人遗音的大型乐曲《白沙细乐》被誉为最古老的交响乐。

纳西语属汉藏语系藏缅语族。早在公元7世纪，纳西族人民创造了象形表意文字“东巴文”和音乐文字“哥巴文”。东巴文是目前世界上唯一保留完整的象形文字，被称为“活着的象形文字”。

纳西族普遍信奉本民族特有的东巴教，还信仰喇嘛教、佛教、道教以及天、地、山、水等自然神，具有多神信仰的性质。

丽江纳西族的房屋建筑多为“三方一照壁”“四合五天井”格局的瓦房，安静宽敞，布局协调。家家房前都有宽大的厦子（即外廊），是纳西人家吃饭和待客的场所。泸沽湖畔的摩梭人则居住井干式的木楞房。

丽江纳西族妇女穿大褂，宽腰大袖，外加坎肩，系百褶围腰，穿长裤，披羊皮披肩，披肩上缀有刺绣精美的七星，肩两边缀日、月，象征着“披星戴月”。宁蒗地区的摩梭女子着长可及地的多褶裙、短上衣，戴交缠式布包头，配大银耳环。纳西族男装大体与汉族相同，穿长袍马褂或对襟短衫，下着长裤。

纳西族以玉米、小麦、大米等为主食，喜欢喝酒、饮浓茶，爱吃酸、辣、甜味的食品。丽江的火腿粑粑、宁蒗的琵琶肉、泸沽湖的酸鱼和鱼干，都味美可口，是纳西人待客或馈赠亲友的佳品。

纳西人因居住地区不同，婚姻习俗也各不相同，丽江等地已经有一夫一妻制父系家庭，部分地区仍有古代多种婚姻家庭形态的残余。永宁和泸沽湖的摩梭人还流行男不娶、女不嫁的“阿注”婚，家庭的血统世系按母系计算，财产也依母系原则继承。

纳西族采用夏历纪年，因此许多节日都与汉族相同，如春节、清明、端午、中秋等，但是节日活动内容与汉族有所差异，带有鲜明的民族特色。此外纳西族也有一些自己的传统节日，如三朵节、“三月龙王庙会”、正月十五日的“米拉会”（即棒棒节）、“七月骡马会”等。

（十三）藏族

藏族人口约628.22万人，主要聚居在西藏自治区，其余聚居在青海、四川等地。作为青藏高原的土著民族，自旧石器晚期、新石器时代，藏族的先民就生息于这里，至今已有四五千年的历史。7世纪中叶，西藏山南部落联盟领袖松赞干布统一了青藏高原各部，建立了吐蕃王朝。他与唐朝通好联姻，促进了藏汉民族间政治、经济、文化的交往。藏族在漫长的历史发展中创造了灿烂文化，藏文史籍文献卷帙浩繁，其数量在我国居第二位，仅次于汉文。《格萨尔王传》是世界上最长的英雄史诗。始建于公元7世纪的布达拉宫群楼重叠、巍峨耸峙，是世界上海拔最高的宫堡建筑群。另外，藏族的医药、历算、舞蹈、音乐也自成一格。

藏族有自己的语言文字。藏语属汉藏语系，藏文创制于7世纪初，是参照梵文创制的拼音文字。

藏族信仰佛教。公元4世纪，佛教传入吐蕃，与当地苯教融汇，形成了藏传佛教。

藏族农区多垒石建房，房屋平顶多窗，造型及色泽质朴，具有浓厚的民族特色。帐篷是牧民的住所，一般分为布料和牛毛帐篷两种，结实耐用，迁移方便。

藏袍是藏族人民的传统服饰，宽体长身、大襟广袖，藏袍的大袖子平时挽起来，聚会娱乐时，则放下长袖，翩翩起舞。藏族男女都喜欢戴金花帽。

藏族人的饮食文化主要包括酒、奶、茶三种。藏族农区的主食是糌粑，其做法是将青稞炒熟后磨成粉，吃时用酥油茶拌后捏团，并佐以菜肴。酥油茶是藏族不可缺少的饮料，由砖茶、盐巴和酥油做成。藏族人嗜饮青稞酒，并有弹酒的习俗。

藏族人民能歌善舞。藏族歌舞种类、形式很多，各地区的名称也不相同。藏戏是广泛流行于藏族地区的以歌舞形式表现故事内容的综合性艺术。唐卡是用纸或布作底，用彩缎装裱而成的彩色卷轴画，因品种和质地的不同可分为刺绣唐卡、织锦唐卡、贴花唐卡和珍珠唐卡。酥油茶、堆绣和壁画被称为“塔尔寺三绝”。

藏族的节庆活动很多，几乎每一月都有一个节日，而且民间节日和宗教节日互相穿插。藏历年是藏族人民最隆重的传统节日，节日期间人们互赠哈达，互道“扎西德勒”，演唱藏戏，跳锅庄和弦子舞，还进行角力、赛马、射箭等活动。雪顿节是藏族传统节日之一，意为酸奶子节，后因其活动内容渐渐演变为以藏戏会演为主，又被称为“藏戏节”。望果节是西藏人民渴望丰收的传统节日。

藏族人非常讲究礼仪，日常生活中见到长者、平辈都有不同的鞠躬致礼方式。献哈达是最普遍的一种礼节。

（十四）黎族

黎族人口约146.31万人。主要分布在中国海南省中南部。黎族源于古代“百越”的一支，早在秦汉以前就从两广地区陆续来到海南岛定居。“黎”这一专有族称始于唐末，沿用至今。

黎族有自己的语言，属汉藏语系，1957年制定了一种以拉丁字母为基础的黎文。

黎族的宗教信仰以祖先崇拜为主，其次是自然崇拜，有些地区还保留着图腾崇拜的痕迹。

黎族传统住房有船形屋和金字形屋两种。船形屋是竹木结构建筑，外形像船篷，用竹木架构;金字形屋以树干作支架,竹片编墙。

黎族服装以棉麻为原料。黎族人多穿对襟无领上衣,妇女穿对襟无袖开胸上衣,下穿筒裙,裙上绣有各种图案。黎锦是黎族人最为著名的纺织工艺品,以其技术精巧细密、色彩艳丽富于特色而驰名天下,具有很高的艺术审美价值。

黎族以稻米、玉米、番薯为主食。日进三餐,喜稀不喜干,并习惯腌制生鱼、生肉。嗜好烟酒。把猎获物的瘦肉混以糯米和少量盐巴放进竹筒内烤制的香饭是招待客人的上好食品。黎族人有嚼槟榔的嗜好,槟榔也是黎族人待客、订婚不可缺少的佳品。

黎族的节日有"春节""三月三"等。"三月三"是黎族人民最隆重、最热闹的传统节日。节日当天,各村寨都要举行祭祖仪式,青年男女盛装打扮聚集到一起,各自以对歌的形式相邀族外的意中人。除了歌谣对唱外,还有"打柴舞"、荡秋千、土枪射击、射箭、摔跤等娱乐活动。

鼻箫是海南黎族喜爱的古老乐器之一,已有1000多年的历史,用五指区特产的白竹制成。叮咚琴是黎家同胞在原木上敲击出节奏的一种古老而独特的乐器。在节日劳动间歇,黎族人喜欢跳"竹竿舞","竹竿舞"已成为海南最富有特色的舞蹈表演。

(十五)畲族

畲族人口约70.87万人,分布在福建、浙江等省的山区。浙江景宁畲族自治县是全国唯一的畲族自治县。畲族自称"山哈",意为居住在山里的客户。

畲族有自己的语言,属汉藏语系。畲族无文字,通用汉文。

畲族的宗教信仰主要是祖先崇拜。祖图,又称"盘瓠图",是畲族信仰的主要标志之一。畲族民间还有"高皇歌",记述盘瓠王不平凡的经历,歌颂其英勇杀敌、繁衍子孙的丰功伟绩。此外,畲族民间信仰还有其他世俗神灵,属多神崇拜。

畲族住房多为茅草房和木结构瓦房,多数建在山坡向阳避风有水源的地方。

畲族妇女多穿大襟小袖衫,衣领袖口和右襟多镶花边。畲族妇女的"凤凰装"别具风格,在衣裳、围裙上刺绣各种彩色花边,多是大红、桃红夹着黄色的花纹,镶绣的金丝银线象征着凤凰颈、腰和美丽的羽毛,金色腰带象征着凤凰尾巴,周身叮当作响的银器象征着凤凰的鸣叫。在闽东北沿海一带山区居住的畲族妇女,有头佩"三把刀"的习俗。三把刀其实是三支外形似刀、两面有锋、长五六寸的金属簪。分插于脑后发髻上。相传这种习俗始于明末,当时倭寇不断入侵我国东南沿海,为防御入侵者的污辱,畲族妇女便用三把短剑插在发髻之中,危急时可随手取下,以抵抗来敌,保护自己。畲族男子服装基本与汉族相同。

畲族日常饮食以大米、薯类为主。传统的节日食品有三月三的乌米饭、端午节的菅粽和年节糍粑。畲族人都爱喝绿茶、乌龙茶。闻名于世的畲族"惠明茶"历史悠久,曾是清代地方政府岁贡皇帝的方物。

畲族的节日与汉族大致相同,如春节、元宵节、清明节等。也有一些本民族特色的节日,如三月三、二月二、招兵节、封龙节等。三月三亦称"乌饭节",这一天,家家吃乌饭,办歌会,山歌对唱,通宵达旦。二月二也称"会亲节",节日中人们从四面八方云集而来,访亲友、致问候。

畲族人喜爱武术,基本上可分棍术和拳术两大类,还有令人叫绝的点穴功夫。畲族民间手工艺主要是木匠的雕刻和妇女的织带、绣花，其次是竹编、石雕等。织带是畲族农村妇女必学的手艺，彩带作裤带、腰带、围裙带等用，常常是女子送给朋友、情人的礼物。

礼仪模拟

（1）假如你随同一个旅游团到蒙古大草原旅游，在去之前领导让你查阅一下关于蒙古族的礼仪，你应该着重掌握哪些蒙古族的礼仪？

要求：查阅相关蒙古族的礼仪以及其他民俗礼仪，并与同学们进行分享。

（2）你还知道哪些民族的风俗礼仪，将有关的民族风俗进行整理。

要求：熟练掌握一些常见民族的风俗礼仪，对一些比较稀少的少数民族礼仪能够大概了解。

拓展阅读

各民族的春节风俗

汉族——大年初一，人们不扫地，不向外泼水，不走后门，不打骂孩子，相互祝贺新年吉祥富贵，万事如意。

满族——年节将近时，家家打扫庭院，贴窗花、对联和福字。腊月三十，家家竖起六米多高的灯笼杆，从初一到十六，天天红灯高挂。年三十包饺子，讲究褶子多为好，子时煮饺子，有的里边包上铜钱，吃到者有好运。春节要拜两次，年三十晚上一次，为辞旧岁；年初一再拜一次，为迎新春。春节前还要举行跳马跳骆驼等比赛。正月十五还有闹灯会。

朝鲜族——家家户户贴春联，做各式丰盛饭菜，吃“八宝饭”，除夕全家守岁通宵达旦，弹伽倻琴，吹洞箫。初一天亮人们穿上节日的盛装给长辈拜年。节日期间，男女老少纵情歌舞，压跳板、拔河。正月十五夜晚举行传统的庆祝集会，由被推选出来的几位老人，登上木制的“望月架”，伴着长鼓、筒箫、唢呐载歌载舞。

鄂伦春族——除夕，全家围坐，共进晚餐。品山珍，喝美酒，吃年饭。青年人给家族及近亲长者敬礼，叩头请安。午夜，人们捧着桦树皮盒或铁盒绕马厩数圈，祈祝六畜兴旺。初一，着新装互相拜年请安。青年男女聚在一起跳转圈集体舞。有“打猎”舞、“红果”舞、“黑熊搏斗”舞等。

赫哲族——除夕，大家忙着做年饭、剪窗花、糊灯笼。初一，姑娘、妇女和孩子们穿上绣有云边的新装，去亲朋家拜年，用“鱼宴”款待客人。有酸辣风味生鱼、有味香酥脆的“炒鱼毛”和大马哈鱼子。民间诗人向人们献诗、讲故事。妇女们玩“摸瞎糊”“掷骨头”。青少年则进行滑雪、滑冰、射草靶、叉草球等比赛。

蒙古族——五更吃饺子、放鞭炮与汉族同。此外，除夕要吃“手把肉”，以示合家团圆。初一凌晨晚辈向长辈敬“辞岁酒”，然后青年男女跨上骏马，骑串蒙古包，先给长辈们叩头祝愿，接着喝酒跳舞，随后串包。男女还利用这一机会进行赛马比赛。

纳西族——正月新春人们互相访亲拜友，轮流做客，中青年男子组织灯会，并与别村竞赛。城市、乡村都办灯会，灯会节目演的是本民族故事，如《阿纽梅说笑》《老寿星放鹿》《社戏夜明珠》《狮子滚绣球》《凰舞》等。

藏族——除夕之夜，举行盛大的“跳神会”，人们戴上假面具载歌载舞，以示除旧迎新，祛邪降福。

彝族——春节期间集会跳“阿细跳月”，有些村寨年初一取水做饭都由男子承担，让妇女休息，以此表示对她们劳累一年的慰问。

苗族——把春节称作“客家年”，家家户户杀猪宰羊，烤酒打粑庆丰收希望来年风调雨顺，五谷丰登。还要唱《开春歌》，歌词大意为思春、盼春、惜春、挽春等。

白族——白族人民从除夕开始互拜、赠送礼品。除夕夜守岁。子夜过后，男女青年争先挑水，以示勤劳。清晨，全家喝泡有米花的糖水，以祝福日子甜美。大家或结伴游览名胜古迹，或耍龙灯、舞狮子、打霸王鞭。

壮族——年三十晚上，家家的火塘上要燃起大火，终夜不熄，叫作“迎新火”。民间习惯包粽子过春节。节日期间还要组织丰富多彩的民族文体活动庆祝，唱“采茶”、舞狮龙、跳打扁担舞、闹锣、打陀螺、赛球、演地方戏等。

京族——初一要拿上香烛到井边烧拜，叫“买新水”，京族妇女初一天不亮就要从河里背回“吉祥水”。认为初一的新水可以带来福音和好运，能保一年的吉利。

东乡族——喜欢在春节期间打土仗，以示对养育自己的土地的热爱之情。

羌族——每家每户要做各种油炸面粉小牛、小羊、小鸡等祭品，用以祭祀祖先和天神，过年要喝咂酒，大家围坛而坐，由最长者唱《开坛词》，然后用二尺多长的麦管从左至右，依次咂饮。

鄂温克族——正月初一，互相拜年，特别是对自己的长辈和亲戚必须在初一那天去磕头拜年。在年初一晚上，男女老幼集合在一个较大的房子里尽情地欢乐，一般都由老年人召集这个娱乐晚会，由妇女们先开始跳或唱，接着不分男女大家都跳起舞来。

达斡尔族——正月初一，天亮起来，妇女准备早餐，男人烧香拜天拜地拜诸神位，祈求天神及地神恩赐太平丰年，拜完神，向长辈敬酒叩头接受老人的祝词。吃完水饺，穿起新衣服，近亲男女聚集在一起，由长辈年老者带领，按辈分高低进行各种娱乐活动。

哈尼族——除夕妇女忙着做糍粑，小伙子上山砍竹子，搭秋千架。不论男女老少，春节里都喜欢荡秋千。

布依族——除夕夜，全家人围坐在火塘旁，整夜守岁。大年初一天刚亮，姑娘们便争先恐后奔向河边去挑水，谁最先挑回头担水，谁就是最勤劳、最幸福的人，也以此预兆丰年。

瑶族——节日期间，人们聚在一起，观看风趣别致的“耕作戏”。一人扮牛，一人扮扶犁农夫，一人扮扛锄农民，三人边舞边歌，表示庆农业丰收；青年男女则聚在村寨四周草坪上，吹芦笙，弹月琴，唱山歌，寻找意中人。

景颇族——春节期间举行“打靶”比赛。初一早晨，人们纷纷聚到赛场上，姑娘们把自己绣的荷包挂在竹竿顶端，射手射中吊荷包的细线算神枪手，姑娘们便奖给神枪手一碗香甜的米酒。

拉祜族——每年农历正月初一至十五，是云南拉祜族的“扩塔”节（拉祜语为春节）。除夕，每家每户要做象征太阳、月亮和星星的糯米粑，祭日月星辰，盼望在新一年里风调雨顺，五谷丰登。初一至初四，青年男女争先恐后跑到泉边，迎接象征纯洁、幸福的新水，以先得为快。同时，带着礼品走村串寨、访亲问友。

思考练习

（1）我国的56个民族都有哪些，你能记住吗？

（2）你所知道的满族居民有哪些民族礼仪？

（3）在与壮族的居民进行交往的时候应该遵守哪些民俗礼仪？

任务二　国外民俗礼仪

学习目标

（1）能够了解国外重要国家的民俗礼仪知识。

（2）能够在尊重民俗礼仪的基础上得体地与外国人交往。

任务情境

张女士是位商务工作者。由于业务成绩出色，随团到中东地区某国考察。抵达目的地后，受到东道主的热情接待，并举行宴会招待。席间，为表示敬意，主人向每位客人一一递上当地特产饮料。轮到张女士接饮料时，一向习惯于“左撇子”的张女士，不假思索，便伸出左手去接，主人见此情景脸色骤变，不但没有将饮料递到张女士手中，而且非常生气地将饮料重重地放在餐桌上，并不再理睬张女士。

学习要求：全班讨论，主人为什么生气？张女士在做客过程中有什么不妥？

礼仪知识

世界各国有很大的文化差异，国际民俗礼仪也千差万别。除需要了解国内各地区民俗礼仪外，还应该了解国外民俗礼仪。尤其是常与外国友人打交道的人，更应了解国外民俗礼仪。

一、欧美国家民俗礼仪

（一）美国的民俗礼仪

美国80%以上是欧洲移民的后裔，华裔约500万人。50%的居民信奉基督教和天主教，其他人信仰犹太教和东正教。

美国人一般性情开朗、乐于交际、不拘礼节。第一次见面不一定行握手礼，有时只是笑一笑，说一声“Hi”或“Hello”就算有礼了。握手的时候习惯握得紧，眼睛要正视对方，微弓身，认为这样才算是礼貌的举止。一般同女性握手美国人都喜欢斯文。在告别的时候，也只是向大家挥挥手或者说声“再见”“明天见”。但如果别人向他们致礼，他们也用相应的礼节，比如握手、点头、拥抱、行注目礼等。在美国，如果有客人夜间来访，主人穿着睡衣接待客人被认为是不礼貌的行为；当被邀请去老朋友家做客时，应该预备小礼物；在朋友家做客时，打长途电话要经过主人同意，离开的时候，要留下电话费。

在美国，如果要登门拜访，必须先打电话预约；名片一般不送给别人，只是在双方想保持联系时才送；当着美国人的面想抽烟，必须问对方是否介意，不能随心所欲；一般乐于在自己家里宴请客人，而不习惯在餐馆请客；不喜欢清蒸和红烩菜肴。不喜欢过烫过热的菜肴，喜欢少盐味，味道忌咸，稍以偏甜为好；喜欢喝可口可乐、啤酒、冰水、矿泉水、威士忌、白兰地等；不喜欢在自己的餐碟里剩食物，认为这是不礼貌的。喜爱中国的苏菜、川菜、粤菜。

喜爱白色，认为白色是纯洁的象征；偏爱黄色，认为是和谐的象征；喜欢蓝色和红色，认为是吉祥如意的象征。他们喜欢白猫，认为白猫可以给人带来运气。

美国人对握手时目视其他地方很反感，认为这是傲慢和不礼貌的表示。忌讳向女士赠送香水、衣物和化妆用品。美国女性因有化妆的习惯，所以她们不欢迎服务人员送香巾擦脸。

在美国千万不要把黑人称作"Negro"，最好用"black"一词，黑人对这个称呼会坦然接受。因为 Negro 主要是指从非洲贩卖到美国为奴的黑人。跟白人交谈如此，跟黑人交谈更要如此。否则，黑人会感到你对他们的蔑视。

(二)加拿大的民俗礼仪

加拿大大部分是英、法等国家移民的后裔。原住民占5%，华裔占5%，大部分信奉天主教和基督教。

加拿大人因受欧洲移民的影响，他们的礼貌礼节和英法两国差不多。在日常生活中，加拿大人着装以欧式为主。上班的时间，他们一般要穿西服、套裙。参加社交活动时往往要穿礼服或时装。在休闲场合则讲究自由穿着，只要自我感觉良好即可。握手被认为是一种友好的表示，一般在见面和临别时握一下就行，不必反复握手。公务时间，加拿大人很注意个人仪表和卫生。所以，他们希望客人也能这样。

他们有邀请亲朋好友到自己家中共进晚餐的习惯。受到这种邀请应当理解为是主人主动显示友好之意。如果被邀到别人家做客，明智的选择是给主人送点鲜花。不要送白色的百合花，它们是与葬礼联系在一起的。加拿大人以自己的国家为自豪，反对和美国作言过其实的比较。谈到肯定成绩的事例并对加拿大人民及其国家给予好评是最受欢迎的。

加拿大人对法式菜肴比较偏爱，并以面包、牛肉、鸡肉、土豆、西红柿等物为日常之食。从总体上讲他们以肉食为主，特别爱吃奶酪和黄油。加拿大人重视晚餐。饮食上讲究菜肴的营养和质量，注重菜肴的鲜和嫩。口味一般不喜太咸，偏爱甜味。一般以米饭为主食。对煎、烤、炸等烹调方法制作的菜肴很偏爱。喜爱中国的苏菜、沪菜、鲁菜。习惯饭后喝咖啡和吃水果。忌讳吃各种动物内脏，不爱吃肥肉。

(三)澳大利亚的民俗礼仪

澳大利亚95%的居民是英国和其他欧洲国家移民的后裔，华裔和华侨约121万人，98%的居民信奉基督教，其余信奉犹太教、佛教和伊斯兰教。

澳大利亚人办事认真爽快，喜欢直截了当，待人诚恳、热情，见面时喜欢热烈握手，称呼名字。乐于结交朋友，即使是陌生人，也一见如故。他们崇尚友善，并谦逊礼让，重视公共道德，组织纪律强，时间观念强，赴约准时并珍惜时间。女性比较保守，接触时要谨慎。做客可以赠送葡萄酒和鲜花。

澳大利亚人的饮食习惯、口味和英国人差不多。菜清淡、不吃辣。家常菜有煎蛋、炒蛋、火腿、脆皮鸡、油爆虾、糖醋鱼、熏鱼、牛肉等。当地的名菜是野牛排。澳大利亚人食量比较大，啤酒是最受欢迎的饮料，其中达尔文城的居民以喝啤酒闻名。

澳大利亚人爱邀请友人一同外出游玩，他们认为这是密切双方关系的捷径之一。所以如果拒绝的话，会被他们理解成不给面子。

澳大利亚的基督教徒有“周日做礼拜”的习惯。他们的这种做法“雷打不动”，所以要避免在这天和他们邀约。

在澳大利亚人眼里，兔子是一种不吉利的动物。他们认为，碰到兔子，可能是厄运降临的预兆。

澳大利亚人喜欢体育活动，游泳和日光浴是他们的癖好，如果有谁不会游泳，还会成为众人嘲讽的对象。和澳大利亚人谈论跑马，是非常受欢迎的话题。

（四）英国的民俗礼仪

英国英格兰人占80%以上，其余是苏格兰人、威尔士人和爱尔兰人等。居民绝大部分信奉基督教，只有少部分人信奉天主教。

英国是绅士之国，讲究文明礼貌，注重修养。同时也要求别人对自己有礼貌。注意衣着打扮，什么场合穿什么服饰都有一定惯例。见面时对尊长、上级和不熟悉的人用尊称，并在对方姓名前面加上职称、衔称或先生、女士、夫人、小姐等称呼。亲友和熟人之间常用昵称。初次相识的人相互握手，微笑并说：“您好！”在大庭广众之下，人们一般不行拥抱礼，男女之间除热恋情侣外一般不手拉手走路。

英国人不轻易动感情或表态。他们认为夸夸其谈是缺乏教养的，认为自吹自擂是低级趣味的。人们交往时常用“请”“对不起”“谢谢”等礼貌用语，即使家庭成员间也一样。

英国的“烤牛肉加约克郡布丁”被称为是国菜。这是用牛腰部位的肉，再把鸡蛋加牛奶和面，与牛肉、土豆一起在烤箱中烤制的菜肴。上桌时，还要另配些单煮的青菜，即为“烤牛肉加约克郡布丁”。普通家庭一日三餐（即早餐、午餐、晚餐），以午餐为正餐。阔绰人家则一日四餐（即早餐、午餐、茶点和晚餐）。

不愿意吃带黏汁的菜肴；忌用味精调味；也不吃狗肉。口味不喜欢太咸，爱甜、酸、微辣味，对烧、煮、蒸、烙、焗和烘烤等烹调方法制作的菜肴较偏爱。喜欢中国的京菜、川菜、粤菜。

他们普遍喜爱喝茶，尤其是妇女嗜茶成癖。“下午茶”几乎成为英国人的一种必不可少的生活习惯，即使遇上开会，有的也要暂时休会而饮“下午茶”。不喝清茶，要在杯里倒上冷牛奶或鲜柠檬，加点糖，再倒茶制成奶茶或柠檬茶。如果先倒茶后倒牛奶会被认为缺乏教养。他们还喜欢喝威士忌、苏打水，喝葡萄酒和香槟酒，有时还喝啤酒和烈性酒，彼此间不劝酒。

对英国人称呼“英国人”是不愿意接受的。因为“英国人”原意是“英格兰人”，而你接待的宾客，可能是英格兰人、威尔士人或北爱尔兰人，而“不列颠”这个称呼则能让所有的英国人都感到满意。

（五）法国的民俗礼仪

法国法兰西人约占94%，绝大多数居民信奉天主教。

法国人热情开朗,初次见面就能亲热交谈,而且滔滔不绝。法国人讲究服饰美,特别是女性穿得非常时尚,特别喜欢使用化妆品,光口红就有早、中、晚之分,法国女性是世界上最爱打扮的女性。

法国是世界上最早公开行亲吻礼的国家,也是使用亲吻礼频率最多的国家。和法国人约会必须事先约定时间,准时赴约是有礼貌的表示,但不要提前。送鲜花给法国人也是很好的礼品。法国人在公共场所不能有懒散动作,不能大声喧哗。

法国的烹调世界闻名,用料讲究,花色品种繁多,口味特点香浓味原、鲜嫩味美、注重色、形和营养。法国人烹调时用酒比较重,肉类菜烧得不太熟,如水鸭三四分熟就行。有的肉最多七八分熟,牡蛎一般都喜欢生吃。配料喜欢用蒜、丁香、香草、洋葱、芹菜、胡萝卜等。他们不吃辣的食品。

(六)德国的民俗礼仪

德国绝大多数都是德意志人。居民中信奉基督教的约占一半,另外有46%的人信奉天主教。

德国人纪律严明,讲究信誉,极端自尊,待人热情,十分注重感情,爱好音乐。

重视称呼是德国人在人际交往中的一个鲜明特点。对德国人称呼不当,通常会令对方大为不快。

一般情况下,切勿直呼德国人的名字。称其全称,也可以称其姓氏。和德国人交谈时,切勿疏忽对"您"与"你"这两种人称代词的使用。对于熟人、朋友、同龄者,方可以"您"相称。在德国,称"您"表示尊重,称"你"则表示地位平等、关系密切。

德国人注意衣着打扮,外出时必须穿戴整齐、清洁;见面打招呼必须称头衔,不直呼名字;约会准时,时间观念强;待人热情、好客、态度诚实可靠;宴席上,男子坐在妇女和地位高的人的左侧,女士离开和返回饭桌时,男子要站起来以示礼貌;请德国人进餐,事先必须安排好。和他们交谈最好谈原野风光,个人的业余爱好多为体育活动。接电话要首先告诉对方自己的姓名。

德国人最爱吃猪肉,其次才轮到牛肉。以猪肉制成的各种香肠,令德国人百吃不厌。忌讳吃核桃。

如果同时喝啤酒和葡萄酒,要先喝啤酒,然后再喝葡萄酒,否则被视为有损健康。

在公共场合窃窃私语,被认为是十分无礼的。

在德国,蔷薇专用于悼亡,不可以随便送人。忌讳茶色、红色、深蓝色。

服饰和其他商品包装上忌用纳粹标志。

(七)意大利的民俗礼仪

意大利主要是意大利人,90%以上居民信奉天主教。

如果有人打喷嚏,旁边的人马上会说:"萨尔维(祝你健康)!"另外,当着别人打喷嚏或咳嗽,被认为是不礼貌和讨嫌的事,所以要马上对旁边的人表示"对不起"。

女士受到尊重,特别是在各种社交场合,女士处处优先。

意大利人热情好客,待人接物彬彬有礼。在正式场合,穿着十分讲究。见面礼是握手或招手示意;对长者、有地位和不太熟悉的人,要称呼他的姓,加上"先生""太太""小姐"和荣誉职称；和意大利人谈话要注意分寸，一般谈论工作、新闻、足球；不要谈论政治和美国橄榄球。

意大利人有早晨喝咖啡、吃烩水果、喝酸牛奶的习惯。酒特别是葡萄酒是意大利人离不开的饮料，不论男女几乎每餐都要喝酒，甚至在喝咖啡时，也要掺上一些酒。

(八)俄罗斯的民俗礼仪

俄罗斯主要是俄罗斯人，东正教是主要宗教。

俄罗斯人性格开朗、豪放、集体观念强。他们和人见面，大都行握手礼，拥抱礼也是他们常用的一种礼节。他们还有施吻礼的习惯，但对不同人员，在不同场合，所施的吻礼也有一定的区别：一般对朋友之间，或长辈对晚辈之间，以吻面颊者为多，不过长辈对晚辈以吻额更为亲切和慈爱；男子对特别尊敬的已婚女子，一般多行吻手礼，以示谦恭和崇敬。吻唇礼一般只是在夫妇或情侣间流行。

主人给客人吃面包和盐，是最殷勤的表示。一般对晚餐要求较简单，对早、午餐较重视。用餐时间都习惯拖得很长。乐于品尝不同风味的菜肴，菜肴喜欢熟透和酥烂。非常喜欢中餐。

在待客中，常以"您"字表示尊敬和客气；而对亲友往往则用"你"字相称，认为这样显得随便，同时还表示出对亲友的亲热和友好。外出时，十分注重仪容仪表，衣扣要扣得完整，总习惯衣冠楚楚。男子外出活动时，一定要把胡子刮净；赴约要准时；在社交场合，处处表现尊重女性。

和俄罗斯人说话，要坦诚相见，不能在背后议论其他人，更不能说他们小气；对妇女要十分尊重，忌讳问年龄和服饰价格等。

俄罗斯人不吃海参、海蜇、墨鱼、木耳。偏爱"7"，认为"7"预兆会办事成功，"7"还可以给人们带来美满和幸福。他们普遍喜爱红色。人们都把红色视为美丽和吉祥的象征。应邀去俄罗斯人家里做客时可带上鲜花或烈性酒，送艺术品或图书作礼品是最受欢迎的。女主人对来访客人带给她的单数鲜花是很欢迎的；男主人则喜欢高茎、艳丽的大花。

俄罗斯人对盐十分崇拜，并视盐为珍宝和祭祀用的供品。认为盐具有驱邪除灾的力量。

他们重视文化教育，喜欢艺术品和艺术欣赏。所以，和他们谈论艺术是个很受欢迎的话题。

二、亚洲国家民俗礼仪

(一)日本的民俗礼仪

日本几乎全是大和民族。居民主要信奉神道教和佛教，少数信奉基督教和天主教。日本至今还保留着浓厚的我国唐代的礼仪和风俗。

日本是一个注重礼仪的国家。在日常生活中，都互致问候，脱帽鞠躬，表示诚恳、可亲。初次见面，向对方鞠躬90度，而不一定握手。如果是老朋友或比较熟悉的人就主动握手，甚至拥抱。遇到女宾，女方主动伸手才可以握手。如果需要谈话，应到休息室或房间交谈。日本人一般不用香烟待客，如果客人要吸烟，要先征得主人的同意。

日本人注意穿着打扮，平时穿着大方整洁。在正式场合一般穿礼服，男子大多穿成套的深色西服，女子穿和服。在天气炎热的时候，不随便脱衣服，如果需要脱衣服，要先征得主人的同意。在一般场合，只穿背心或赤脚会被认为是失礼的行为。

在日本,"先生"的称呼,只用来称呼教师、医生、年长者、上级或有特殊贡献的人,如果对一般人称"先生",会让他们感到难堪。

和日本人谈论茶道,是非常受欢迎的。茶道,是日本人用来修身养性、进行交际而特有的沏茶、品茗的高尚技艺,是一种讲究礼仪、陶冶情操的民间习俗。

他们喝茶不直接把茶叶放进茶杯,而是放到小巧玲珑的茶壶里。倒的时候,用一个小过滤网防止茶叶进入杯里。而且总以半杯为敬,一般不再续茶。这常使喝惯大杯茶的中国人总觉得难以解渴。

不管家里还是餐馆里,座位都有等级,一般听从主人的安排就行。日本商人比较重视建立长期的合作伙伴关系。他们在商务谈判中十分注意维护对方的面子,同时希望对方也这样做。

赠送礼品时,非常注重阶层或等级,因此不要给他们赠送太昂贵的礼品,以免他们为此而误认为你的身份比他们高。

日本不太流行付小费,如果拿不准,就不给。付小费把钱放在信封里或用纸巾包裹着,日本人认为收现钞是一件很难堪的事。

(二)韩国的民俗礼仪

韩国是单一的民族朝鲜族,佛教徒占全国人口的1/3。

韩国人讲究礼貌,待客热情。见面时,一般用咖啡、不含酒精的饮料或大麦茶招待客人,有时候还加上适量的糖和淡奶。这些茶点客人必须接受。

韩国人初次见面时,经常交换名片。很多韩国人养成了通报姓氏习惯,并和"先生"等敬称连用。韩国一半以上居民姓金、李、朴。韩国人业务洽谈,往往在旅馆的咖啡室或附近类似的地方举行。大多数办公室都有一套会客用的舒适家具,在建立密切的工作关系之前,举止合乎礼仪是至关重要的。韩国人注重服饰,男子穿西服、系领带。

如果受邀请去韩国人家里做客,按习惯要带一束鲜花或一份小礼物,用双手奉上。不要当着赠送者的面把礼物打开。进到室内,要把鞋子脱掉留在门口。

韩国的农历节日和我国差不多,也有春节、清明节、端午节、中秋节。

韩国人以米饭为主食,早餐也习惯吃米饭,不吃粥。还喜欢吃辣椒、泡菜,吃烧烤的时候要加辣椒、胡椒、大蒜等辛辣的调味品。汤是每餐必不可少的,有时候汤里放猪肉、牛肉、狗肉、鸡肉烧煮,有时候也简单地倒些酱油、加点豆芽。韩国人还对边吃饭边谈话非常反感。

韩国人不轻易流露自己的感情,公共场所不大声说笑。特别是女性在笑的时候要用手帕捂着嘴,防止出声失礼。在韩国,妇女十分尊重男子,双方见面的时候,女性总会先向男性行鞠躬礼、致意问候。男女同座的时候,往往也是男性在上座,女性在下座。

(三)新加坡的民俗礼仪

新加坡总人口中华人占74.1%。华裔多信奉佛教,马来语为国语,英语、华语为官方语言。

新加坡人十分讲究礼貌礼节,服务质量很高。新加坡华裔在礼仪方面和我国相似,而且还保留了中国古代传统,比如两人见面时,相互作揖。通常的见面礼节是鞠躬、握手。印度血统人仍保持印度的礼节和习俗,妇女额头上点着檀香红点。男人扎白色腰带,见面时双手合十致意。马来血统、巴基斯坦血统的人按伊斯兰教的礼节行事。

华裔新加坡人信奉佛教，而且很虔诚。他们喜欢在室内诵经，诵经的时候不可以被打扰。

在新加坡随地吐痰、扔废弃物都要受到法律制裁。

(四)泰国的民俗礼仪

泰国华裔泰人有300多万人，佛教为国教。

泰国人的待人接物，有许多约定俗成的规矩。朋友相见，双手合十、互致问候。晚辈向长辈行礼时，双手合十举过前额，长辈也要合十回礼。年纪大或地位高的人还礼时，双手不必高过前胸。行合十礼时，双手举得越高，表示尊重程度越高。泰国人也行跪拜礼，但要在特定场合，平民、高官在拜见国王和国王近亲的时候行跪拜礼。国王拜见高僧的时候要下跪。儿子出家为僧，父母也跪拜在地。把东西扔给别人是不礼貌的行为。从坐着的人们面前走过时，要略微躬身，表示礼貌。

泰国人非常重视头部，认为头颅是神圣不可侵犯的。如果用手触摸泰国人的头部，会被认为是极大的侮辱。如果用手打了小孩的头，认为小孩一定会生病；睡觉忌讳头朝西，因为日落西方象征死亡。忌讳用红笔签名，因为人死后是用红笔把姓氏写在棺材上。脚被认为是低下的，忌把脚伸到别人跟前，也不能把东西踢给别人，不然都是失礼的行为。忌讳用脚踢门，否则会受到人们指责。就座时，最忌讳跷腿。

泰国人习惯用颜色表示星期。如红色是星期日、紫红色为星期六、淡蓝色为星期五、橙色是星期四、绿色为星期三、粉红色是星期二、黄色是星期一。

(五)印度尼西亚的民俗礼仪

印度尼西亚素称“千岛之国”，89%的居民信奉伊斯兰教，其余信奉基督教、天主教、印度教、佛教等。

印度尼西亚人初次见面都要交换名片。由于多数人信奉伊斯兰教，他们在拿东西给人家或者向别人拿东西的时候，都要用右手而不用左手，也不用双手。左手是拿“不干净”的东西。很少喝烈性酒。

印度尼西亚人喜欢客人到他们的家中做客访问，而且在一天中任何一个时间去拜访他们，都是受欢迎的。在印度尼西亚人家里，当你看到长相可爱的小孩，切忌摸小孩的头。

在印度尼西亚，进行裸体太阳浴是非法的，和他们交谈应避开政治、宗教等话题。

和别人谈话或进别人家里都要摘下太阳镜。拜访印度尼西亚商人时要带上礼物，收下礼物即意味着承担了某种责任。如果你去的印度尼西亚人家里铺着地毯，那你在进屋前要把鞋脱掉。进入圣地特别是进入清真寺，一定要脱鞋。

(六)印度的民俗礼仪

印度居民大多信奉印度教，其次为伊斯兰教、基督教、锡克教。在印度，月亮是一切美好事物的象征。

印度人相见应递英文名片，英语是印度的商业语言。主客见面时，都要用双手合十在胸前致意。口中念着：“纳玛斯堆”（梵文：“向您点头”，现在表示问好或祝福）。晚辈在行礼的时候弯腰摸长者的脚,表示对长辈的尊敬。男子不能和妇女握手。许多家庭妇女忌讳见陌生男子,不轻易和外人接触。但如果邀请男人参加社交活动时应请他们偕夫人同来。一般关系的男女不能单独谈话。

印度人是用摇头表示赞同,用点头表示不同意。人们用手抓耳朵表示自责;召唤某人的动作是将手掌向下摆手指,但不能只用一个指头;指人时也要用整个手掌,不能用一两个指头。

到印度庙宇或家庭做客,进门必须脱鞋。迎接贵客时,主人常献上花环,套在客人的颈上。花环的大小长度视客人的身份而定。献给贵宾的花环既粗又长,超过膝盖。给一般客人的花环仅到胸前。妻子送丈夫出远门,最高礼节是摸脚跟和吻脚。到印度家庭做客时,可以带水果和糖果作为礼物,或给主人的孩子们送点礼品。

用右手拿食物、礼品和敬茶,不用左手,也不用双手。就餐的时候,印度教徒最忌讳在同一个容器里取用食物。也不吃别人接触过的食物,甚至别人清洗过的茶杯,也要自己再洗涤一遍后才使用。

喜欢分餐进食,注重菜品口感,一般口味不喜太咸,偏爱辣味。主食以米饭为主,对面食中的饼类也感兴趣。不吃菇类、笋类、木耳。信奉印度教和锡克教的人,忌讳吃猪肉、牛肉。他们一般不喝酒,因为喝酒是违反宗教习惯的。但有喝茶的习惯,方式是"舔饮",也就是把茶盛在盘子中,用舌头舔着喝。印度人最不喜欢吃大荤,吃素食的人较多,等级越高,吃荤越少。喜欢中国的粤菜、苏菜。

礼仪模拟

(1)王莉作为公司的接待人员,接待了一位来自美国的客人,王莉一看这位客人是位女士,心里暗自高兴,心里想着,自己一定能够招待好她。在去往宾馆的路上,王莉就和她攀谈起来,王莉问她多大了、有没有结婚之类的问题,结果对方只是微微一笑,并不作回答。王莉以为是自己的口语太差的缘故,就没敢再继续问。

要求:全班讨论,王莉在接待这位美国客人的时候有何不妥之处?为什么?

(2)张玲的一位泰国朋友带着孩子到她家做客,张玲看到这个泰国小孩感觉很可爱,就摸着孩子的头高兴地说:"你家孩子真可爱。"他的朋友见状,脸色变得很差,一声不吭地领着孩子离开了。

要求:全班讨论,张玲在接待这位泰国朋友和他的孩子的时候,有何不妥之处?为什么?

拓展阅读

世界各国的节日

元旦(1月1日)New Year's Day

成人节(日本,1月15日)Adult's Day

情人节(2月14日)ST. Valentine's Day

元宵节(阴历一月十五)Lantern Festival

狂欢节(巴西,2月中下旬)Carnival

桃花节(日本女孩节,3月3日)Peach Flower Festival(Doll's Festival)

国际妇女节(3 月 8 日)International Women's Day
圣帕特里克节(爱尔兰,3 月 17 日)ST. Patrick's Day
枫糖节(加拿大,3～4 月)Maple Sugar Festival
愚人节(4 月 1 日)Fool's Day
复活节(春分月圆后第一个星期日)Easter
宋干节(泰国新年,4 月 13 日)Songkran Festival Day
食品节(新加坡,4 月 17 日)Food Festival
国际劳动节(5 月 1 日)International Labour Day
男孩节(日本,5 月 5 日)Boy's Day
母亲节(5 月的第二个星期日)Mother's Day
把斋节(伊斯兰教历第九个月)Bamadan
开斋节(4 月或 5 月,回历 10 月 1 日)Lesser Bairam
银行休假日(英国,5 月 31 日)Bank Holiday
国际儿童节(6 月 1 日)International Children's Day
父亲节(6 月的第三个星期日)Father's Day
端午节(阴历五月初五)Dragon Boat Festival
仲夏节(北欧,6 月)Mid－Summer Day
古尔邦节(伊斯兰节,7 月下旬)Corban
筷子节(日本,8 月 4 日)Chopsticks Day
中秋节(阴历八月十五)Moon Festival
教师节(中国,9 月 10 日)Teacher's Day
敬老节(日本,9 月 15 日)Old People's Day
啤酒节(德国十月节,10 月 10 日)Oktoberfest
南瓜节(北美,10 月 31 日)Pumpkin Day
鬼节(万圣节除夕,10 月 31 日夜)Halloween
万圣节(11 月 1 日)Hallowmas
感恩节(美国,11 月最后一个星期四)Thanksgiving Day
护士节(12 月 12 日)Nurse Day
圣诞除夕(12 月 24 日)Christmas Eve
圣诞节(12 月 25 日)Christmas Day
节礼日(12 月 26 日)Boxing Day
新年除夕(12 月 31 日)New Year's Eve(a bank holiday in many countries)
春节(阴历一月初一)Spring Festival(Chinese new year)

思考练习

(1)接待德国人的时候应该特别注意哪些礼仪禁忌？
(2)接待日本人的时候应该特别注意哪些礼仪禁忌？
(3)接待印度尼西亚人的时候应该特别注意哪些礼仪禁忌？

项目八　求职礼仪

随着人才竞争的加剧,求职择业成为每位毕业生将面临的一个严峻考验。怎样求职,怎样才能找到适合自己的职业,怎样在求职的过程中扬长避短,是每个求职者十分关心的问题。在本项目中,我们将从求职准备和面试礼仪两个方面给求职者一个全方位的建议和指导。

任务一　求职准备

学习目标

(1)能够撰写求职信。

(2)能够撰写个人简历。

任务情境

某集团正在招聘职员,小张马上就要毕业。对此她信心百倍,因为她的专业对口,而且也非常符合招聘条件。面试当天,小张为了给招聘人员留下好印象,特意打扮了一下。在寝室忙了大半天,最终选了一件大花的连衣裙,穿上高跟鞋,戴上项链、耳环、手链,还画了一个闪亮妆,她想这样一定能在外形上取得优势。面试当天,小张和其他面试者一起等待,看完发下来的题目,她更觉得胜券在握。她很懒散地站在门口准备上场,回头看见一排沙发,便坐了下来,还跷起二郎腿,悠闲地拿着化妆包补妆。面试时候,她看到题目有点陌生,在座位上来回扭动。面试结果,可想而知。

学习要求:小张在面试时有何不妥之处?你认为面试的礼仪应是如何?

礼仪知识

随着我国劳动力市场的进一步形成和完善,要实现就业除了具有就业的基本条件外,成功地推销自己已成为求职者的必备素质。那么怎样才能成功地推销自己呢?

一、求职信的撰写

求职信是求职者写给招聘单位的信函,集介绍、自我推荐和下一步行动建议于一身,并重点突出你的背景材料中和企业最有关系的内容,其内容紧紧围绕"我符合要求、我可以胜任、我有诚意应聘"来展开。

一封好的求职信能体现求职者清晰的思路和良好的表达能力。换句话说,它体现了求职者的沟通交际能力和性格特征。它可以拉近求职者和人事主管(负责人)之间的距离,从而更容易获得面试机会。

(一)写好求职信的八个注意

1. 说清楚为什么应聘

要列举用人单位的优点及吸引人之处,要表达自己对加盟到该单位的渴望和对该单位真诚的关心，你对单位历史、现状、未来的认识或对领导的关心，这些将会赢得用人单位对你的好感。但要得体、中肯，不要过分吹捧和有意讨好，以免对方讨厌，反而不利于求职。

2. 说清你希望承担什么工作

应说明你应聘的专业和岗位，但不必太具体，太具体了容易缩小求职范围或与用人单位对不上口径。所以在求职信的行文里要有一定的回旋余地，以便使相关的工作也有入选的可能。

3. 有的放矢

在材料中列举出对单位历史、现状、未来的认识或对领导投其所好的关心，无疑会赢得单位对你的好感。还有，给不同性质的单位寄求职信，应该有内容侧重不同的求职信，切忌只写一个版本复印后到处投递。

4. 说明自己的条件、能力，表达对胜任工作的信心

可以列举自己的专长和曾经获得过的成绩、荣誉等，表明应聘的必备条件，增强对方的信任感。

5. 注意措辞得体及突出个性的包装

写求职信既要正确评价自己，对自己的特长、优势、能力有具体、充分的介绍，同时也要态度谦虚、语气委婉，做到自信而不妄自尊大，谦虚而不妄自菲薄。言辞一定要诚恳、充满热情、有人情味，切不可枯燥、呆板、教条化。成功的求职信往往还在真实的基础上，通过独具匠心、巧妙构思的包装，达到不同凡响的效果。

6. 内容得体、文法正确

求职信的语气应不卑不亢，不要给人一种你失业后无事可做的印象。尽管你现在有求于人，但不是在请求施舍，而是以自己的工作能力证明你对别人有用，这是一种等价交换。要检查、确保求职信内容没有错字、文法正确、句子通顺等，以免影响企业对你的印象，从而错失面试机会。不要热衷于逐一叙述自己以往经历，因为对方感兴趣的只是经历中与申请职位有关的内容。如果你的经历中有不少成功之处，一定要选出一两件实例来充分说明，使对方感到你所罗列的成就确实有理有据，值得相信。

7. 简明扼要

求职信是自我表白，目的是让人事主管看的。因为人事主管有太多的求职信函要看，所以求职信一定要简明扼要，内容控制在两页之内就足够了。

8. 在求职信中，不要提薪水的具体数目

求职信的目标是建立联系、争取面谈的机会。现在谈钱为时尚早，等到面试的时候会有更适当的时机。

（二）求职信的用词礼节

求职信的用词礼节，有以下五个方面要注意。

1. 称呼要准确，要有礼貌

一般来说，收信人应该是单位里有实权录用你的人。要特别注意这个人的姓名和职务，书写要准确，不要有误。因为他们第一眼从信件中接触到的就是称呼。最初的印象如何，对于这份求职信件的最终效果有着直接影响，所以要慎重。因为求职信往往是首次交往，未必对用人单位有关人员的姓名熟悉，所以在求职信件中也可以直接称职务头衔等，如“北京未来之舟礼仪培训公司负责人”“国发公司经理”“南京汽配厂厂长”。求职信的目的在于求职，带有“私”

事公办的意味，因而称呼要求严肃谨慎，不要过分亲近，以免给人以“套近乎”或者阿谀、唐突之嫌。当然礼貌性地致辞还是可以适当使用的。

2. 问候要真诚

称呼之后的应酬语（承启语）起开场白的作用。信的开头要有问候语。向对方问候一声，是必不可少的礼仪。问候语可长可短，即使短到“您好”两字，也体现出写信人的一片真诚。问候要简洁、自然。

3. 内容要清楚、准确

正文是书信的主体，即写信人要说的事。正文从信笺的第二行开始写，前面空两格。书信的内容尽管各不相同，写法也多种多样，但都要求内容清楚、文辞通畅、字迹工整，另外还要谦恭有礼，即根据收信人的特点及写信人和收信人的特定关系进行措辞（包括敬语谦辞的选择、语调的掌握等）。

4. 祝颂要热诚

正文后的问候祝颂语虽然只有几个字，但却表示写信人对收信人的祝愿、钦敬，不能忽视。祝颂语有格式上的规范要求，一般分两行写，上一行前空两格，下一行顶格。祝颂语可以套用约定俗成的句式，如“此致”“敬礼”“祝您健康”之类，也可以另辟蹊径，即景生情，以更能表达对收信人的良好祝愿。

最后，要署上写信人的名字和写信日期，以示礼貌。给用人单位领导写信，可写“求职者”或“您未来的部下”。

5. 信封称呼用尊称

很多人往往认为求职信重在里面的信，而对于信封毫不在意。其实，这是错误的想法。因为对方首先看到的就是信封，如果从信封上就给对方留下了好印象，那成功率无疑就会更大。

信封的主要内容除要清楚、准确地写明收信人地址及邮政编码、收信人姓名、发信人地址及姓名以外，还要恰当地选用对收信人的礼貌词语。封皮是写给邮递员看的，所以应根据收信人的职衔、年龄等，写上“经理（或总经理）”“厂长”“人事资源部总监”“人事经理”或“先生”“女士”，如果是在国家行政机关或事业单位求职，信封上则可以写“同志”。

求职信范文

尊敬的领导：

您好！十分感谢您在百忙之中翻阅我的自荐书，为一名即将毕业参加到社会工作的我打开了一扇通往成功的期望之门！

我是××大学即将要毕业的一名市场营销专业本科的学生。获悉贵公司要招聘会计职位。我对会计这个工作岗位抱有极大的兴趣，并且一心想向会计方向发展，十分乐意为贵公司的发展尽一份微薄之力。我很荣幸有机会向您呈上我的个人资料。

四年的大学生活，我并没有荒废，我将所有的精力都用在了学习上。因为市场营销专业有基础会计和财务会计的课程，在刚开始学习会计知识时我深刻地体会到会计知识的专业性极强，这个职位是我想作为事业奋斗一生的工作。因为它需要专业的知识和技能以及认真负责的态度，这些在性格方面都与我极其贴合，所以我考取了会计从业资格证，今年也参加了初级职称的考试，只是结果尚未出来。虽然我所学的会计知识不如会计相关专业学生精深，但是我相信通过自己不断学习和努力，我会逐渐掌握会计工作所需的专业知识和技能，并为企业做出自己的奉献，在此真诚的期望贵公司给我一个机会！

在四年的大学生活里，我认真对待学习，专业课成绩平均分在80分以上，思想品德良好，在校期间为了充实自己的大学生活，我取得了教育部考试中心认证的计算机三级合格证、英语四级合格证、会计从业资格证、人力资源的三级证书。

本人能够熟练使用办公软件，对电脑有必需的操作能力。四年中我利用课余时间和寒暑假时间做兼职，并透过各项工作的学习让我感觉到职责的重要。生活中的风雨让我有吃苦耐劳的精神，诚实守信也是我的品格，我深知对待账目是不能马虎大意的，更不能做假账，认真负责做本职工作。我的性格属于理智型的性格，我富有上进心，做事认真吃苦耐劳。本人遇事冷静，具备必需的沟通协调潜力、团队合作潜力、抗压潜力。

尊敬的领导，如果我能喜获你带给的机会，我必将会尽职尽责地用实际行动向您证明：贵公司的过去我没有参与；但贵公司的未来，我愿意奉献我毕生的心血和汗水！我期盼您的佳音。再次表示我最诚挚的谢意！最后祝愿贵公司生意兴隆、蒸蒸日上！

×××

2018年6月2日

附1：个人简历

附2：成绩表

二、简历的撰写

个人简历主要是针对应聘的工作，将相关经验、业绩、能力、性格等简要地列举出来，告诉应聘单位你是一个怎样的人才，以达到推荐自己的目的。一份好的个人简历不见得一定能获得工作，但一份糟糕的个人简历肯定会将你淘汰出局。

（一）简历的内容

个人简历一般由个人基本资料、学习和工作经历、应聘职位及希望待遇三大部分组成。

1. 个人基本资料

个人基本资料包括姓名、性别、年龄、籍贯、受教育情况。语言表达能力（口头或文字达到的水平）、兴趣爱好、联系电话或通信地址。其中，联系电话务必填写清楚，便于用人单位与你联系，以免错过机会。

2. 学习和工作经历

学习和工作经历包括所读学校的名称、学习年限、学校考试成绩、所获奖项、曾经发表过的论文著作、被授予的荣誉称号，工作过的单位及岗位，在工作中取得的成绩等。这部分内容主要是向用人单位证明自己的应聘资格，用人单位比较重视这一部分的内容，所以应该认真对待。

3. 应聘职位及希望待遇

注明应聘工作项目，希望得到的报酬，让用人单位对你的要求有一个基本的了解。确定报酬待遇前，要对社会上本岗位的薪资行情做个调查，建议持保守态度比较好一些。待遇也可以不在个人简历里体现。

（二）怎样写好个人简历

人要衣装，佛要金装。简历对于一个求职者来说其重要性是不言而喻的。一份合格的个人简历，应该用词准确、内容完整、条理清晰、简明扼要。写好一份简历，务必遵从三个原则。

第一个原则，“求职简历”要“简”。招聘主管不可能对所有的简历都进行仔细阅读，但是，内容简洁、易懂、清楚的简历最不易被漏掉。

第二个原则，“求职简历”要突出“经历”，用人单位最关心的是求职者的经历，从经历来看求职者的经验、能力和发展潜力。所以，在写简历的时候，要重点写你学过的东西和做过的事情，即你的学习经历和工作经历。学习经历包括主要的学校经历和培训经历，工作经历要标明你经历过的单位、从事的主要工作。如果你的经历太多，不好一一列出，也可以把近期经历写得详细些，把初期参加工作的经历写得简略些。尤其是近期的工作经历一定不要遗漏，否则会引起用人单位的不信任。

第三个原则，“求职简历”要突出所应聘的“职位”信息。招聘主管关心主要经历的目的是为了考察求职者能否胜任工作。所以，不管是写自己的经历，还是做自我评价的时候，一定要紧紧抓住所应聘职位的要求来写。

礼仪点滴

写个人简历应该注意以下事项。

（1）个人简历上应该消灭错别字。如果用人单位发现你的简历上有错别字，你就会立刻被淘汰，没有任何机会。简历上的错别字对于求职者来说是致命的错误。

（2）篇幅在一页以内为好，最长不超过两页。要知道，招聘主管面对的绝不只是你这一份简历，往往是上百份甚至是上千份简历，所以内容简练非常重要。起草简历时，初稿可以长一点，把所有的有关内容都写上，然后进行删改，仔细推敲每一个词、每一项内容，把最有价值的信息保留下来，用最简洁的语言表达出来，以便招聘主管能够在10秒钟左右看完所有内容。

（3）写简历时注意扬长避短。个人简历里面的内容，应实事求是，绝不能虚构。但这并不是说，在个人简历上你要把所有有关你的事情都写上去。个人简历的主要作用是让用人单位了解你胜任某项工作的资格，所以，与之无关的对自己不利的内容完全可以不在简历上出现。

（4）切忌过于谦卑。简历的作用是推销自己、表现自己。你有什么特长，尽量在简历上表现出来，让用人单位发现你的价值。切忌过于谦卑，不好意思向别人陈述自己的优点和成绩。如果你不说清楚能干什么，那又有谁会知道你是一个有用的人才呢？所以，在简历上，你不仅要列举你所干过的工作，更应该强调你能干某项工作的技能以及你所取得的成就。

（5）要注意简历格式。简历的整体形象将会影响企业对你的看法。所以，要注意简历格式，让人看上去很舒服。简历的布局要合理，表现形式要简单大方，语言表达要朴素、简练。表现出你为人诚实、办事干练的品质。

（6）对于“政治面貌”，传统的做法是必填。但“政治面貌”是属于个人的信仰问题，属于个人隐私，在向涉外企业求职的时候，这一条应该删掉。

（三）怎样弥补职业“空白”

我们的职业生涯中难免会有“空白”。对于已经参加工作的人来说，或许有一个没有工作的时间段，于是就有人不把这段“空白”写进简历中，他们认为：在激烈的竞争中，让用人单位知道自己有一段时间没有工作，会使找工作变得更困难。而对于刚毕业的学生来说，工作上可以说是“空白”的，而对于有要求工作经验的企业来说，因为“空白”又使求职者缺乏自信。那我们怎样弥补呢？

对于“空白”，不可以漫无边际地胡编乱造，因为这样迟早会露出马脚来。

在目前严峻的就业环境下，即便再出色的员工有时也会被解雇：公司会合并，企业文化会发生变化，新老板的计划也会导致一批人下岗。同样，请假一年照顾孩子或脱产学习也是合理的事。

如果你的工作断断续续而且时间都不长，特别是你间断的工作都属于同一性质的岗位，那就尽量把它们并在同一项下。你可能在很多家房地产公司或保险公司工作过，而又不想一个一个地列出来，那就略过一些不重要的经历。比如，你可以写：2011～2014 年，销售代表，销售保险、房屋。

另外，在简历中隐藏短暂的空白期也是可以的。例如，你是在 1 月份被辞退，3 月份才找到一份新的工作，那么可以说你的合同是在 1 月期满，而新的用人单位是在 3 月初才雇用你。

对新毕业的学生来说，不可能有实际工作经验，所有职业生涯都是空白的。但这并不意味着就没东西可写。

可以强调你最近的教育或培训情况，包括那些和应聘的工作有直接关系的课程或活动，还要把实习工作作为相应的工作经验。实际上，这些工作性质或内容同许多工作相似，它们都需要自律以完成多项任务。

对于毕业生来说，可以写上参加过的社会公益活动，比如献血，献过血能说明你有爱心，还能说明你身体健康，这比简历上任何描述自己健康和有爱心的语言都更有说服力。

假期做过的兼职推销活动，也可以写上。通过这个活动，不仅锻炼了你的交际、沟通能力，还说明了你的积极、努力的精神。

强调你的可适应性来弥补所缺乏的工作经验。还有，可以在简历的工作技能部分强调“勤奋苦干……很快能掌握新技能”，这样就可以给招聘主管留下深刻印象。同时，也必须考虑表达接受困难条件的意愿以实现转行和增加工作经验的目的，比如“愿意在周末和晚上加班”或“能够出差或外派”，同样也能给招聘主管留下较深的印象。

（四）个人简历的写作忌讳

个人简历可以说是求职材料的核心内容，所以简历在写作上一定要多多揣摩，以免出现差错、前功尽弃。除前面介绍的内容外，下面四点也要避免。

1. 缺乏重点

一封有效的求职信应该重点突出。求职者能干什么，优势在哪里，谋求什么职位应当一目了然。很多求职者竞争力很强，写起简历来却没有突出重点。如果一份简历看上去适合任何单位、任何职位，它给人的印象就是求职者不能确定自己的工作目标，相比别人而言，也就失去了竞争优势。

2. 缺乏营销战略

这个错误非常普遍。很少有求职者把求职看成一项推销活动。具有市场营销观念的人，会动用各种销售工具，获得决策者的信任。你的求职信实际上是一份市场销售书，目的是把你带到下一轮的面试中去。把你的工作经历设想成销售工具，意味着你在写简历的时候首先考虑了读者的购买需求。求职信上每个词都要表明你能满足他们的需求：帮他们解决问题，节省时间和金钱，增加利润或改善客户关系。

3. 要有工作业绩的陈述

可以说大部分的简历都缺乏工作业绩陈述。过去的工作成绩是雇主评判你未来表现的依据。工作业绩能刺激雇主迫不及待地抢在竞争对手之前给你打电话。为了达到业绩陈述的最好效果，业绩必须量化成数字或百分比，量化的业绩比空洞的叙述更可靠、具体和客观。

4. 不要把幼稚的语气带到简历里

像“给我一个机会，还您一个惊喜”等幼稚的求职语经常在个人简历里出现，如果主考官真的给你一个机会，你会带给应聘单位什么“惊喜”？这样的语言会显得既虚伪又空洞。

三、求职材料准备的注意事项

我们分别介绍了求职信和简历的相关内容。在求职的时候，需要同时使用求职信、简历以及相关技术等级证书、职业资格证书、各级荣誉证书、其他相关资料等材料。就整体来说，以下五点是必须要注意的。

（一）求职材料的最佳载体

黑字白纸是求职材料的最佳载体。打印排版的时候，注意间隔及字体的常规性，同时注意语法、标点和措辞。

（二）简历贴上照片

不管招聘单位有没有明确要求，都要主动提供自己的照片，这不仅体现了你的诚意，也使招聘单位更有可能对你的应聘资料发生兴趣，进而有耐心浏览你应聘资料上的内容。特别是有关直接和客户打交道的岗位、窗口岗位，或者你在形象上有优势，更要贴上自己的照片。

（三）附上相关材料复印件

身份证、毕业证等相关证件的复印件，都要统一使用白色 A4 纸，还要避免把不同纸型、不同纸质、不同颜色的纸张混杂在一起。否则，只会让人眼花缭乱，感觉你这个人马马虎虎。

（四）做好装订

每份简历以及附在后面的资料都要整齐地订在一起，避免这些页面在传递过程中“分家”而造成不必要的遗憾。这项工作要提前做好，避免临时拼凑浪费时间。

（五）信封的选择也有讲究

信封要大一些，最好选用牛皮纸 7 号标准信封，这样显得更醒目，且不易破损。

礼仪点滴

巧用简历的“补充说明”提高求职成功率

“补充说明”通常是在求职简历的结束部分，可以填写，也可以空着。不过，如果能够善于利用它，求职成功率将会大大提高。毕竟，作为求职简历的最后部分，它是表现自我的最后机会。

在“补充说明”中填写的最佳信息因人而异，这取决于求职者的职业目标和背景。请记住，求职简历是自我营销的手段，其中的信息应当有助于向用人单位推销自己，以实现自己的职业目标。可以这样考虑问题：如果这是向潜在的用人单位推销自己的最后机会，你会说些什么？

以下是一些填写“补充说明”的思路，供大家参考。

(1)能力或业绩总结。在“补充说明”中对自己的能力和职业生涯进行总结。在能力或业绩总结中要突出自己主要的“卖点”和成功案例——这一切都应当与你想要应聘的职位有关系。

(2)获奖情况。用列举自己的获奖情况作为求职简历的结束，会给用人单位留下深刻印象。

(3)证明书或推荐信。你是否收到过对于你的工作情况表示满意的推荐信或业绩评估证明？如果有，可以摘选其中的精彩部分作为“补充说明”。

(4)发表作品。如果在报刊、杂志上发表过作品，可以考虑在“补充说明”里罗列出来。

(5)专利。如果拥有专利(包括正在申请的)，请在“补充说明”中列出。

(6)演讲能力。许多职位要有演讲能力才能胜任。列举自己参加过的演讲、主题发言会给用人单位留下好印象。

(7)计算机运用技能。在“补充说明”中列举自己在计算机操作系统、网络和硬件等方面的技能，多多益善。

(8)培训情况。在“补充说明”中列出自己参加过的专业培训和继续教育。

(9)再次强调工作地点。在“补充说明”中再次强调工作地点不失为结束求职简历的好办法。

(10)说明自己愿意出差。如果愿意出差，可以在“补充说明”中加以说明，用人单位或许会因为这一点而看上你。

(11)应该省略的内容。“补充说明”不要涉及婚姻状况、年龄、有多少个孩子等情况，如果兴趣爱好与工作无关，最好也不要提及。

四、投递简历的注意事项

付出了这么多的努力，你一定不想让你优秀的简历在人事经理没有阅读前就淹没在成批的简历中，投递简历也是一门学问。

随着电脑的发展和普及，有必要提醒大家在制作和投递简历时必须注意的细节。

(1)勿使用下划线。下划线与字迹相连容易造成误会。如 F 被看做 E。所以,使用横线时,注意横线与邻近行的字要拉开距离。

(2)使用白纸。彩色纸张会降低电脑对字迹的分辨率,所以最好用白纸;请用电脑排版、激光打印、白色的 A4 纸。

(3)不用手写体和斜体。多数电脑对手写体和斜体的分辨率很低。如果雇方用电脑处理求职材料,手写体和斜体会为你带来不利影响。

(4)用圆括号括起电话号码的区号。为正规起见,请用圆括号括起电话号码的区号,使阅读者便于区分电话号码。

(5)电子邮件地址和网址单独排列。电子邮件地址和网址分行排列便于识别;两者并列应该间隔多个空格。

(6)引用关键词,体现招聘要求。引用应聘职位所需的主要技能和经验关键词,使简历突出重点。应聘办公室人员,雇主会要求你熟悉字处理系统,招工程师,需要你懂绘图和设计软件。总之,招聘广告会对不同的职位有相应的具体的素质和技能要求。如果你符合要求,那么引用这些关键词在你的简历中描述你的优点。如果招聘广告未提出具体要求,你更要在简历中把你的优势具体反映出来。

(7)切勿折叠。也许对方使用扫描仪把应聘者的履历扫描到计算机中,所以你的履历材料最好不要有太多的褶皱,以免造成扫描困难。

(8)勿用订书器。扫描时,用订书器装订的材料不易拆开,故少用为好。

(9)避免使用图表。有些计算机对图表不予识别,所以简历中避免使用图表以免信息丢失。

(10)慎用竖线。多余的竖线往往被计算机识别为字母"l",所以要慎用。

礼仪模拟

(1)李航今年毕业,他深信"酒香不怕巷子深",一直没有和其他同学一样制作简历。有一次,他参加了一个招聘会,和人力资源管理主管聊得很投机,那位主管向他索要简历,结果李航什么都拿不出来。后来李航再给这位主管打电话,这位主管已经不记得李航是何人了。

要求:全班讨论,在求职中,简历能够起到什么样的作用?

(2)在招聘会上,李刚投递了大量简历,只剩下一份皱巴巴的了,这时候,他发现了自己最中意的单位,并和主管人员攀谈起来,这位主管对李刚的表现也非常的满意,但是当李刚把皱巴巴的简历递过去的时候,这位主管的脸上露出不悦的神情。

要求:全班讨论,为什么这位主管会面露不悦呢?李刚在这个时候应该怎么做?

拓展阅读

如何用 E-mail 投递简历

现在不少大公司的人事管理部门每天都收到大量通过电子邮件发来的个人简历,这其中有相当多的简历不够规范。这种情况甚至会威胁到新兴的网上招聘的前途和效果。

在通过互联网求职时,为了使你的个人资料得到应有的重视,不至于淹没在成批的电子文件中，你应该注意以下内容：

网上求职时主要精力应该放在拥有人才数据库的招聘网站上，要把你的简历放到他们的数据库中。因为用人公司会来这些网站浏览或要人。总的来说，应该让用人公司带着明确的目的来找你，这要胜过自己向大量公司无目的地发放个人简历。

当然，有选择地向公司发送你的简历也是可以的，但是不少公司的人事经理都反映他们通过 E - mail 收到的大量简历有如下的问题，这值得你特别注意：

(1)人力资源部门总是收到许多不合格的简历，也就是说不适合该公司职位的简历。因此，在发简历的时候，你应该注明申请的是何职位，并应该了解你能否胜任这个工作。

(2)不少求职者把简历用附件(attachment)的形式 E - mail 给公司，但收件人有时却无法打开附件。因此不要用附件的形式发你的简历，除非你知道这家公司接受某种形式的附件。

(3)不少人事管理者抱怨收到的许多简历在格式上都很糟糕。

用 E - mail 发出的简历在格式上应该简洁明了，重点突出，因为公司通常只看他们最感兴趣的部分。另外还有一个好办法就是把你制作精美的简历放到网上，再把网址告诉给公司即可。

(4)为了使公司了解你申请的是哪个职位，并对你有更多的印象，发简历的时候，都应该写一封求职信并同时发出。发任何简历都应该写求职信，这是被许多求职者忽略的原则。求职信应该：有足够的内容推销自己，但要控制长度，不要让别人为了看信和简历把屏幕翻好几遍；求职信和简历都应该用文本格式(.txt)来写，这样虽然会限制一些文本修饰功能，如粗体、斜体等，你可以用一些符号来突出重点，如“+”“-”等；注意措辞和语言，信中千万不可有错别字；求职信简历要一同发送，不要分开；信中有关键词也是很重要的，有些公司会通过关键词搜索来寻找符合他们条件的人选；在你的电子邮件软件里创建并保存一个求职信样式，这样稍加修改你就可以用它来申请其他的职位。

有些求职者在发送简历给公司后总是不断询问结果，其实这是不受欢迎的，因为许多公司每天都会收到一百封甚至更多的个人简历。一般来讲，每隔 3 ~ 4 周询问一次是比较合适的，询问的时候，你还应该表示你对他们的公司的职位仍然感兴趣并可以再简短介绍一下自己的专业特长和工作经验。

思考练习

(1)写好求职信的八大注意是指什么？

(2)简历一般都包括哪几部分内容？

(3)个人简历的写作忌讳是什么？

任务二　面试礼仪

学习目标

(1)能够熟练掌握面试时的礼仪。

(2)能够得体规范地参加各种类型的面试。

任务情境

王海峰刚刚收到一家公司的面试通知，可是他从来没有参加过任何面试，他非常着急却不知道应该从哪些方面来准备这次面试。

学习要求：全班同学进行讨论，王海峰应该如何准备面试？

礼仪知识

现代社会在对每个人提出种种挑战的同时，也提供了各种各样难得的机遇，要想在竞争激烈的人才市场中，力挫群雄，脱颖而出，除了具备良好的专业素养之外，掌握必要的面试礼仪，也起着非常关键的作用。

一、面试前的准备

这里说的面试前的准备，就是指赶到面试地点直到开始面试前的这个过程的准备。如果处理得当，不仅能从心理上更加轻松、自信，而且还说不准在面试之前就在无形中增加了面试成功的砝码。我们要注意哪些事情呢？

（一）时间上要充裕

面试前要准备充分，应该提前一些时间出发。越是在大城市，越是要这样。现在的交通堵塞成了家常便饭，所以，如果你不多留一些时间在路上的话，万一遇上了堵车等情况的时候，肯定就会迟到。迟到的时候，不管出于什么理由，都让等你半天的主考官心里直犯嘀咕：这家伙是不是刚从另一家公司面试完赶过来？是不是对我们的这场面试不重视？这样一来，好不容易获得的面试机会，也就泡了汤。

（二）再一次整理形象

在赶到面试地点的时候，如果条件或时间允许的话，应该先进一趟洗手间。整理一下自己的衣服、擦擦自己的皮鞋，不至于土头土脑地站在主考官面前。经过一番整理，起码让自己更从容、更自信一些。

从你进大门开始，对待所有和你接触的工作人员，都应该一视同仁，比如保安员、接待员、秘书等，不要不在乎这些你认为不重要的人。往往这些细节能决定面试的结果：你还没来公司上班，就对同事无礼，还能指望你能好好地工作吗？甚至在有些公司的面试环节中，你对普通工作人员的态度也是其中重要的一环。

如果有前台接待的话，就要礼貌地告诉前台接待，你来这儿的目的。如果接待人员安排你坐着等，你就要沉着地坐着，或者闭目养神，或者翻阅你自己的资料。不要随意和正在工作的工作人员攀谈，或东张西望，或四处走动。即使烟瘾再大，也不要在接待室吸烟。

二、面试中的注意事项

(一)把握进房间的时机

轮到你面试的时候，一般秘书会提醒你。这时候有两种情况：一种是秘书领你进面试房间；另一种是让你自己去面试房间。

如果秘书领你进面试房间，而这时候主考官正埋头填写什么资料，你不要贸然和主考官打招呼，以免打乱他的思绪，要表现出理解和合作，先静静地稍等一会儿。因为既然是秘书领你进面试房间，而你进屋后一直站在那儿，主考官当然知道你的存在。或许他想趁和你交谈之前，把上一位求职者的面试结果填写出来，不会超过一两分钟，正式面试就会开始的。

如果需要你自己去面试房间，千万不要贸然往里闯。不管门开着还是关着，你都要先有节奏地、轻轻地敲门，在获得主考官同意后，再进房间。即使看到主考官在填写材料，也要敲门，这样他才知道你来了。如果他有事情的话，会直接告诉你稍等一会儿。不要自作聪明，一直在门外等着一言不发。对主考官来说，什么时候干什么，那是他自己的工作安排；对你来说，如果面试的时间到了，你就应该按点敲门。

有时候，进入面试房间后，主考官会让你先等一会儿，你就要耐心地听从安排。如果实在无所事事，可以翻阅自己带来的材料。不要东张西望、坐卧不安。这段时间虽然比较难熬，但忍一忍也就过去了。

如果主考官没有让你坐下的话，不要擅作主张直接坐到主考官边上。

(二)无声胜有声的身体语言

有时候无声胜有声。面试当中，身体语言更能反映你的修养和素质。可以从四个方面来表达这种“语言”。

1. 眼观六路——眼神的交流

游离的、善变的目光会让主考官认为你这个人不老实。在留意倾听一个问题时，将坚定的、自信的目光停留在问话人脸上 5 ~ 7 秒钟，而且注视时间的长度应该占总交流时间的 2/3 左右。目光的交流并不是让你直勾勾地盯着对方，而应把目光集中在对方眼睛和鼻子之间的三角形位置上移动，这样会令人觉得你对他的话十分重视。当你想就某件事情获得积极的回应(例如，当你说：“我真的想得到这份工作”)时，可以微斜着头，然后释放一个诚恳的微笑。

如果有多位主考官的话，为了表示你在和在场的每一位都在交流，说话的时候就要经常用目光正面扫视一下其他人，以示平等地重视和尊重。

2. 耳听八方——主动积极的聆听者

最优秀的求职者往往不是滔滔不绝地说，而是积极地听。主考官并不希望求职者像木桩一样故作深沉、面无表情。在听主考官说话的时候，要不时地做出点头同意状，表示自己听明白了，或正在注意听，同时还要面带微笑。面试的时候，如果主考官说话多，说明他对你感兴趣，愿意向你介绍情况，热情交流。但许多求职者误认为只有自己说话才是最好的方式，往往会抢着说话，或打断对方的讲话，这些都是很不懂礼貌的表现，更会使自己陷入被动。

3. 举手投足——常犯的错误

坐在椅子上，双手要摆姿势时，想象有一个和肩膀同宽的盒子放在你的下巴和腰之间，将所有的手部动作都控制在这个范围内。移动双手时，确定手离开身体的距离不超过肘部的长度。时不时挤响手指关节而发出声响会干扰面试，破坏和谐。

当被问到一些很难回答的问题，例如，“为什么离开以前的工作单位”的时候，让双手重叠在一起，手指交叉，摆出一副在教堂做礼拜的虔诚样子来回答。千万不要拍掌、玩手指，这些不经意的小动作极可能使你落选。当然，也不要将双手握得太紧，否则会给人握紧拳头的感觉。

面试的时候，不可以做其他的“手工劳动”，比如折纸、转笔，这样不但显得不严肃，也同样分散了主考官的注意力。

面试的时候，乱摸头发、胡子、耳朵，可被理解为你在面试前没有对这些部位好好打理，个人卫生注意不够，尽管你是因为非常紧张，但乱摸中会分散注意力，使你不能专心交谈。

用手捂嘴说话是一种紧张或幼稚的表现，很多求职者在面试时都会出现这种情况，但给主考官的感觉是你说话的时候“另有隐情”、不愿讲真话或你很幼稚。

4. 稳如泰山——只坐 2/3

面试的时候，有两种坐姿要坚决避免：一是全身瘫坐在椅子上；二是只座椅边。全身瘫坐表明轻视、无关紧要；只座椅边意味着战战兢兢、紧张、如坐针毡。

所以，面试的时候，坐下后身体要略向前倾，表明你坐得很稳，而且不会因为稍向前倾就失去重心；还表现出了愿意和主考官积极交流的身体语言暗示。

坐多少比较适合呢？一般来说坐满椅子的 2/3 就可以了。既可以让你腾出精力轻松应对主考官的提问，也不至于让你过于放松，乐不思蜀而忘了自己的来意。

有时候，坐下时可能需要挪动椅子，或者是主观需要挪动，或者是主考官让你更靠近他而挪动。要注意的是，不要拖动椅子致使发出扰乱神经的噪声，而一定要把椅子提起来，轻拿轻放。

（三）让主考官感到受重视

人们在普遍的要求中最本质性的愿望就是能被别人尊重、重视。拉近和主考官的关系，最好的方式就是让主考官感觉到你很尊重他、重视他。我们可以设身处地地想一想，当我们和别人说话的时候，怎样才能感到别人很在意、很尊重、很关注你的说话？是插嘴？是东张西望？还是没有任何反应？

很显然，这三个方面都不是。插嘴，说明对方对你说的话或者是有其他意见，或者他有更好的主意要说出来；东张西望是只有在对一个话题感到一点兴趣都没有，甚至感到烦闷时候的表现；没有任何反应，要么是对方的思绪已经飞到了十万八千里之外，要么就是你已经睁着眼睡着了。

当你和主考官交谈的时候，要让主考官感到受到重视，就要做到：学会倾听、积极回应。

面试不仅是要你说，还要求和主考官进行交流，既要通过交流让主考官了解你，又要了解到主考官的意图。所以，倾听是非常重要的。要想成为成功的求职者，必须在倾听方面下功夫。如果一直唱独角戏，这个求职肯定会失败。

主考官说话的时候，求职者应在口头语言上不时以“是”“对”“是这么回事”“我想是的”

等作为回应。有积极的回应，说明你始终在聚精会神地听，表明你对谈话内容感兴趣，希望主考官继续往下说。还要注意让人把话说完：让人把话说完整并且不插话，这表明你很看重沟通的内容。人们总是把打断别人说话解释为对自己思想的尊重，但恰恰相反是对对方的不尊重。

保持视线接触：眼神上，要不时地以炯炯有神的目光和主考官进行眼神的交流。这一点在上面的"无声胜有声的身体语言"里已经作过介绍。

身体语言：点头或者微笑就可以表示赞同双方正在说的内容，表明你和说话人意见相合。说话人非常需要这种方式。采用放松的身体姿态，如把头稍偏向一边，或把身体重心偏向一边，或者身体略向前倾。

另外，记住主考官的名字是非常重要的。如果事先从接待人员那里知道了主考官的姓名，并在面试过程中进行称呼，肯定会拉近你和主考官之间的距离。

（四）把握面试的时间

既然为这次面试已经酝酿了很久，那么真正到了面试现场，就要把握住你既期望又紧张的机会，把你最理想的状态展现给主考官。

面试的时候，要不时地检点自己的言行，善于察言观色、明察秋毫。比如，自己说得太多了，就要注意一下招聘人员是不是面露疲态或者心不在焉。如果是的话，你就要悬崖勒马，迅速把发言权交给对方。还要把握结束面试的时间。

成功的面试都会有适当的时间限制，谈话时间短了不行，长了更不行。对于第一次参加面试的求职者，时间越长，求职者就越容易"露怯"，会对求职者不利。谈话时间的长短要视面试内容而定，一般宜控制在30～45分钟之间。一般来说，在高潮话题结束以后，或者在主考官暗示之后就要主动告辞。

礼仪点滴

面试即将结束，主考官会有什么暗示呢

身体语言上，主考官一般会看看手表或者站起身和你握手。

口头语言上，主考官往往会说："谢谢你对我们招聘工作的关心。我们一作出决定就会立即通知你。"

"你的情况我们已经了解了。你知道，在作出最后决定之前我们还要面试几位申请人。"

"好了，你的情况我们再研究一下。"

"我很感激你对我们公司这项工作的关注。"

作为求职者，应该怎样圆满地收尾？可以说上一句："好的，非常感谢给我的这次面试机会。我就静候佳音了。"然后，主动和主考官握手告别。

(五)适时发问

面试中的交谈,主要是主考官发问和求职者应答的过程,但求职者除了要注意应答礼节和技巧外,有时为了及时了解有关情况,还应学会适时提问或询问,这样通过面试可使主考官和求职者双方都能达到预期的目的,通过这种交流,也调节了面试交谈的气氛。

1. 捕捉信息,有所判断

从交谈的礼节来说,聆听在面试中非常重要。听比说快,听者在聆听的空隙里,应思考、分析、回味、琢磨主考官的话,从中得到有用的信息。一个优秀的聆听者应当善于通过主考官的谈话捕捉信息。在日常人际交往中,不少人口是心非,往往把真实意图隐藏起来。在面试过程中主考官也一样。所以求职者在倾听时就需要仔细、认真地品味对方在话语中的言外之意、弦外之音。这样,自己才能作出相应的反应,以便询问。

2. 抓住时机,及时发问

作为求职者,应该仔细观察、了解主考官,在面试快要结束的时候,巧妙地向主考官提出你所关心的尚不清楚的问题。但问题提得要得体,不唐突、不莽撞,从而获得你所需要的信息。同时说明你非常重视主考官的谈话,也能激起主考官对你的兴趣。

在面试即将结束的时候,主考官往往会主动提出:“你有什么问题想问吗?”这也是要求求职者主动提问并借此进一步了解求职者的水平。这时候,求职者千万不要回答:“我没有问题了。”而应该抓住时机,主动询问自己还没有弄清楚的问题,显示出你对公司的忠诚度、上进心以及对新工作的关心和重视。

3. 巧妙地提出问题

提问之前,要先把自己的思绪整理一下。对自己要讲的话稍加思索,切忌信口开河、夸夸其谈、文不对题,给人一种没内涵的感觉。语言要朴实文雅,如果装腔作势、故意卖弄,往往弄巧成拙。

提问的时候要切记:不要问一些太注重个人利益的问题。凭借着你所提的问题,让对方知道你在面试中是在很仔细地倾听他的谈话。如果对自己没有弄清或没有把握的问题,可以及时提问:“我这么认为,对吗?”以此可以确认自己是否真正弄明白了对方提出的问题。

(六)诚实和忠于职守

诚实和忠于职守,是现代职场中人的基本品质。这种品质并不是流于表面的,而应该融入自己的精神层面。这样,有时候,甚至包括在求职的场合,都能体现出自己的这种品质。

当今社会,信任危机已经成为一个非常严重的社会问题。见利忘义,为图个人利益不顾团队、企业的利益;领导不信任员工,员工不信任领导,甚至连最亲密的朋友也无法互相信任。所有这些都在一定程度上严重制约了企业的发展。所以,很多企业都希望招聘员工的时候,能够招聘到讲诚信的员工。

三、视频面试的注意事项

近几年借助于互联网技术的高速发展,网上沟通也变得更为快捷方便,不少求职者会向外地公司投递简历。一些公司为了更好地完成面试,会在实地面试前,采用网络技术(QQ、微信等具有视频功能的多媒体）在网上先进行视频面试，通过视频面试，再确定是否需要进行实地面试。

视频面试与实地面试略有差异，有以下几方面需要求职者注意。

1. 确认硬件设备是否正常

视频面试一般采用电脑进行。在视频面试前，求职者要检查自己的电脑硬件设备，比如摄像头、耳麦等功能是否正常，音效和视频效果调试到最佳状态，不能有回音以及杂音，选择一个相对安静的室内环境，室内光线相对柔和。

2. 检查软件设备是否完备

软件系统也要完备，最好选择专业的视频面试网站，注册并登录，在面试过程中要保证视频通话的流畅性。视频面试中，网速非常重要，网速一定要好，避免卡顿或者有马赛克等不良现象，以免对面试结果产生影响。求职者面试前要先测试网络是否通畅。

3. 面试时穿衣要得体大方

虽然是视频面试，但是求职者一样要认真对待穿衣问题。参加面试人员衣着要得体，最好选择职业正装，西装打领带，发型要干净利落，尽量不要染发，保持自己的精气神最佳，这样在面试时会给面试考官以良好的第一印象。

4. 面试时注意声音和表情的信息传达

视频面试中声音和表情是两个最重要的信息传递方式。求职者在面试过程中谈吐自然清晰，做到彬彬有礼，保证吐字清晰，语言连贯流畅，语速要根据面试环境而进行适当的调整，保证将最准确的个人信息传达给考官。同时要保持心情平静，面带微笑，避免因为心情紧张而造成的慌乱，要知道自己的面试环境是在自己家里，周围是自己熟悉的环境，把面试官当做自己家里的客人，这样就不会紧张了。

视频面试中的具体内容的提问、回答交流以及面试结束后的礼仪，可以参考前文所述学习，在此不再赘述。

四、面试结束后的礼仪

当面试结束以后，什么时候是询问对方面试结果的最佳时机，什么样的礼仪会使双方更愉快是需要注意的问题。

（一）感谢主考官

感谢对方可以采用打电话或写感谢信的方式。这可以帮助主考官在决定录用何人时想到你。你的提醒会给对方留下深刻印象。不要在感谢信中提及能否被录用的问题，因为感谢信的用意是感谢主考官在你的面试上花费了时间，而非增加对方的困扰。

（二）打电话询问

如果主考官曾告知有问题可以打电话询问的话，你就可以打电话询问是否还有面试以及自己是否能被录用的问题。

（三）写感谢信给被你拒绝的公司

当自己表现出色，被许多家公司同时录用，并且每家公司都积极争取你的加入时，该怎么办呢？此时，若你已决定接受其中一个职位，也必须寄出感谢信给被你拒绝的公司，也许有一天你会换到那家公司工作，这封感谢信将留给别人良好的印象。

除了实力外，能否成功应聘主要看求职者能否根据具体的情况运用恰当的策略，达到出奇制胜的效果。比如，将“应聘”策略改为“求聘”不愧为是一个很好的逆向思维。应聘时是众多求职者去争抢一个职位，而求聘时是众多有意向的企业和一个求聘者洽谈，求职的被动局面一下得以改变。当然，至于选择何种媒体何时发送求聘信息，预计的投入以及选择企业的标准都要认真策划。所有这一切都是向用人单位表明，我不是一个乞求者，我是一个对企业有用的人才。

礼仪模拟

(1)小吴去一家外企应聘部门主管，经过激烈竞争终于进入面试。小吴一进主考官办公室，主考官的眼睛就在他的身上愣住了，足足有 2 分钟之后，主考官离开座位，走到小吴面前，惊喜地对小吴说：“你还记得去年夏天的一个星期天在 × ×公园吗？我 10 岁的女儿落水了，就是你救了我的女儿，你让我找得好苦呀！”面对飞来横福，小吴感到十分突然，因为他根本就没有救过人。

小吴想主考官一定是认错人了，这可是千载难逢的机会，于是顺水推舟，含含糊糊地说：“那是应该的、应该的……”听了小吴的话，主考官脸色一变，旁边的另一位主考官对小吴说：“面试结束了，你回去等通知吧。”小吴后来才知道，主考官根本没有女儿。

要求：小吴还有没有可能被录取呢？为什么？

(2)某单位招聘总裁助理，经过严格挑选，有 6 位求职者进入最后面试。这场面试由总裁亲自主持。求职者进了总裁办公室，刚刚坐下，就“突然”停电了。于是总裁笑着对这 6 位求职者说：“停电了，空调也关了，真无聊。你们能不能说个笑话解解闷呀?”有这么好的表现机会，哪有不从之理？先后有 5 位求职者，都说了能足以让自己“乐半辈子”的笑话，而只有一位求职者没有按照总裁的话去做，而是拿起总裁办公室的电话找物业，询问发生了什么事。结果这位求职者被录用了。

要求：全班同学进行讨论，被录用的求职者没有听总裁的话，为什么反而被录用呢？

拓展阅读

面试常规问题应对

对于用人单位来说，无非希望了解求职者以下的素质：表达能力，说话是否前后连贯、主题突出、思路清晰，说话是否具有说服力；思考判断能力，能否准确理解对方的提问，迅速找到答案，回答和提问紧紧相扣；和他人沟通的能力，是否能够听取并尊重别人的意见，有不同意见的时候能不能恰当地表达自己的意见；与他人相处的能力，与他人合作的精神、理解他人并互相尊重的素质，健康的竞争精神；自信心和责任感，与人交往时是否有信心、是否勇于承担责任；仪容仪表，穿着是否得体，回答问题是否认真、诚实，举止是否文雅、大方等。

所以，主考官无论是提问还是观察，也都是围绕上述目的进行的。以下列举 22 个常见问题。

1. 谈谈你自己

面试的时候，主考官往往提问的第一个问题就是："谈谈你自己吧！"也就是让你做个自我介绍。很多求职者会认为："我不是都已经写在简历中了吗？为什么还要再问？"因而显得有些不耐烦，有的求职者甚至用"这些我在简历中都已经写得很清楚了"这样的话答复主考官。

(1) 自我介绍的内容。

在面试的面谈中，"自我介绍"应该算是重要的内容，是为了揭开更深入的话题而设计的。

第一，介绍得当。很多人回答这个问题过于平常，只说姓名、年龄、爱好、工作经验，而这些在简历上都有。其实，企业最希望知道的是求职者能否胜任工作，包括：最强的技能、最深入研究的知识领域、个性中最积极的部分、做过的成功事例、主要的成就等，要突出积极的个性和做事的能力，说得合情合理才让人信服。

这里面有几层含义。一是通过自我介绍，可以基本了解你的口头表达、沟通等能力；二是可以基本判断你是否了解该职位的要求，就像我们前面介绍过的，你的自我介绍是要与他们的职位需求相契合的，如果你连你未来工作的主要方向都不知道，那你在自我描述时往往表述出来的东西是他们不感兴趣的；三是他们也可以通过这个来判断你是否诚实。求职者有可能会在简历或者应聘表上做手脚，但临场的口头表述往往更趋真实性；另外，也可能你的简历撰写得并不好，他希望能从你的口中了解更详细的东西。但不管怎么说，还是一句话，自我介绍应简明扼要，抓住主考官感兴趣的关键点。例如，面试公关职位，那就要突出你的沟通能力。做到了这一点，也就有了一个好的开端。

第二，投其所好。清楚自己的强项后，就可以开始准备自我介绍的内容：包括工作模式、优点、技能、突出成就、专业知识、学术背景等。

要介绍的东西太多了，但只有短短一分钟，所以还是要选择与该公司有关的内容为好。如果是一家电脑软件公司，应说些电脑软件的话题；如果是一家金融财务公司，便可跟他说钱的事，总之要投其所好。

但有一点必须谨记：话题所到之处，必须突出自己对该公司可以做出的贡献，如增加营业额、节约成本、发掘新市场等。

第三，铺排次序。内容的先后次序非常重要，能不能抓住听众的注意力，全在于事件的编排方式。所以排在头位的，应是你最想让他记得的事情。而这些事情，一般都是你最得意之作。与此同时，还可以呈上一些有关的作品或记录以增加印象分。

(2) 自我介绍的禁忌。

这里集中讨论一些求职者在自我介绍的时候，不该使用的语言风格或样式，以供借鉴。

①宁肯和自己抢话也不让别人说话。有些求职者前一句话刚说完马上又抢着说下一句话，并在话题连接的部分插入无意义的"所以""而"等连接词，让自己的语言"外壳"水泄不通，难以让考官插话以作出适当的响应。例如，"我要说的就是这些……所以……换句话说……"

②语言的反复追加。当求职者说话时反复重复某一句话或经常补充前面的话，就会让主考官的思维跳跃过于紧张，也就使人烦躁了。

③确定性的两个极端。语义的确定性应适时而定。有些求职者形成一种语言习惯，经常使用绝对肯定或很不确定的词语。例如，一些求职者总是说："肯定是……""绝对是……""当

然了……”；另有一些求职者却老把“也许”“可能”“大概”“差不多”“还可以吧”等挂在嘴边。这两种情况都应该避免。

④语言呆板，重复使用某种句式或词语。如果求职者回答每一个问题都像小学生解问答题一样：“因为……所以……”，那么即使内容再精彩，也会使主考官感到乏味。求职者应尽可能地变换句式，使用同义词或近义词等。例如，“因为”就可以在不同的地方换用成“因此”“由于”“由于这个原因”“之所以……是由于……”等。

⑤不要随便扩大指代范围。有的求职者经常使用“众所周知……”“正如每一个人了解的那样……”等话，似乎面试考场应该加入更多人。这样的说话易造成考官的逆反心理：“我就不知道……”

⑥去掉口头禅和零碎动作。一个人的脸上可能会长几颗痣或者“青春痘”，对此我们一般很敏感，会想方设法把它们去掉。一个人的“言语形象”也可能带着一些“斑痕”，比如反复使用口头禅“那个、那么、然后、呃”等，以及伴随一些像扬眉、歪嘴、挠头、抠鼻子的动作。我们同样应该去掉这些令人生厌的东西。

⑦言语虚假。虚言假语总会招致别人的反感。

切记：绝对要尊重主考官在你自我介绍过程中提出的每一个问题，并诚恳地回答。而这个问题，正是你进行“自我推销”的大好时机。如果这道题回答得很得体，使对方印象深刻，可能在接下来的时间里就如顺水推舟般地无往而不胜。

就其时间长度来说，自我介绍不要超过3分钟。所以，事先就应对这个问题有所准备，准备的文字长度不要超过800字。

2. 你有什么业余爱好

有些求职者认为，主考官对业余爱好的询问是他们想招聘有多项专长的人。其实这是个错觉。他们的目的是想借此判断你的性格、涵养、为人以及品德。最好不要说自己没有业余爱好；不要说自己有哪些庸俗的、令人感觉不好的爱好；不要把爱好仅限于读书、听音乐、上网，否则可能令主考官怀疑你性格孤僻；最好能有一些户外的业余爱好来“点缀”你的形象。

比如，你说，你从小学就开始练习书法，直到现在还经常参加各种书法竞赛，主考官就会对你的毅力及书法艺术的修养肃然起敬。有的人喜欢中长跑，而且成绩也比较好，就会让人认为你有毅力、耐力，竞争意识强，而且能够忍受长时间的工作。有的人喜欢下棋，经常看棋谱，说明爱动脑子、善于分析、逻辑性强。

3. 你为什么想来我们公司

用人单位对某些学历较高、资历较深的求职者经常会提出这样的问题，他们担心这样的人才容易“跳槽”，工作不安心，把新工作当成跳板。所以以提这种问题的形式，想从中了解你求职的动机、愿望以及对此项工作的态度，来进一步考验求职者，看他们有没有决心到这里来踏实工作。

所以，当求职者听到这类提问的时候，可以推断出自己的条件对该企业的该职位来说还不错，所以要态度诚恳地说出有兴趣来该企业的原因。下面的原因可以参考使用：专业对口、公司有发展、工作环境很好、听说公司老板是“伯乐”、有很多国外工作机会、福利待遇好、离家近等。

要用坚决的语气明确表示自己喜欢这家企业并愿意效劳。不要以为自己的条件对该企业已经很不错了，而兴奋过度以致出错或言多语失。比如招聘单位是一个广州人开的公司，你却说："我很希望为北京的公司工作，因为北京是个美丽的都市。"这样就会使对方啼笑皆非。

4. 你善于和哪些人相处

主考官是出于某些职位、行业的特殊需要才提出这个问题的。通过提问，他可以了解求职者能不能和同事进行良好沟通，以营造良好的工作氛围，提高工作效率，能否对外打开工作局面，广泛结识顾客群，以便更好地完成工作任务。

所以，求职者就要以亲切、轻松的语气回答，以给人自信、豁达、开朗、热情的印象。这种印象本身就说明你很好相处。如果你的态度拘谨、严肃，倒从侧面说明你这个人不好相处。

谈到和领导的问题时要特别慎重。因为不存在你喜欢不喜欢的问题，即使不喜欢，他们仍然是领导。所以要从领导和被领导的关系上谈论比较合适。

还有，不要把自己说成是老好人这一类型。因为这种人跟谁都合得来，但同时也往往没有自己的原则。

5. 你为什么经常换工作

主考官提出这个问题的目的有两个。一是想深入了解你申请新工作的内在动因，是嫌过去的工资低？还是本人能力差、表现不好而让人辞退？或是生性好动，总是这山望着那山高，哪儿都待不住？而这些情况是任何用人单位都忌讳的。二是考察求职者的工作态度和应变能力，所以求职者听到这样的问题之后，即使觉得不好回答，也一定要保持轻松、自如的心态。

回答这个问题的时候，不能掺杂主观的负面感受，如"太辛苦""人际关系复杂""管理太混乱""公司不重视人才"等。最重要的是要让主考官相信你这次变换工作是经过慎重考虑的，是有意想在本单位长干下去的。

（1）可以说的理由有：原单位倒闭；专业不对口；欣闻贵公司要扩展业务，想施展个人的才能以报效社会等。

（2）不宜强调的理由有：

第一，收入太低。这样回答会使对方认为你是单纯为了收入取向，很计较个人得失，并且会把"如果有更高的收入，会毫不犹豫地跳槽而去"这种观念形成对你的思维定式。而且现代企业普遍实行效益薪金、效益工资，如果你收入过低很可能就是你的能力不够。

第二，人际关系复杂。现代企业讲求团队精神，要求所有成员都能有与别人合作的能力，你对人际关系的胆怯和避讳，可能会被认为是心理状况不佳，处于忧郁焦躁孤独的心境之中，从而妨碍了你的从业取向。

第三，领导有问题。既然是在社会中存在，就得和各式各样的人打交道。假如你挑剔上司，说明你缺乏工作上的适应性，那么，很难想象你在遇到客户或与单位有关系的人时会不会凭好恶行事。

第四，工作压力太大。现代企业生存状况是快节奏的，企业中的各色人等皆处于高强度的工作生存状态下，有的单位在招聘启事上干脆直言相告，要求求职者能在压力下完成工作，这是越来越明显的趋向。

第五，市场不景气，是随大溜儿被辞退的。主考官会想：如果你业务能力强，就不会被辞退了。

第六，跟原单位的领导不和。主考官会想：有可能来我们单位以后，和领导或同事也处不好关系。所以,他自然也不敢选择你了。

6. 请说出过去领导的几个缺点

这是一个危险的圈套,以问题的方式“引诱”你说出错误的答案。如果你说了过去领导的一些所谓“缺点”,如像品德不好、言行不一、过于苛刻、经常食言、沉迷酒色、挥金如土、好事多疑、乖张暴戾、自以为是、好大喜功等,那你就“中计”了。

可以简单设想一下,谁会要一个动不动就爱对上司飞短流长的下属呢?此时切忌评论你以前的上司,而应该泛泛地一带而过。否则,你可能因一个看似平常的问题而浪费了机会。

7. 你想当老板吗

主考官是想通过这种问题,一是了解求职者有无上进心,二是想知道你是不是仅以现单位作为积累经验的跳板。这个问题可谓“一石二鸟”。所以,回答这个问题的时候,就有必要多多留意。

从语言技巧上来说,没有必要直接回答“想”或“不想”,而应借此表述自己的行为观点。

“不想当将军的士兵不是好士兵。”对于现代企业来说,需要的是能够不断进取、主动学习,以能够适应瞬息万变的市场变化的人。另外,敢于承担责任的人,也是能胜任多元化角色、能负担多重功能的人,当然是现代企业所需要的。

在你的回答中,既要体现出你是个根据自身条件踏踏实实做好本职工作的人,是个善于学习、不断上进的人,还要体现出你是个勇于承担责任并愿意承担更多责任的人。

8. 你自己适合干什么

主考官的这个问题实际上是在考察求职者的自我认知能力。对求职者来说,就要根据自己的理想、价值观、兴趣爱好、能力、性格等特点,正确认识自己的优势和劣势、自己的与众不同处和发展潜力,明确自己的想法、期望、品德、行为等方面的特征。这个问题可以和自己的职业规划结合起来回答。

像下面的这些说法:“我不知道自己适合干什么,只知道自己希望从事这份工作”“我选择这个工作,是因为我原来做过”“我干什么都行,对什么都感兴趣”等都不合适作为该问题的答案。因为这些回答很明显地给人以不着边际或没有独立主张甚至是混日子的不好印象。

9. 过去工作中最大的压力是什么

主考官是希望通过这个问题,了解一些求职者对工作压力的应对情况:是消极逃避还是积极应对?求职者在回答以往的工作压力时,同样也没必要就压力谈压力,而要注意给主考官留下这样的印象:你喜欢迎接工作中的挑战,你有把压力转化为动力的信心、习惯和能力。

所以,在回答的时候,不应该直接说“从没有工作压力”这样让人听起来不可信的话。可以从工作中产生压力的原因(而且这个原因必须是合情合理的)开始说起,要说清楚是怎样因为压力而使你通过什么方式去求知,因而获得了解决的方法。最后一定要说明,压力反而是你的动力,使你从中获得了乐趣。不要透露出应付压力的消极思想。

10. 在学校你最不喜欢什么课

这个问题同样也是个陷阱,如果直接回答你不喜欢什么课的话,那你又“中计”了。主考官并不希望求职者直接回答“高数”“大学语文”之类的具体课程。因为如果求职者直接回答了某门具体课程甚至还说明了理由,不仅代表求职者对这个学科不感兴趣,主考官还认为求职者将来走上工作岗位后也会对自己的某些工作不感兴趣，更别说干好了。

所以说，求职者要通过自己的表达方式告诉主考官这样的信息：我对个别科目不是特别感兴趣，所以这门功课曾经学得不太好。但是正因为这样，我花了更多的时间去学习这门课程，通过学习，对原本不感兴趣的科目也开始有了兴趣，对于本来就有兴趣的科目我自然学习得更认真，所以各门课的成绩较为平衡。

11. 说说你的家庭

问这样的问题，不要以为主考官有什么闲情逸致，来调查求职者的家底、探究隐私，而是要了解家庭背景对求职者的塑造和影响。古有“孟母三迁”的故事，不可否认，家庭及其环境对一个人性格、能力、品格的影响和塑造有重大的作用。主考官当然是希望听到一些家庭对求职者有积极影响的信息。很难想象，一个家庭环境不好的人或家庭成员不和睦的人，他怎么可能有健全的人格和性格，怎么可能和同事处理好关系。

所以，你要传递给主考官的一定是积极的一面。要强调温馨、关爱、和睦的家庭氛围，强调家庭成员的良好品质并对你的积极影响，强调家庭成员对自己工作的支持，强调自己对家庭的责任感。

至于家庭成员具体做什么工作，主考官是不感兴趣的，也没必要一一“汇报”。

12. 你最大的缺点是什么

这个问题被主考官问到的概率非常高，一是想洞察一下求职者在碰到紧张不自在的难题时，能不能从容不迫地解决；二是想听听求职者能不能对自己作出正确的评价。因为不能正确估计自己的人，往往也不会正确地评价自己的工作。

所以，在回答这个问题的时候，回答的态度也一样重要。不管求职者有什么样的缺点，总要记住主考官要找的是一个勇于自我反省，而不是以自我为中心的人。一个人须有自知之明，清楚自己的优缺点，这样才能扬长避短，不断进步。

事实上，表明自己曾经拥有的缺点并不完全是件坏事情。只要你能够提出改正缺点的方法并付诸行动，反倒证明了你是一个有能力战胜弱点的人。

最忌讳的是无所谓的态度，比如，“我也没什么优点，也谈不上什么缺点，我这个人嘛，不求无功，但求无过了！”这样的回答，容易给人以玩世不恭的感觉，让人不放心。

不要说自己没缺点；不要把那些明显的优点说成缺点；不要说出严重影响所应聘工作的缺点；不要说出让人不放心、不舒服的缺点。可以说出一些对于所应聘工作“无关紧要”的缺点，甚至是一些表面上看是缺点，从工作的角度看却是优点的缺点。

通常不希望听到直接回答的缺点，像小心眼、爱忌妒人、非常懒、脾气大、工作效率低等，主考官听到这些肯定直接就把你“pass”了。

13. 就你申请的这个职位，你认为自己还缺乏什么能力

这也是一个圈套，如果直接一五一十地告诉主考官你缺乏什么能力、什么能力还不够的话，那你的这次面试算是彻底失败了。主考官表面上问的是这个问题，但他们更多的是想听到你今后应对工作中困难的态度。

所以，求职者在回答这个问题的时候，不要直接回答。要告诉主考官这样一个信息：告诉他有关你的优势，然后告诉主考官你对所申请职位是可以胜任的。如果说有什么欠缺的话，也会因为你有很强的学习能力，可以在进入公司后用最短的时间加以解决，并很快完全进入工作

状态。

14. 你能给公司带来什么

主考官问这个问题，是想知道求职者能为企业做什么。因为企业在每位新员工身上的投入，根本的目的是要获得更多的回报。

所以求职者在回答这个问题的时候，要再次重复自己的优势，并告诉主考官这样的信息：以你的工作能力，可以做一名优秀的员工在公司中发挥作用，给公司带来高效率和更多的收益。涉及具体工作岗位，比如说销售，完全可以说："我可以通过自己的努力，开发大量的新客户。同时，对老客户做更全面、周到的服务，开发老客户的新需求和消费。"

15. 以你现在的水平，恐怕能找到比我们更好的公司吧

主考官设计的这个问题很"狡猾"，求职者无论回答"是"或"不是"都落入了圈套。如果回答"是"，那么说明你这个人也许脚踏两只船，"身在曹营心在汉"；若回答"不是"，又会说明你对自己缺少自信或者你的能力有问题。那么怎么回答才好呢？

求职者要给主考官一个"模糊"的答案。可以先用"不能一概而论"作为开头，然后再告诉主考官这样的信息：或许我能找到比你们更好的企业，但这个企业或许在某些方面不如你们公司重视我，机会也不如你们公司多；或许我还能找到更好的企业，但是，珍惜已有的是最重要的。这就是我来这个公司面试的原因。

16. 金钱、名誉和事业哪个重要

这又是一个误导求职者的圈套问题。这三者无论对刚毕业的学生还是对已有工作经验的求职者来说，当然都很重要。

所以，在回答这个问题的时候，不要认为"这三者是相互矛盾的，只能选其一"，而要首先明确指出这个前提条件是不存在的，再解释三者对求职者的重要性和统一性，以此说明同时追求这三者是合理的，也是可以同时达到的。这样的回答既很实际，也是企业所希望的。只有把这三者都看重的人，才能更加实际地勤奋工作。

17. 你和其他求职者有什么不同

这又是个语言陷阱，这在一定程度上考虑的是求职者的人格魅力和思想是否成熟。主考官想从这个问题中判断求职者怎样评价别人，是不是以自我为中心、自以为是或者团队精神较差。因为这样的人，首先是企业淘汰的对象。

所以，求职者无论对比着谈自己还是说别人，无论你给自己列举出多少优点，别人总有你也许没有的优点。所以，最核心的一点就是不要评论别人的缺点，对你所知道的别人的信息没有必要泄露太多。其实，和你同时面试的人的信息你根本也不可能知道得很多，而且这里面的主观想象的成分太多。把别人的缺点说得太多反而说明你是个缺心眼儿、城府不深、爱说别人坏话的人，那就得不偿失了。

所以，回答的时候，要从正面绕开，改从侧面回答这个问题。可以先说自己对于所求职位的优势，再对所有来参加面试者进行肯定，然后列举出自己对于所求职位所特有的优势就行了。

18. 你对琐碎的工作是喜欢还是讨厌

这同样是个两难的问题。如果回答"喜欢"，就有碍于现代青年的实际心理；如果说"讨厌"，似乎每份工作都有琐碎之处，明显暗示出你不胜任任何工作。

按常理，人们是不愿做琐碎工作的（除非特殊岗位，比如家庭钟点工）。但主考官提出这个问题的目的，是想获得求职者对“工作态度”的有关信息。

在回答这个问题的时候，要向主考官表达出这样的信息：琐碎的事情在任何工作岗位上都是不可避免的，因为任何重要的事情都是由细小的、琐碎的事情组成的。所以，如果工作中有琐碎的事情需要做，你会认真、耐心、细致地把它做好。这句话既委婉地表达了大多数人的普遍心理：不喜欢琐碎工作，又强调了自己对琐碎事情的敬业精神：认真、耐心、细致。既真实可信，又符合了主考官的考察目的。

19. 你是应届毕业生，缺乏经验，怎样胜任这项工作

对于刚毕业的学生，主考官往往会提出以上的问题。明明知道应届毕业生没有工作经验，却还要问这样的问题，说明主考官并不真正在乎“经验”，而是想考察求职者的应变能力。

求职者在回答这个问题的时候，要告诉主考官这样的信息：你是个诚恳、果敢和敬业的人。工作经验的不足，可以通过发挥你的积极、勤奋的工作态度在最短的时间内弥补。

20. 你平时的约会很多吗

主考官提出的这个问题具有挑战性，直接回答“不多”或“很多”都不妥。如果直接说“不多”，或许让主考官认为求职者的交际能力不行，朋友少；如果回答“很多”，又会让主考官担心会不会因此影响工作。另外，主考官无意探究求职者的私生活，只不过是希望了解求职者对“公”和“私”的处理态度。

所以，在回答这个问题的时候，可以这样告诉主考官：“如果您担心我对私人生活的关注程度不大于工作的关注程度，那么我向您保证，我对工作非常投入。同样，我努力保持平衡的生活，以各种各样的方式充实我的业余生活。”这样的回答，既回答了主考官的问题，也没有暴露自己的隐私。

21. 你希望得到多少薪酬

这是所有求职者最希望听到的问题，也是最怕的问题。回答这个问题的时候要小心，不要让主考官觉得你脑子中只想着钱，但也不要装出一副完全不计较金钱的样子。因为薪酬也是衡量一个人社会价值的重要标准。

如果仓促回答，随便说一个数目，可能会双重吃亏：一方面会让主考官觉得你不认真，或者不了解“行情”，太脱离现实；另一方面可能让求职者失去争取较高薪酬的机会。

应该预先了解自己申请的这个职位大约应该得到多少薪酬，也就是说要熟悉这类工作、这个层次工作的“行情”，这也是求职前的准备工作。薪酬问题迟早会谈到，只有事先有准备，才不至于漫天要价吓退主考官或是给出“批发价”让主考官怀疑你的能力。

如果不了解“行情”，可以巧妙地回答：“我没有一个既定的金额，我还需要多了解一点关于这个职位的详细情况。”或：“我相信如果互相满意对方的话，薪酬问题一定可以达成协议的。”同时求职者还应该向主考官说明，心目中并没有一个不能改变的数目，会考虑这个工作性质和现任工作条件、升迁机会等因素后，再做决定。

也可以把问题抛给对方：“我想请教一个问题，以我现在的经历、学历和您对我面试的了解，在公司的薪酬体系中大约能达到怎样的水平？”或：“我愿意接受贵公司的薪酬标准，不知按规定这个岗位的薪酬标准是多少？”或者说：“自己最看重的是职业发展空间，薪酬希望能符合贵公司的标准及和自己的付出相平衡。”

如果必须得先开价，而自己又没有把握，可以给出一个幅度，下限可以低些，上限不要太高，这样进可攻，退可守。不要把底线定得太低，给出一个大致和你心里想的相同的范围。但要记住：企业往往会盯住你的底线，所以你不能把底线定得太低。给出的余地大一点，洽谈自然也就更灵活了。

当然，如果应聘公务员，就没这么麻烦了。求职者可以申明你感兴趣的是该单位、该职位的工作，而薪酬待遇按照国家的有关政策和单位的相关制度规定就行了。

22. 你什么时候可以来上班

对于企业来说，当然希望新招的员工能够马上走马上任。但在现实中，并不是每个人都能马上上班的，比如有的人参加应聘的时候还没有在原单位办理辞职手续。如果说自己要办妥原单位的辞职手续以后才能来上班，新单位一般不会表示反对，因为这也是责任心的一种表现。

不管能够上班还是不能上班，在回答这个问题的时候，都应该充分显示自己的机智和责任心，不管这种责任心是对原单位还是对现在这个单位。责任心强的人无论到哪里都受欢迎。

对于这个问题，要分情况回答：一是如果你能够立即上班，就可以马上直接回复，表现出你对这份工作的珍爱；二是如果你不能立即上班，你应该把原因简要地说清楚，比如原单位要移交工作等这些可以接受的理由，这会充分体现出你的责任心；三是如果你不能在规定日期报到，你应该和新单位协商好，看能不能采取一种有弹性的过渡方式来解决。

思考练习

（1）面试前应该做好哪些准备工作？

（2）在面试中应注意哪些事项？

（3）在面试中怎样做到适时发问？

参考文献

[1]陈光谊．现代社交适用礼仪[M]．北京:清华大学出版社,2017.
[2]孙庆群．现代社交礼仪[M]．北京:科学出版社,2016.
[3]梁洁,王岚．现代社交适用礼仪[M]．北京:科学出版社,2012.
[4]鲍秀芬．现代社交礼仪修养[M]．北京:机械工业出版社,2016.
[5]张丽娟．现代社交礼仪[M]．北京:北京交通大学出版社,2012.
[6]张铭．现代实用社交礼仪[M]．北京:人民邮电出版社,2017.
[7]袁平．现代社交礼仪[M]．北京:科学出版社,2017.
[8]陈向红．商务礼仪[M]．北京:电子工业出版社,2019.
[9]王华,邓自新．现代社交礼仪修养[M]．广州:华南理工大学出版社,2015.
[10]胡税根．现代礼仪教程[M]．杭州:浙江大学出版社,2013.
[11]金正昆．社交礼仪教程[M]．北京:中国人民大学出版社,2016.
[12]瀚文．你一定要知道的社交礼仪[M]．北京:中国纺织出版社,2018.
[13]陈光宜．现代实用社交礼仪[M]．北京:清华大学出版社,2009.
[14]张丽娟．现代社交礼仪[M]．北京:清华大学出版社,2009.
[15]刘厚钧．社交礼仪[M]．成都:西南财经大学出版社,2009.
[16]卢新华,康娜．社交礼仪[M]．北京:北京大学出版社,2007.
[17]吴忠军．中外民俗与礼仪[M]．沈阳:东北财经大学出版社,2007.